1960년대 한국의 공업화와 경제구조

한국현대사의 재인식 8

1960년대 한국의 공업화와 경제구조

한국정신문화연구원 편

김낙년
장하원
박동철
김삼수

1999
백산서당

Rethinking Modern Korean History 8

The Industrialization and the Economic Structure of Korea in 1960's

Kim Nak-Nyeon
(Associate Professor, Dongguk University)

Jang Ha-Won
(Fellow, Korea Development Institute)

Park Dong-Chul
(Research Fellow, Hyundai Research Institute)

Kim Sam-Soo
(Associate Professor, Seoul National University of Technology)

1999
Baiksan-Seodang Publishing

발 간 사

　우리 사회가 민주화되기 이전에는 한국현대사도 굴절되게 인식되어 온 점이 적지 않았다. 그것은 집권자측이건 아니면 이를 비판하는 측이건 대개는 자기의 이해관계에 따라 이데올로기적으로 접근했기 때문이다. 한편에서는 자기를 미화하기에 급급했고, 한편에서는 마르크스주의나 종속이론 등 외국의 이론과 개념을 빌려 이를 어줍지 않게 우리 사회에 적용하는 우를 범하기도 했다. 남북이 대치하고 있는 상황에서 금기도 상당 부분 있었고 자료의 한계도 있었다.
　또한 우리에게는 한 개 내지는 수 개의 어떤 개념을 가지고 그것에 치우쳐 사회를 설명하고 그로부터 실천적 과제를 도출했던 과거도 있었다. 하지만, 사물을 바로 본다는 것은 사실을 사실 그대로 보는 것이다. 그것은 긴 시간을 통해 이루어지는 것이겠지만, 결국은 치우침 없이 사물을 보는 것이다.
　과한 것은 미치지 못하는 것만 못하다는 중용(中庸)의 철학은 원래는 인간의 올바른 처신의 문제로부터 시작되었지만, 이를 확장시키면 사회를 보는 시각에도 적용이 될 수 있을 것 같다.
　각 사회는 저마다 고유한 특성이 있게 마련이다. 이제 우리도 남의 시각, 남의 말이 아니라 우리 자신의 시각을 가지고 우리 자신의 말로 우리 사회를 말할 수 있어야 한다. 한국사회가 성숙한 사회로 발전하는 데 있어서 이것은 필수적인 요소다. 또한 국민국가의 틀을 넘어 지구촌사회를 향해 나아갈수록 오히려 다양성과 민족적 정체성을 함께 아우르는 작업이 더욱 중요하다.

한국사회는 반만년의 역사와 전통을 가지고 있고 그만큼 한국사회는 자체 고유한 특성을 가지고 있다. 남의 나라의 개념이나 이론을 가지고는 설명할 수 없는 특징이 있는 것이다. 이것을 밝히고 이것을 우리의 말로 표현할 수 있을 때 우리는 진정한 의미에서 우리 자신의 문화를 갖게 되는 것이다. 지금 우리에게 요구되는 작업은 바로 이것이라고 할 수 있다.

한국정신문화연구원에서는 이러한 작업의 일환으로 그 동안 진행돼 온 한국현대사 연구를 정리해 보기로 했다. 1945년 해방에서 1960년까지를 다룬 이미 출간된 1차분 6권에 이어 이제 1960년대와 1970년대를 다룬 12권의 책을 출간하게 되었다.

여기에 실린 글들은 우선 방대한 자료를 가지고 사실 자체에 근거해서 분석했다는 특징이 있다. 그런 점에서 과거와 같은 이데올로기성에서는 완전히 자유로워졌다고 할 수 있다. 다음으로 아직 한국현대사의 전체적인 상을 그리기에는 미흡한 점이 있지만 우리 현대사의 상이 부분적으로는 상당한 정도 제시되고 있다는 특징이 있다. 이러한 작업이 조금만 더 진척되면 우리 모두가 공감할 수 있는 상을 그릴 수도 있지 않을까 하는 기대도 해본다.

이 작업의 연구성과들이 향후 한국현대사의 연구에 조그마한 밑거름이 되었으면 하는 마음 간절하다.

1999. 10.

한국정신문화연구원장 **한 상 진**

차 례

▷ 발간사

1960년대 한국의 공업화와 그 특징 ················· 김낙년 / 11
1. 머 리 말 ··· 11
2. 경제성장과 대외지향적 공업화 ··· 15
   1) 경제성장과 후발성의 이익 ·· 15
   2) 대외지향적 공업화 ·· 30
3. 개발국가체제의 성립과 경제적 유인의 변화 ····················· 41
   1) 개발국가체제의 성립 ·· 41
   2) 정부개입과 경제적 유인 ·· 48
4. 1960년대 공업화의 한계 ··· 59
5. 맺 음 말 ··· 71

1960년대 한국의 개발전략과 산업정책의 형성 ················· 장하원 / 77
1. 서론: 이분법적 한계에 대한 비판 ······································ 77
   1) 수입대체형과 수출주도형 발전전략의 이분법 ··········· 77
   2) 자유시장론과 국가론의 이분법 ···································· 79
2. 1960년대의 정책과정 ··· 84

  1) 금융개혁과 이자율에 관한 정책변화 ·················· 84
  2) 외환개혁과 환율정책의 변화 ························· 91
  3) 노동개혁과 노동시장의 변화 ························· 94
  4) 수출지향적 개발전략의 형성 ························ 100
 3. 1960년대 이후 정책의 특징 ····························· 113
  1) 국가론에 대한 몇 가지 의문점 ······················· 113
  2) 정합적 기업활동의 지배와 위험과 비용의 사회화 ········ 117
 4. 맺음말 ·· 120

1960년대 기업집단의 형성과 구조 ··················· 박동철 / 127
 1. 머리말 ·· 127
 2. 1950년대 말 경제위기와 대자본의 동향 ················· 132
 3. 1960년대 재벌형성 메커니즘의 구축 ···················· 138
  1) 국가-은행-재벌의 금융적 연관: 부채의존적 축적구조 ···· 140
  2) 산업구조정책: 자본의 집중 및 다각화 ················· 146
  3) 차관도입과 수출지향적 공업화: 자본의 집적 ············ 172
 4. 맺음말 ·· 179

1960년대 한국의 노동정책과 노사관계 ··············· 김삼수 / 185
 1. 머리말 ·· 185
 2. 대한노총체제의 붕괴와 4·19혁명기의 노동운동 ··········· 188
  1) 1950년대의 후반의 공업화와 대한노총체제 ············· 188
  2) 4·19혁명기의 노동운동 ····························· 193
 3. 노동정책의 전환 —— 위로부터의 유일·유사산업별=기업별조합체제의
  법적 강제=사실상의 설립허가주의 ······················ 194
  1) 과도기의 노동정책: 쟁의금지와 노조조직의 재편 ········ 194
  2) 노동법의 개정내용 ································ 197
  3) 60년대 노동정책의 특징 ···························· 204

4) 개정노동법에 대한 재개정 논의 ·· 208
4. 한국노총체제의 형성과 성격 ·· 210
　1) 16개 산업별조합체제로서의 한국노총의 결성 ································ 210
　2) 한국노총체제의 성격 ··· 213
　3) 독일 산업별조합체제와의 비교 ··· 216
5. 60년대의 노사관계 ··· 218
　1) 노동조합 ·· 218
　2) 단체교섭 및 노사협의 ·· 221
　3) 노동쟁의 ·· 225
　4) 노동시장과 임금 ·· 229
6. 맺음말 ·· 231

1960년대 한국의 공업화와 그 특징

김 낙 년

1. 머리말

　한국경제는 1960년대 이후 연평균 8%가 넘는 높은 성장을 지속했다. 이러한 장기간에 걸친 고도성장과 그 과정에서 경험한 급속한 구조변화는 세계적으로도 흔치 않은 일로서 주목을 받아 왔다. 본고에서는 1960년대를 중심으로 하여 한국 공업화의 제특징을 고찰하고자 한다. 이 시기는 공업화가 주도하는 경제의 고도성장이 본격적으로 전개되기 시작했는데, 그것이 어떻게 가능했는가를 구명하는 일은 다른 신흥공업국의 경우를 포함하여 개발경제학이 근래에 관심을 기울여 온 문제이다. 이에 관해서는 역사적인 유산이나 문화적인 요인으로까지 논의가 확산될 수 있지만, 여기에서는 다음의 몇 가지 논점에 논의를 한정하기로 한다.

첫째, 경제개발전략에 관한 논점인데, 한국은 1960년대 중엽부터 대외지향적 공업화를 추구했다는 점이다. 대외지향적 공업화는 수출확대의 추구뿐만 아니라 외국의 자본이나 기술을 적극적으로 수용하는 자세를 취하기 때문에 대외개방체제를 전제로 한다. 당시 국제경제는 역사상 미증유의 고도성장을 보이고 있었기 때문에 시장이나 자본 및 기술 면에서 대외적인 접촉을 크게 늘리게 되는 이러한 공업화전략은 특히 수입대체공업화전략과 비교할 때 후발성이익의 활용을 극대화하는 이점이 있었다. 본고에서는 1960년대 공업화의 특징을 먼저 이와 같은 대외지향성에서 찾고 그 제양상을 살펴보기로 한다.

이와 관련하여 다음의 점에도 유의하고자 한다. 하나는 당시 후진국의 개발전략으로서 수입대체공업화가 일반화되어 있던 상황에서 한국이 어떻게 대외지향적인 공업화전략을 추구하게 되었는가 하는 점이다. 이는 좁게는 정책결정의 시행착오를 통하여 학습해 가는 측면도 있으나, 보다 넓게는 1950년대나 일제하의 공업화 유형에까지 거슬러 올라가는 역사적 규정성 또는 경제지리적인 요인까지 고려할 필요가 있을 것이다. 또 하나는 한국의 경우 대외지향적 공업화전략의 추구가 수입대체공업화의 지향을 배제한 것이 아니라는 점이다. 수입대체전략이 크게 부각되는 것은 1970년대의 중화학공업화기라고 할 수 있지만, 1960년대의 경제과정에도 적지 않은 영향을 미쳤다.

둘째, 시장과 정부의 역할에 관한 논점인데, 신고전파(또는 market friendly view)와 수정주의자(또는 developmental-state view)간에 견해의 대립이 존재한다. 시장의 역할을 중시하는 전자의 견해[1]에 따르면, 한국을

---

1) 예컨대 A. 크루거, 『무역·외원과 경제개발』, 전영학 역(서울: 한국개발연구원, 1980); 渡邊利夫, 『現代韓國經濟分析』(東京: 勁草書房, 1982); 渡邊利夫·김창남, 『현대한국경제발전론』(서울: 비봉출판사, 1997).

포함한 아시아 신흥공업국은 다른 개도국에 비하여 정부의 과다한 개입을 억제하고 시장을 통하여 자원이 보다 효율적으로 배분됨으로써 고도성장이 달성된 것으로 본다. 즉 한국이 1960년대 중반에 단행한 환율 및 금리의 현실화조치가 시장자유화를 촉진한 것으로 주목되며, 그 결과 부존자원 상황에 부합한 노동집약재 산업의 비교우위가 확립되고 이들 산업의 높은 수출증가가 고용기회와 시장의 확대를 통하여 경제구조의 급속한 변화를 초래한 것으로 설명한다. 한국은 이와 같은 신고전파 논리의 성공례로서 인식된다.

이에 대하여 후자의 견해[2]는 실제로 한국경제의 운영을 보면 정부의 개입이 매우 일반화되어 있음을 제시하여 전자를 비판하고, 나아가 후진국에서는 시장실패가 매우 광범위하게 나타나기 때문에 시장에 맡기는 것만으로는 경제성장을 기대할 수 없다고 본다. 오히려 정부가 개입하여 상대가격을 인위적으로 왜곡(또는 시장을 지배)함으로써 선진국을 따라잡는 정책을 추진한 데 동아시아 경제발전의 특징이 있다고 설명한다. 다만 이 견해는 시장실패를 교정하기 위해 개입하는 정부 자신이 실패하지 않는다는 보장이 있는가에 대해서는 충분히 설득력 있는 설명을 주지 못하고 있다. 한편 선별적 개입을 지향하는 정부의 산업정책 중에는 유효한 것과 그렇지 못한 것을 구별하여 평가하려는 절충적인 견해[3]도 제시되고 있다. 이를 발전시켜 시장과 정부를 상호 배타적인 대체물로 보기보다는 민간부문이 스스로 시장의 불완전성을 극복하는 능력을 배양하는 데 정부의 중요한 역할이 있음을 강조하는

---

[2] 예컨대 Amsden, Alice H., *Asia's Next Giant: South Korea and Late Industrialization*, NY: Oxford Univ. Press, 1989; 사공일·존스, 『경제개발과 정부 및 기업가의 역할』(서울: 한국개발연구원, 1981).

[3] World Bank, *The East Asian Miracle: Economic Growth and Public Policy*, Oxford Univ. Press, 1993.

시장확장적 견해4)(market-enhancing view)도 나오고 있다.

　이와 같이 한국의 경제발전에서 시장과 정부의 역할을 어떻게 평가할 것인가의 논점은 현재로서는 합의에 도달하기 어려운 듯이 보인다. 이는 어떠한 상태를 시장실패로 볼 것인가, 그 경우에도 어떠한 정부개입이 필요한지, 나아가 그러한 정부개입 자체는 실패하지 않을 것인지에 관하여 명확한 판단을 내리기가 결코 쉽지 않기 때문이다. 본고에서는 1960년대 공업화의 또 하나의 특징으로서 개발국가체제의 성립과 정부의 주도성에 주목하고자 한다. 다만 1960년대의 정부개입은 1950년대 또는 1970년대와는 구별되는 특징을 가지고 있다고 보는데, 여기서는 특히 정부개입이 어떠한 부문에서 얼마나 지대를 창출하고 또한 그것이 어떻게 배분되었는가에 초점을 맞추어 이 문제를 고찰하기로 한다.

　셋째, 한국경제는 고도성장을 달성하면서도 주기적인 경기침체를 수반했는데, 그 과정에서 여러 가지 구조적인 모순을 노정하기도 했다. 크게 보면 1960년대 말에서 1970년대 초에 이르는 시기, 1970년대 말에서 1980년대 초에 이르는 시기, 그리고 IMF체제로까지 들어간 현재의 경제위기를 들 수 있다. 현재의 경제위기는 주지하는 바이고, 1980년 전후한 시기도 경제성장이 처음으로 마이너스를 기록했고 중화학공업을 중심으로 하는 부실기업의 구조조정이 이루어진 시기로서 주목을 받아 왔다. 이에 비하면 1960년대 말과 1970년대 초에 걸친 시기는 상대적으로 높은 성장률에 가려 그 의미가 충분히 천착되지 못한 것으로 보인다. 그러나 1960년대 말부터 현재화하기 시작한 부실기업 문제 또는 기업재무구조의 악화는 결국 1972년의 8·3조치라는 극단적인 조치를 불가피하게 했고, 그 불씨는 1960년대의 고도성장과정에서 배태된 것으로 보인다. 본고에서는 특히 높은 투자율을 가능케 한 정

---

4) 青木昌彦·金瀅基·奧野(藤原)正寬 編, 『東アジアの經濟發展と政府の役割』, 白鳥正喜 監譯(東京: 日本經濟新聞社), 1997.

부의 금융통제에 초점을 맞추어 이 문제를 살펴보고자 한다.

2. 경제성장과 대외지향적 공업화

1) 경제성장과 후발성의 이익

 여기서는 고찰의 시기를 1960년대에 한정하지 않고 보다 장기적인 관점에서 한국경제성장의 장기추세를 개관하면서 그 속에서 1960년대의 특징을 지적해 두고자 한다. 대상시기를 일제시기에서 1990년까지로 길게 잡기로 한다. 다만 해방 전과 해방 후의 경제통계를 엄밀하게 비교하기에는 일제시기의 통계가 남북한을 분리해 내기가 쉽지 않다든지 해방 전후의 혼란기에 신뢰할 만한 물가지수가 존재하지 않는 등 자료상의 제약이 매우 크다.5) 따라서 본고에서는 엄밀한 비교를 위한 통계상의 조정을 행하지 않고 양 시기를 직접 비교하기로 하는데, 그 결과 해방 전의 통계에는 북한이 포함되어 있으므로 해방 전과 해방 후의 절대수준의 비교에는 주의를 요한다. 그러나 성장률이나 부문간 구성비의 추이를 살펴보는 데는 큰 문제가 없을 것이다.
 먼저 경제성장률의 장기적인 추이를 살펴보자(<표 1>). 식민지기 전체(추계된 기간은 1911~38년)의 경제성장률은 연평균 3.7%였으나 해방 후(1953~90년)에는 7.7%로, 식민지기에 비하여 약 2배 수준의 성장률을

---

 5) 자료상의 제약에 관해서는 안병직·김낙년, "한국경제성장의 장기추세(1910년~현재)," 『광복50주년 기념논문집』 3(서울: 한국학술진흥재단, 1995), pp.5-30 참조.

보이고 있다. 시기를 좀더 세분해서 보면, 식민지기는 1920년대에 성장률이 상대적으로 낮았으나 1930년대에는 연평균 5.6%로 비교적 높은 성장률을 보였다. 동시기에 전개된 공업화의 영향이 반영된 것으로 보인다. 해방 후에는 1950년대에 3.8%에 그치고 있으나 1960년대 이후에는 8~9%의 높은 성장률을 보이고 있다. 이를 국내총생산에 대한 지출항목별로 나누어 보면, 수출(및 수입)과 총고정자본형성의 증가가 매우 높아 전체 성장률의 2배 또는 그 이상의 증가율을 보이고 있다. 수요 면에서는 소비를 상대적으로 억제한 채 수출과 투자가 주도하는 경제성장의 유형은 우리나라에서는 해방 전과 해방 후에 거의 유사하게 나타났다는 점이 주목된다.

〈표 1〉 국내총생산에 대한 지출항목별 연평균 증가율 (단위: %)

	총지출	민간소비	정부소비	총고정자본형성	수출	수입
1911~20	3.6	2.9	7.8	0.7	10.7	3.4
1920~30	2.2	2.4	4.9	10.2	7.4	11.1
1930~38	5.6	4.2	5.3	13.5	12.3	9.5
1953~60	3.8	5.1	0.8	10.3	6.7	0.7
1960~70	8.4	6.8	5.2	20.8	28.5	18.1
1970~80	8.1	6.6	6.6	13.7	20.6	14.9
1980~90	9.3	8.2	6.2	12.0	10.8	10.6
1911~38	3.7	3.1	6.0	7.9	9.9	8.0
1953~90	7.7	6.8	5.0	14.3	17.2	11.8

주: 해방 전은 1934~36년 평균가격, 1969년까지는 1975년 불변가격, 이후는 1985년 불변가격으로 계산한 증가율임.

자료: 溝口敏行・梅村又次 編, 『舊植民地經濟總計』, 東洋經濟新報社, 1988. 단 불변가격으로의 환산시에 계산상의 오류는 정정하였음. 한국은행, 『국민계정』, 1990.

성장률과 투자증가율의 매년 추이를 3년 이동평균치로 보면(그림 1), 식민지기는 고성장기(1차대전기와 1930년대)와 공황기(1차대전 전후공황과 1930년 전후의 대공황기)의 대조가 뚜렷하여 성장률의 기복이 심한 데 비해, 해방 후에는 1960년대 초까지와 1980년 전후의 낮은 성장기를 제외하면 대체로 8% 이상의 고도성장을 지속하고 있으며 성장률의 추이도 비교적 안정적이다. 따라서 1960년대 중반은 이후의 장기적인 고도성장이 시작되는 출발점으로서 주목된다. 한편 투자증가율의 장기추세는 성장률보다 변동이 심한데, 대체로 투자증가율의 변동이 성장률의 추이를 어느 정도 규정하고 있음이 보인다. 1960년대에 한정하여 보면 1960년대 말까지 투자의 가속적인 증가와 그후 1970년대 초의 급격한 투자증가율의 감소가 주목된다. 이는 1960년대의 경제성장이 안고 있었던 문제가 1970년대 초에 노정되었음을 시사하는데, 이에 관해서는 나중에 좀더 상세히 검토할 예정이다.

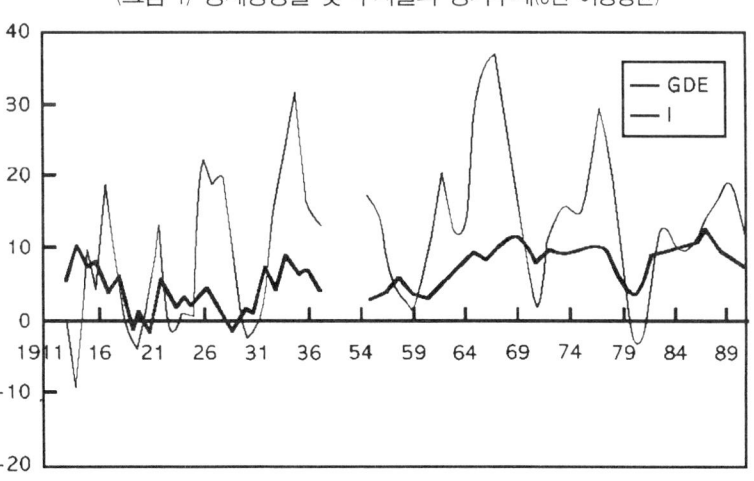

〈그림 1〉 경제성장률 및 투자율의 장기추세(3년 이동평균)

자료: <표 1>과 동일.

지출항목별 증가율의 차이는 그 구성비의 급격한 변화를 초래했다(<표 2>). 먼저 무역의존도를 보면 식민지기에 15%(1911년)에서 65%(1938년)로 급증했고 해방 후에도 12%(1955년)에서 70% 전후로까지 높아졌다. 1960년대 이후 수출주도형 경제성장으로 무역의존도가 급증했음은 주지의 사실이지만, 식민지기도 그에 못지 않은 급증 양상과 높은 수준의 의존도를 보였다. 또한 해방 전에 도달한 무역의존도의 수준이 해방 후에 그대로 계승된 것이 아니고, 해방 직후 일본과의 경제관계의 단절로 무역은 거의 붕괴되다시피 한 후에 다시 회복했음을 알 수 있는데, 이는 양 시기 무역의 내용에 차이가 있음을 시사한다. 특히 수출의 비중은 1955년 전후에 1.5%로까지 떨어진 반면 수입은 10.6%의 수준을 유지하고 있는데, 이는 원조수입에 기인한 것이다.

〈표 2〉 국내총생산에 대한 지출의 항목별 구성비 추이 (단위: %)

	민간소비	정부소비	총고정자본형성	수출	수입	저출률	
						(국내)	(해외)
1911	98.9	3.6	5.1	3.7	11.3	-2.6	7.7
1915	95.4	4.0	4.3	8.0	11.8	0.6	3.7
1920	93.2	3.9	5.0	12.6	14.6	2.9	2.1
1925	90.9	4.4	4.9	17.8	18.0	4.7	0.2
1930	89.2	6.1	7.7	19.3	22.2	4.7	3.0
1935	88.2	5.6	10.8	24.2	28.9	6.2	4.7
1938	84.3	5.1	16.6	29.6	35.5	10.6	6.0
1955	86.6	9.5	9.6	1.5	10.6	3.9	5.7
1960	83.6	13.9	11.6	3.7	13.2	2.4	9.1
1965	81.5	9.9	16.4	8.2	17.6	8.6	7.8
1970	74.3	10.1	24.0	15.1	25.2	15.7	8.3
1975	67.6	10.1	26.2	29.5	34.5	22.3	3.9
1980	63.0	11.0	31.2	32.5	37.6	26.0	5.2
1985	57.8	10.2	28.6	37.3	34.2	32.1	-3.5
1990	53.0	10.6	34.1	32.8	31.4	36.4	-2.3

주: 구성비는 해당년을 중심으로 한 5년간의 평균치임. 단 1911년은 1911~12
　년의 평균치이고, 1938년은 1938년 한 해의 값임.
자료: <표 1>과 동일.

　무역 다음으로 구성비를 크게 높인 것은 총고정자본형성이었다. 식민지기에는 5.1%(1911년)에서 16.6%(1938년)로 높아졌고, 해방 후 하락했다가 1960~70년대에 급증하여 최근에는 34%에 달하고 있다. 1960년대에 한정하면 그 구성비는 12%에서 24%로 배증했음을 알 수 있다. 이같은 투자의 가속적인 증가는 국제적으로 보더라도 유례가 없는 현상이며, 이것이 경제의 고도성장을 가능하게 했음은 물론이다. 투자재원의 조달을 국내 및 해외저축으로 나누어 보면 1930년대에는 해외저축률이 3~6%이고 1955~80년간에는 4~9%로서 양 시기 모두 해외저축 의존도가 매우 높다. 1960년대 전반까지의 해외저축은 원조에 의한 것이지만 그후에는 차관이 대종을 이루고 있다. 해방 후의 경제성장이 외자의존형임은 주지하는 바이지만, 식민지기에 대해서도 마찬가지의 유형을 확인할 수 있다. 한편 국내저축의 동향을 보면 식민지기에는 마이너스 저축에서 10.6%로 상승했고, 해방 후 다시 저수준으로 하락했다가 1960년대 이후 급속히 증가했다. 1980년대 후반에는 처음으로 국내저축률이 투자율을 상회하기에 이르렀다. 이는 경제성장과 저축률 상승의 결과 투자재원을 해외에 크게 의존하는 처지에서 벗어나고 있음을 보여주는 것으로 주목되는 현상이지만, 이 시기를 예외로 하면 국내저축의 부족을 외자로 메워 고도성장을 추구하는 방식은 식민지기부터 일관된 특징이라 할 수 있다.
　다른 한편 국내총생산의 산업별구성 추이를 보면(<표 3>), 농림어업은 식민지 초기의 65%의 비중에서 1990년에 9%로까지 급감한 데 비해 광공업은 같은 기간에 4.5%에서 30%로 증가했다. 1938년에도 농림어업의 비중이 절반을 차지하고 있어 식민지기는 의연히 농업에 가장 크게 의존하고 있었음을 알 수 있지만, 1930~39년간에 광공업 비중이 8.6%에서 16.6%로 급상승했음은 주목할 만하다. 동기간에 광공업의 연평균성장률은 13.9%로서 해방 후의 높은 광공업성장률에 비견되고 있다. 해방 후에는 광공업의 구성비가 크게 하락한 후 1950년대에 회복을 시작하여 60~70년대에 급속하게 상승했다. 이에 대하여 농림어업의 성장률은 1~4%로서 해방 전과 후를 통하여 비슷한 수준을 보이고 있다. 두 산업간 성장률의 이러한 차이가 구성비의 급격한 변화를 낳았음은 물론이다. 사회간접자본을 포함한 서비스업의 성장률도 식민지기에는 3~5%, 1960년대 이후에는 9% 전후의 비교적 높은 수준을 보였으며, 구성비도 해방 전의 30% 수준에서 최근에 60%로 높아졌다.

〈표 3〉 산업별 국내총생산의 구성 및 연평균 증가율   (단위: %)

	구성비			연평균 증가율		
	농림어업	광공업	서비스업	농림어업	광공업	서비스업
1911	65.2	4.5	30.3			
1920	66.2	6.9	26.9	4.4	9.2	2.9
1930	58.8	8.6	32.7	0.8	4.5	4.3
1938	49.0	16.6	34.4	2.5	13.9	5.6
1953	47.3	10.1	42.6			
1960	36.8	15.9	47.3	2.3	12.3	4.1
1970	26.7	22.5	50.8	4.5	15.8	9.5
1980	14.9	31.0	54.1	1.0	14.5	8.4
1990	9.1	29.6	61.3	2.9	11.4	9.4

주: 증가율은 앞 연도와의 사이의 연평균 증가율임.
자료: <표 1>과 동일.

그런데 이러한 한국의 경제성장 추이를 국제적으로 비교해 보면, 해방 전이나 해방 후 두 시기 모두 세계경제의 성장률[6]을 크게 능가했음을 알 수 있다. 세계경제는 1870년부터 제1차 세계대전까지 공업과 무역의 성장률이 각각 4%, 3.5%였으나 두 차례의 세계대전 사이의 기간에는 대공황과 경제블럭화의 진행에 따라 공업성장률은 2%대의 수준으로 떨어졌으며 무역은 정체 내지 축소되고 있었다. 식민지기 한국의 경제성장률은 해방 후의 1/2 수준이었지만 당시의 국제적 기준으로 보면 상당히 높은 수준이었음을 알 수 있다. 전후(1948~70년간) 세계경제의 공업과 무역성장률은 각각 5.6%와 7.3%로 역사상 유례없는 고도성장을 보였지만, 한국은 다시 이것의 두 배 이상의 속도로 성장했다.

요컨대 국제적인 기준에서 보면 한국경제는 해방 전과 후를 통해 높은 수준의 성장을 장기간 지속해 왔으며, 수요 면에서는 무역과 투자가, 생산 면에서는 공업이 이를 주도했다는 특징이 드러난다. 즉 수출과 외자라는 대외부문이 한국의 공업화에 결정적으로 중요한 역할을 했다고 할 수 있으며, 이에 관해서는 좀더 살펴보기로 한다.

먼저 무역의 장기적인 추이와 그 내용을 좀더 구체적으로 살펴보기로 하자. <표 4>는 무역상품의 성질별로 구성비의 추이를 보인 것인데, 수출에 대해서 보면 1930년대까지는 미곡과 광산물을 비롯한 1차산품의 비중이 매우 컸으나 해방 이후에는 공업제품의 비중이 압도적인 것으로 바뀌어 갔다. 이에 대하여 수입의 경우는 공업제품의 구성비가 일관되게 높아 해방 전에는 70~80%에 이르렀고, 해방 이후에는 50~60% 정도로 조금 하락한 대신에 원유를 포함한 원연료가 30% 전후의 비중으로 높아갔다.

---

6) 세계의 농업·공업생산 및 무역의 성장률에 관해서는 宮崎犀一·奧村茂次·森田桐郎 編, 『近代國際經濟要覽』(東京: 東京大學出版會, 1981), p.11 참조. 원자료는 W. W. Rostow, The World Economy: History and Prospect, Macmillan, 1978.

〈표 4〉 상품성질별 수출입구성의 추이   (단위: %)

<수출>	1925	1930	1935	1940	1965	1970	1975	1980	1985	1990
식료 등	75.6	63.3	58.3	21.4	16.6	9.6	13.2	7.1	4.1	3.5
원연료	4.2	4.6	10.4	18.7	18.0	8.0	4.4	2.0	3.9	1.9
공업제품	20.2	32.1	31.3	59.9	65.4	82.5	82.4	90.9	94.1	94.6
경공업	14.6	20.2	13.0	23.7	51.7	69.6	57.4	49.4	38.6	41.1
(섬유)	9.8	11.9	6.9	12.0	31.3	38.8	36.2	29.8	23.4	20.6
(기타)	4.8	8.3	6.1	11.8	20.4	30.9	21.2	19.6	15.2	20.5
중화학	5.6	12.0	18.3	36.2	13.7	12.8	25.0	41.5	55.5	53.6
(화학)	3.8	9.1	12.2	17.4	0.2	1.4	1.5	4.7	3.8	4.0
(금속)	1.5	2.2	4.8	13.6	10.2	3.8	7.2	14.4	11.3	8.9
(기계)	0.3	0.7	1.3	5.2	3.3	7.7	16.4	22.4	40.4	40.7
합 계	100.0	100.0	100.0	100.0	100.0	100.0	100.0	100.0	100.0	100.0
<수입>										
식료 등	24.6	21.0	15.7	13.0	13.7	16.2	13.2	8.5	4.7	4.9
원연료	3.6	3.3	4.4	7.5	29.1	26.2	34.6	46.5	36.3	29.0
공업제품	71.9	75.7	79.9	79.5	57.1	57.7	52.1	45.0	59.1	66.1
경공업	52.9	48.4	47.0	37.2	9.7	11.1	6.7	5.4	6.7	9.3
(섬유)	32.1	24.5	23.5	15.7	7.8	8.0	4.1	2.1	2.3	3.4
(기타)	20.8	24.0	23.5	21.5	1.9	3.1	2.7	3.3	4.4	5.9
중화학	18.9	27.2	33.0	42.3	47.4	46.6	45.4	39.6	52.4	56.8
(화학)	8.3	7.5	8.1	8.1	22.3	8.3	10.9	8.2	9.2	10.8
(금속)	6.3	10.1	12.6	14.9	8.7	7.8	6.7	7.1	6.5	8.1
(기계)	4.4	9.6	12.3	19.3	16.4	30.6	27.9	24.3	36.6	37.9
합 계	100.0	100.0	100.0	100.0	100.0	100.0	100.0	100.0	100.0	100.0

주: 해방 전에는 상품성질별 무역통계가 없으나 농산물과 수산물을 '식료 등 직접소비재'로 하고, 임산물과 광산물을 '원연료'에 대응시켜 집계하였음.

자료: 조선총독부, 『조선무역월표』, 각년도; 한국무역협회, 『무역동향』, 『무역통계』, 각년도.

공업제품의 수입을 다시 세분해 보면 식민지기에는 섬유제품을 비롯한 경공업소비재의 수입비중이 50% 전후로 높았으나 해방 이후에는

10% 이하로 크게 낮아졌고, 기계제품을 중심으로 한 자본재의 수입이 주종을 이루고 있다. 이 경향은 식민지공업화가 진전된 1930년대 후반에 이미 나타나고 있지만, 소비재보다는 기계와 연원료 같은 투입재를 수입해 이를 가공하여 수출하는 유형은 1960년대 이후에 와서 보다 명확하게 나타났다고 하겠다. 한편 해방 후 공업제품의 수출구성을 보면 섬유류를 비롯한 경공업제품이 50~60%를 점하고 있었으나, 1985년 이후에는 기계류가 40%를 차지하여 수출의 주종으로 부상했다. 다만 1930년대에는 1960~70년대와는 달리 중화학공업제품의 수출비중이 경공업제품보다 오히려 높게 나타나는데, 이는 화학공업과 제철업의 1차 가공제품을 일본에 수출하는 식민지공업화의 한 특질이 반영된 것으로 보인다.

〈그림 2〉 제품분류별 수출(또는 수입) 특화비율의 추이

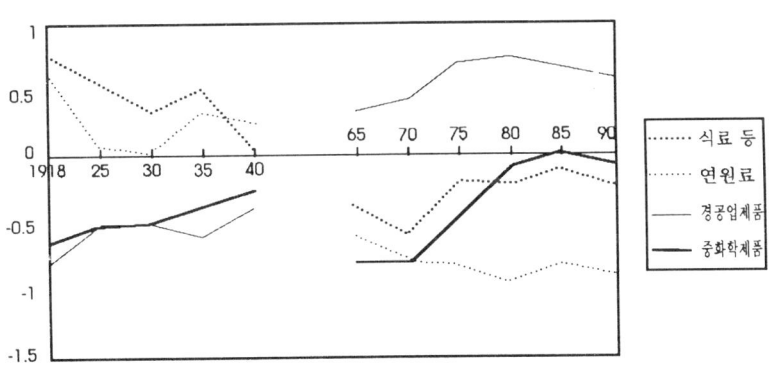

자료: <표 4>와 동일.

무역품목을 산업별로 나누어 수출(또는 수입)특화비율의 추이를 보면 <그림 2>와 같다. 이 비율을 (수출액-수입액)/(수출액+수입액)으로 정의했는데, 동 비율이 1이면 수입 없이 수출에만 특화한 경우이고 -

1이면 수입에만 특화한 경우이다. 그리고 0이면 수출액과 수입액이 동일함을 뜻한다. 식민지기에는 미곡과 광산물을 비롯한 1차산품을 수출하여 공업제품을 수입하는 구조가 뚜렷하지만, 해방 후에는 거꾸로 연원료 등의 1차산품을 수입하여 공업제품을 수출하는 구조로 바뀌어 갔음이 명료하게 나타나 있다.

이를 좀더 자세히 살펴보면, 식민지기에서도 미곡 등 1차산품의 수출초과가 감소한 반면에 공산품의 수입초과가 줄어드는 경향을 보이고 있는데, 이는 1930년대 공업화의 영향이 반영된 것이다. 자료가 없어 그림에는 표시되지 않았으나 해방 전후와 1950년대에 걸쳐 1차산품이 수출초과에서 수입초과로 역전되었고 그림에서 보는 한 1965년 시점에서 이미 경공업은 수출특화산업으로 전환했음을 알 수 있다. 한국전쟁을 계기로 식량원조의 도입국으로 바뀐 한편 1950년대에 원조물자를 기반으로 한 경공업의 성장과 수입대체의 진전, 나아가 섬유제품의 수출 개시 등의 사정이 반영된 것이라 생각된다. 1960~70년대에는 연원료와 기계를 포함한 중화학공업제품의 투입재를 수입하여 경공업제품을 수출하는 단순가공형 무역구조가 전형적으로 드러났다. 다만 1970년대 이후 중화학공업에서 일부 품목의 수입대체 및 수출산업화가 급속히 진전되어 1980년대 후반 이후에는 중화학공업제품이 수출액의 과반수를 넘게 되었음은 주목된다.

이와 같이 무역구성의 장기적인 추이에서 주목할 만한 특징은 수출의 주종이 1차산품→경공업제품→중화학공업제품으로 빠르게 고도화되어 갔다는 점이다. 미곡을 중심으로 한 1차산품의 수출기(1930년대 중반까지 해당)에 농업부문은 상품경제의 영향하에서 미곡단작형으로 생산이 재편되는 한편 수입에 의존하는 공산품소비가 크게 증가했다. 이것은 1차산품 수출에 특화된 여타의 후진국에서도 일반적으로 나타나는 현상이라 할 수 있다. 그러나 동시기 조선에서는 1차산품을 수출하고 공산품을 수입하는 무역구조가 그후 그대로 고착되지 않고, 국내에 형성된 공산품시장을 전제로 일부 품목에서는 국내생산이 활발해져 수입대체와 수출이 이루어지기 시작했다는 점이 주목된다.7)

이와 유사한 과정은 경공업제품의 수출주도기(1960~70년대)에서도 확인할 수 있다. 즉 경공업제품의 수출증대는 기계나 원료 등의 중간투입재의 수입증대를 수반하지만, 이렇게 형성된 기계 및 중간투입재 수요를 기반으로 하여 점차 이들 품목의 국내생산이 이루어진 것이다. 이것이 1970년대 이후 본격화한 중화학공업화 과정인데, 경공업제품의 수출증대에 어느 정도 시차를 두면서 거기에 유인되는 형태로 전개되었음을 알 수 있다. 물론 우리나라의 중화학공업화 과정은 이와 같은 수요측의 요인만으로 순탄하게 진행되지는 않았으며, 후술하는 바와 같이 정부의 강력한 지원이라는 정책요인도 고려할 필요가 있다.

이와 같이 무역구성의 변화에 반영되어 있는 장기적인 산업발전이 안행형태(雁行形態)를 보이고 있다는 사실은 주목할 만하다. 후진국 산업발전의 안행형태란 처음에 수입에 의존하던 품목이 국내에 형성된 시장을 기반으로 국내생산의 개시와 수입대체가 진행되고, 나아가 수출산업화해 가는 발전추이를 그래프로 나타내면 마치 기러기가 날아가는 형상을 보인다는 데서 따 온 것이다.8) <그림 2>는 수출입품목을 경공업과 중화학공업제품으로 분류해 볼 경우에도 유사한 형태가 나타남을 보여준다고 하겠다.

그런데 여기에서 중요한 것은 국내에 수요기반이 형성되었다 하더라도 이에 대응하여 어떻게 신속하게 공업화(나아가 중화학공업화)를 이루어낼 수 있었는가일 것이다. 이와 관련하여 우선 지적할 수 있는 것

---

7) 金洛年, "植民地期朝鮮の産米增殖計劃と工業化,"『土地制度史學』146호, 1995.

8) Akamatsu, Kaname, "A Historical Pattern of Economic Growth in Developing Countries," *The Developing Economies*, No.1, 1962.

은 '후발성의 이익'을 활용할 수 있었다는 점이다. 선진국에서 개발되어 이미 표준화된 기술은 후진국에 비교적 용이하게 이전하여 정착시킬 수 있기 때문에, 기술개발에 따르는 시행착오에 시간이 요구되는 선진국에 비해 후진국의 경제성장이 빠르게 나타날 수 있다는 사실은 주지하는 바이다.

이러한 후발성의 이익이 어떻게 활용되었는가를 보기 위해서는 기술도입의 내용을 검토할 수도 있겠지만, 수입품의 구성에서도 그 일단을 엿볼 수 있다. 해방 후 우리나라의 수입은 자원이 부족한 나라이기 때문에 연원료의 수입비중이 높다는 점을 제외하면, 소비재의 비중은 매우 낮고 기계류와 부품을 비롯한 생산재가 대종을 이루고 있다(<표 4>).

식민지기에서도 처음은 공산품소비재 수입의 비중이 높았으나 공업화가 진행된 1930년대에는 생산재의 수입이 크게 높아져 갔음을 알 수 있다. 이러한 생산재의 적극적인 수입은 거기에 체화되어 있는 선진국 기술을 적극적으로 도입하고 활용했음을 의미하는 것인데, 이 점이 공업화를 촉진하고 수출구성의 고도화를 크게 앞당길 수 있었던 요인이라 하겠다.

이와 함께 저축 여력이 부족한 후진국이 공업화를 서두르고자 할 경우 선진국에서 축적된 저축을 투자재원으로 활용할 수 있다는 점도 후발성으로부터 얻을 수 있는 또 하나의 중요한 이익이라 할 수 있다. 한국경제의 고도성장은 높은 투자증가율을 통해 가능했고 또한 투자재원의 상당부분이 외자에 의존했음은 전술한 바와 같다. 다만 유입된 외자의 성격이나 규모는 시기에 따라 변화되어 왔다. 유형별로 도입외자의 추이를 일별하면 <표 5>와 같다.

⟨표 5⟩ 주요 외자의 유입 및 자금유출의 추이

	조선경영비	국채의 일본발행	국채원리금 상환(-)	특수금융기관 경유자금	외국인 직접투자	(일본증권의 매입)
1910~20	18	13	-5	10	14	-3
1921~31	31	17	-15	39	19	-5
1932~37	32	30	-27	39	76	-24
1938~41	63	132	-36	78	209	-86
1942~44	120	374	-65	48	834	-1,105
	원조	공공차관	상업차관	차관원리금 상환(-)	외국인 직접투자	(해외투자)
1945~56	147					
1957~61	274	1		-0		
1962~66	168	23	35	-16	5	
1967~71	89	162	271	-63	23	
1972~76	2	483	601	-281	107	-5
1977~81		1,150	1,476	-993	160	-24
1982~86		1,338	1,066	-1,837	212	-111
1987~91		664	687	-3,232	881	-653

주: 1) 표시된 기간의 연평균 유입액임. -는 유출액임.
    2) 단위는 식민지기는 백만엔, 해방 후는 백만달러임.
자료: 金洛年, "植民地期における朝鮮・日本間の資金流出入," 『土地制度史學』135號; 한국은행, 『경제통계연보』; 통계청, 『주요경제지표』, 각년도.

먼저 식민지기에 유입된 외자는 후기로 갈수록 크게 증가했는데, 이를 유입된 분야별로 나누어 보면, 식민지지배를 위해 일본정부 예산에서 직접 지출되는 조선경영비(군사비와 행정보조비)를 제외하면 정책자금의 성격을 갖는 것으로는 일본에서 발행되는 국채발행수입과 특수금융기관 경유자금이 있다. 전자는 조선의 철도건설과 개량에 투입되었고, 후자는 주로 식산은행과 동양척식주식회사를 통해 농업자금으로 공급되었다. 후자는 특히 1920년대 산미증식계획 추진기에는 외자유입의 가장 중요한 형태였으나 그후 상대적인 중요성이 저하되어 갔다. 이에 대하여 1930년대 이후 일본인 민간자본에 의한 직접투자가 급증했는데, 투자분야는 전력, 화학, 제철, 방직업 등을 비롯하여 광공업 전반에 걸쳐 이루어졌다. 1930년대에 전개된 조선의 공업화는 이러한 일본인 민간자본의 직접투자에 의존하는 바가 매우 컸다. 그러나 전시기(戰時期)에는 자금통제가 실시돼 일본의 유가증권 매입이라는 형태로 자금의 역수출이 크게 증가했다.9)

한편 해방 후에는 1950~60년대에 걸쳐 외국원조가 대규모로 유입되었는데, 소비재도 포함하고 있지만 원자재의 공급으로 동시기에 경공업의 성장과 수입대체에 기여했다. 외국원조는 무상으로 주어졌다는 점에서 외자와 다르지만 그 규모가 매우 크고 차관도입이 이루어지기 전까지 한국경제의 전개에 커다란 영향을 미쳤다. 1960년대 중반 이후에는 차관(공공차관과 상업차관)이 본격적으로 도입되어 1980년대 중반까지 가장 중요한 유입형태를 이루고 있다. 차관도입 분야를 살펴보면 전력, 운수, 통신 등과 같이 사회간접자본에 대한 투자가 중심이었고, 상업차관의 경우에는 제조업에 대한 투자가 많았다. 외국인 직접투자는 차관도입에 비하면 그 규모가 10%에도 미치지 못했지만, 주로 제조업(그외에 호텔업과 금융업)에 투자되었다. 다만 1980년대 후반 이후 차관도입이 크게 감소한 반면 그 원리금상환액이 도입액을 훨씬 능가하게 된 점을 고려하면, 외국인 직접투자의 상대적인 중요성은 높아졌다고 할 수 있다. 그러나 이 시기에는 거꾸로 한국의 해외투자가 급증한 점이 특징인데, 그 규모는 외국인 직접투자 유입액에 거의 육박하고 있다.

이와 같이 유입된 외자의 투자분야가 사회간접자본과 제조업 중심

---

9) 식민지기 유입된 외자의 실태와 의의에 관해서는 金洛年, "植民地期における朝鮮・日本間の資金流出入,"『土地制度史學』135號, 1992를 참조.

이라는 점은 해방 전과 후에 걸쳐 일관된 특징(단 1920년대에는 농업투자가 컸지만)이며, 그 점에서 공업화를 크게 촉진했다고 할 수 있다. 다만 외자유입 형식이 해방 전에는 민간의 직접투자가 중심인 데 비해 해방 후에는 차관 위주로 바뀌었다는 차이점이 주목된다. 식민지기의 공업화과정에는 일본으로부터 자본과 함께 일본인 경영자가 진출하여 근대적인 산업분야를 장악[10]한 데 비해, 해방 후에는 외국인 직접투자의 비중은 낮고 기본적으로 한국인 경영자가 주체가 되어 외자를 도입해 운영한 후 상환하는 방식으로 이루어졌다.

요컨대 장기적인 시각에서 본 한국경제성장의 가장 중요한 특징은 고도성장의 장기적인 지속이며, 그 결과 경제구조의 급속한 변화가 초래되었다는 점이다. 이 과정에서 무역과 기술이전, 외자에 의존한 높은 투자 등이 매우 중요한 역할을 했는데, 이는 개방체제하에서 대외적인 접촉을 넓히고 후발성의 이익을 적극적으로 활용했다는 것을 의미한다. 그러나 후발성의 이익을 활용할 수 있는 가능성은 모든 후진제국에 열려 있지만, 고도성장이 실현된 나라는 소수에 불과했다. 여기에는 이러한 가능성을 활용하여 국내에 공업화를 이루어낼 수 있는

---

10) 식민지기에는 일본으로부터 자본과 경영자뿐만 아니라 기술자나 숙련노동자도 대거 유입되었다는 사실도 유의할 필요가 있다. 1941~43년의 조사에 의거하여 산업별 종사자의 민족구성을 보면, 먼저 공업의 경우 노무자(30~36만 명) 중에서 6~7%가, 그리고 기술자(7~8천명) 중에서 82%가 일본인이었음을 알 수 있다. 그 밖의 산업에서도 상황은 대동소이했다. 식민지기에 조선인 노동자가 수적으로 크게 증가했고 숙련의 형성이 어느 정도 이루어진 것도 사실이지만, 동시기에 전개된 공업화는 여전히 일본으로부터 기술자나 숙련노동자의 유입에 크게 의존하고 있었다. 이 점은 해방 후에 외국 기술에 크게 의존하면서도 기술의 습득과 숙련의 형성이 한국인에 의해 이루어졌다는 사실과 비교할 때 식민지기에 두드러진 특징이라 할 수 있다. 朝鮮總督府, 『朝鮮勞動技術統計調査報告』, 1941~1943.

주체적인 조건의 형성11)이 중요하다. 주체적 조건에는 역사적·문화적 요인까지 포함한 넓은 의미의 성장잠재력이 문제가 될 것이지만, 본고에서는 정부의 정책을 중심으로 고찰하기로 한다.

2) 대외지향적 공업화

　실태 면에서 본 한국의 경제성장은 특히 대외부문의 두드러진 역할에서 알 수 있듯이 대외지향적 공업화의 유형에 속한다고 할 수 있다. 그런데 그것을 규정했던 대외경제체제 또는 개발전략은 시기별로 차이가 있었다. 이러한 대외경제체제의 시기적 변화를 일별하면서, 특히 1960년대의 대외지향적인 공업화전략의 형성과 그 의의에 관해 간단히 살펴보기로 한다.

　먼저 식민지기 조선의 대외경제체제는 일본에 의하여 강요된 개방체제였다. 이미 개항기에 성립한 불평등조약 체제는 조선의 개방과 상품경제의 급속한 침투를 초래했지만, 그후 식민지화의 과정은 여기에 그치지 않고 일본의 제도와 법령을 조선에 적극적으로 이식하여 양 지역간에 제도적인 동화를 추구하는 과정이었다. 예컨대 조선의 통화인 조선은행권은 일본은행권과 등가 고정환율로 자유롭게 교환할 수 있도록 연계되었으며, 양 지역간의 무역도 1920년부터 극히 일부의 예외를 제외하면 무관세였고 양적인 무역규제는 전시를 제외하면 취해지지 않았다. 즉 식민지기의 조선은 일본에 한정되기는 했지만 완전한 대외개방체제를 유지했다고 하겠다. 그 결과 앞에서 지적한 바와 같이

---

11) 한국경제성장의 역사적 조건에 관한 한 시론으로는 安秉直·金洛年, "韓國における經濟成長とその歷史的諸條件,"『鹿兒島經大論集』 38-2, 1997을 참조.

조선경제는 불과 30년 정도의 기간에 무역의존도가 15%에서 65%로 상승했고 일본으로부터의 자본유입과 투자의 급증이 나타났다. 이것은 조선경제가 식민지체제하에 마치 일본의 한 지방과 같은 지위로 급속히 포섭되어 갔음을 의미하지만, 다른 한편 개방체제하에서 예상되는 한국경제의 전개양상에 대해서도 시사하는 바가 크다고 생각된다.

해방은 분단과 한국전쟁과 함께 한국경제의 대내외적 환경을 근본적으로 변화시켰다. 남북분단과 일본경제와의 단절에 의하여 종전의 대외경제체제는 붕괴되고 무역과 생산은 크게 위축되었다. 1955년을 전후한 시기의 무역의존도는 수출 1.5%, 수입 10.6%였으며, 이는 해방전(1938년)의 각각 29.6%와 35.5%와 비교하면 무역은 거의 붕괴되다시피 했다고 볼 수 있다(<표 2>). 당시의 한국은 세계시장에 수출 가능한 품목을 거의 가지고 있지 않았으며, 그나마 수입무역이 어느 정도 유지될 수 있었던 것은 한국전쟁을 계기로 대량으로 도입되기 시작한 외국원조에 기인한 것이었다. 따라서 1950년대에는 외국원조의 도입과 그것을 둘러싸고 파생되는 제문제가 대외경제관계의 형성에 커다란 영향을 미쳤다.

외국원조는 주한 유엔군에 대한 원화대여금 상환자금과 함께 당시 한국 외환수입의 주종을 이루고 있었다. 또 하나의 수입원인 수출은 그 규모가 미미한 수준을 벗어나지 못했고, 외자의 도입도 아직 이루어지고 않고 있었다. 이러한 상황에서 공정환율을 높이는 것은 외환수입을 감소시킬 수 있다는 우려가 있었기 때문에 한국정부는 거기에 매우 소극적이었다. 또한 원조 달러자금의 판매대금을 대충자금으로 예치하고 그 용도에 관해서는 원조당국과 협의하도록 되어 있었는데, 이것도 한국정부가 대충자금 적립에 적용되는 환율을 낮게 유지하고자 하는 이유였다. 원화대여금 상환이나 대충자금 적립에 적용되는 환율을 어떻게 조정할 것인가 하는 문제는 한미간에 의견대립이 첨예했던 문제 중의 하나였다. 실제로 1950년대를 통한 환율의 추이를 보면 (<표 6>), 공식환율은 몇 차례 인상되었음에도 불구하고 높은 인플레를 충분히 반영하지 못했기 때문에 원화는 계속 과대평가되어 있었다. 예컨대 달러의 암시장 가격은 공정환율을 줄곧 2~4배나 웃돌고 있었다.

〈표 6〉 각종 환율, 수출 인센티브 및 수입부가금의 추이 (단위: 1달러당 원)

	공정환율 a	수출인센티브		수입부가금		실효환율		실질실효환율	
		프리미엄 b	수출보조 c	외환세등 d	실적관세 e	수출 a+b+c	수입 a+d+e	수출	수입
1958	50.0	64.0	1.2	6.6	7.9	115.2	64.4	280.6	155.9
1959	50.0	84.7	1.3	21.1	11.7	136.0	82.8	325.6	198.2
1960	62.5	83.9	1.2	22.7	15.0	147.6	100.2	319.6	216.9
1961	127.5	14.6	8.5	2.7	16.8	150.6	147.0	289.1	282.2
1962	130.0	-	21.5	0.2	16.2	151.5	146.4	264.0	255.1
1963	130.0	39.8	19.6	6.2	12.0	189.4	148.1	275.8	215.7
1964	214.3	39.7	27.4	11.7	21.0	281.4	247.0	305.0	267.6
1965	265.4	-	39.2	-	27.7	304.6	293.1	304.6	293.1
1966	271.3	-	51.6	-	25.1	322.9	296.4	305.1	280.0
1967	270.7	-	62.4	-	25.5	333.1	296.2	299.1	266.0
1968	276.6	-	77.7	-	25.9	354.3	302.5	298.8	255.1
1969	288.2	-	75.1	-	24.5	363.3	312.7	295.6	254.5
1970	310.7	-	88.1	-	25.7	398.8	336.4	308.3	260.1
1971	347.7	-	103.0	-	21.8	450.7	369.5	325.0	266.1
1972	391.8	-	90.9	-	23.4	482.7	415.2	313.3	269.3
1973	398.3	-	91.6	-	19.4	489.9	417.7	339.5	289.4
1974	407.0	-	111.7	-	17.0	518.7	424.0	316.9	258.9

주: 1) c란은 수출에 대한 직접보조, 내국세 및 관세 감면액, 이자보조 등을 포함함.
2) d란은 외환세와 수출 프리미엄의 합계임.
3) 실질실효환율은 주요 무역상대국과 비교한 구매력 패리티지수에 의한 조정환율임.

자료: 김광석·웨스트팔,『한국의 외환·무역정책』, 한국개발연구원, 1976, <표5-7, 8, 9> 참조.

다만 공정환율은 정부간 거래를 중심으로 적용되었고 민간무역업자에 의한 수출입에는 여러 가지 예외적인 조치를 취하지 않을 수 없었다. 먼저 비현실적으로 과대평가된 공정환율은 수출을 저해했는데, 이러한 부작용을 완화하고자 했다. 외화예치제도를 시행하여 수출달러에 대해서는 공정환율에 의한 강제매입을 회피한 것이나, 1954년부터는 일본과 여타 지역으로 나누어 수출달러의 자유시장환율에 의한 매도를 허용한 것은 그러한 예이다. 여기서 시장환율과 공정환율의 차이는 수출에 대한 프리미엄으로 역할을 했다. 한편 수입에서도 원화의 과대평가는 외환에 대한 초과수요를 낳아 정부가 외환배정에 재량적으로 개입하지 않을 수 없게 했다. 외환배정시의 혜택을 정부가 부분적으로 흡수하기 위한 제도(예컨대 입찰제나 외환세제 등)나 외환수입의 원천과 수입될 상품의 종류에 따라 차등적인 환율을 적용하는 매우 복잡한 복수환율제도가 시행되었다.[12]

따라서 공정환율은 실제의 수출입 거래에서는 큰 의미가 없으며, 수출에는 수출업자가 얻는 각종 인센티브를, 또한 수입에는 관세를 비롯한 각종 수입부과금을 포함하여 수입업자가 실제로 지불하는 비용을 각각 고려할 필요가 있다. <표 6>은 이를 반영한 실효환율의 추이를 보여주고 있는데, 1950년대에는 수출실효환율이 수입실효환율에 비해 특히 높게 나타났다. 이를 해석하는 데는 몇 가지 유의할 점이 있다. 먼저 추계상의 문제인데, 표에 제시한 김·웨스트팔의 수입실효환율 추계에는 수입품에 적용되는 다양한 복수환율(이는 당연히 공정환율보다

---

12) 김광석·래리 웨스트팔,『한국의 외환·무역정책』(서울: 한국개발연구원, 1976). pp.51-64.

높다)을 고려하지 않고 있으며, 이는 수입실효환율을 상당히 과소평가하게 될 것이라는 점이다. 또 하나는 수출실효환율이 상대적으로 높게 나타났는데, 이것은 마치 1960년대 이후에 못지 않은 수출지원정책이 1950년대에도 시행된 것처럼 보인다. 그러나 그것은 수출지원정책 덕분이라기보다는 오히려 수입제한정책에 기인한 것이다. 수출인센티브의 내용을 보면 수출보조금은 보잘 것이 없었으며 대부분은 수출달러를 시세로 매도하여 얻을 수 있는 프리미엄으로 구성되어 있다. 이 사실을 뒤집어서 보면 수입을 위한 달러의 획득이 당시 그만큼 높은 수익을 보장하고 있었다는 것을 의미한다.13) 실제로 1950년대에는 분기별(또는 1954년부터는 상·하반기별) 무역계획이 수립되었고, 수입상품의 종류 및 수량을 규제했다. 이러한 양적인 규제는 1950년대에 밀수가 성행했던 데서 알 수 있듯이 수입권 획득에 따르는 경제적 지대를 높였는데, 그 일부를 수출인센티브로 돌린 셈이다.

요컨대 1950년대의 대외경제체제는 정부의 외환관리와 원화의 과대평가, 이에 따른 복수환율제도와 수입에 대한 양적 규제를 특징으로 하고 있었다. 과대평가된 공정환율은 가격으로서의 기능을 제대로 수행하지 못하고, 특히 대외부문에서의 자원배분은 정부의 재량적 개입에 크게 의존하지 않을 수 없었다.

이에 대해 1960년대에는 환율의 현실화, 수출지원정책의 강화, 외자도입을 촉진하기 위한 제도의 정비 등이 이루어져 대외지향적 공업화정책을 보다 체계적으로 추진하게 되었다. 특히 1960년대 전반은 시행착오를 수반하면서 이들 정책이 형성된 시기로서 주목된다. 그 배경에

---

13) 수출달러의 매도로 수출업자가 얻게 되는 프리미엄은 당연히 수입업자에게는 수입에 부가되는 비용이 된다. <표 6>의 수입실효환율 추계에는 이것이 반영되어 있다. 그런데 50년대에는 수입에 비해 수출의 규모가 매우 작았기 때문에 이 요인이 수입실효환율 전체를 크게 높이지는 못했다.

는 박정권의 등장을 들 수도 있지만, 이미 진행되고 있었던 외국원조의 삭감이 거기에 의존하여 성립한 1950년대 대외경제체제의 변화를 불가피하게 했다는 점을 우선 지적할 수 있다. 먼저 환율이 1961년과 1964년에 대폭 인상되었는데(<표 6>), 이 조치는 1950년대 원화의 과대평가에서 파생되는 제문제를 해소할 수 있게 했다. 즉 환율이 현실화됨에 따라 환율체제가 공정환율로 단일화될 수 있게 되었으며, 한편 수입권의 높은 프리미엄을 줄임으로써 수입에 대한 양적 규제를 완화할 수 있게 되었다. 다만 1961년의 환율인상 효과는 1960년대 초의 높은 인플레로 잠식되고 국제수지가 악화됨에 따라 수입규제가 오히려 강화되는 양상을 보이기도 했지만, 그후 점차 완화되어 갔으며 1967년에는 무역규제가 포지티브 리스트 방식에서 네거티브 리스트 방식으로 변경되었다.

환율의 현실화와 함께 1960년대 전반에는 각종 수출지원정책이 크게 강화되었다. 1950년대에도 수출지원정책이 있었으나 수출달러를 자유시장환율로 매도하는 것을 허용함으로써 수출업자가 얻게 되는 프리미엄을 제외하면 여타의 수출보조는 양적으로 미미했다. 이 수출프리미엄은 1961년의 환율현실화 조치로 소멸되었으나 1963~64년에 일시적으로 다시 나타난 것은 이 시기에 시행된 수출입 링크제에 의한 것이다. <표 6>에 그 양적 추이를 제시한 수출보조금의 내역을 보면, 수출에 대한 직접보조금(1961~64년간에 시행), 내국세 및 관세의 감면, 수출우대금융과 일반대출 사이의 금리차로 추산한 금리보조 등으로 이루어져 있다. 양적으로 가장 규모가 큰 것은 수출관련 사업에 대한 각종 조세의 감면인데, 특히 수출용으로 투입되는 수입원자재 및 자본재에 대한 관세감면은 투입재를 국제가격으로 구매할 수 있게 함으로써 무역체제에 내포되어 있는 수출 저해요인을 제거한다는 의미가 있었다. 수출에 관한 실질실효환율을 보면 1960년대 중반 이후 주요 무역상대국에 비하여 높은 물가상승으로 원화는 다시 과대평가되는 경향을 보이고 있었으나, 달러당 수출보조금의 증가가 이를 상쇄하여 안정적으로 추이했음을 알 수 있다. 따라서 1960년대 중반 이후는 적어도 환율에 기인한 반(反)수출요인은 제거되었다고 할 수 있다. 이와 같은 금전적 유인 외에도 행정적 지원(대한무역진흥공사, 대통령이 주관하는 수출확대회의 등)과 함께 수출을 국가과제로 설정하고 수출업자가 국가발전에 기여한다는 자긍심과 사회적 평가를 높이는 비금전적인 유인이 활용되는 등 수출에 대한 실질적인 지원이 강화되었다.

한편 1960년대는 외자도입을 촉진하기 위한 제도가 정비되었다. 1950년대 말부터 미국의 원조가 감소되기 시작했고, 원조방식도 점차 무상원조에서 개발차관 형식으로 변경될 것이 확실시되고 있었기 때문에 한국정부는 이에 대한 대책에 부심하지 않을 수 없었다. 전술한 수출지원정책의 강화와 함께 외자의 적극적인 도입이 이에 대한 대응책으로 모색되었다. 외자도입촉진법(1960년), 외국차관의 지불보증에 관한 법률과 외국의 장기수출금융에 의한 자본재도입을 허용하는 특별법(이상 1962년) 등의 제정이 그것이다. 이들 법률은 1966년에 외자도입법으로 통합되었다. 외자도입의 유인으로서는 외국차관에 대한 정부의 지불보증, 차관 및 기술도입과 외국인 직접투자에 대한 각종 조세감면 등이 규정되어 있다. 한일국교정상화를 추진한 것도 청구권자금과 함께 일본으로부터 자본유입을 크게 증가시켰다. 그 결과 외자도입의 실적을 보면 1960년대 전반까지는 아직 미미한 수준이며 원조가 여전히 큰 비중을 차지하고 있었으나, 후반에는 그 구성이 역전되고 외자도입이 가속화되어 갔음을 알 수 있다(<표 5>). 1960년대 이후 한국의 경제성장이 수출 및 외자의존형이라는 특징을 뚜렷이 나타낸 것은 앞절에서 살펴본 대로인데, 그것은 이러한 대외지향적 경제정책에 힘입은 바가 크다고 하겠다.

그런데 한국이 1960년대 전반에 대외지향적 개발전략으로 나아가게 된 것은 당시 수입대체공업화전략을 고집했던 다른 개도국과는 달리 한국경제의 성공을 가져온 분기점으로 평가되고 있다.[14] 당시 식민지 지배를 경험했던 개도국이 독립한 이후 국가주도하에 나름대로의 자립경제를 모색하고자 할 때, 그들이 추구한 것은 대체로 수입대체공업화전략이었다. 즉 국내시장을 보호하고 과거 수입에 의존하던 공업제품의 국내생산을 촉진하고자 하는 것인데, 이 전략을 통하여 부분적인 공업화가 진전되기도 했다. 그러나 이 전략은 경제의 고도성장을 이루지는 못했는데, 그 이유로는 다음과 같은 점을 들 수 있다. 공산품소비재의 수입대체는 국내시장의 보호를 통하여 비교적 용이하게 달성될 수 있었지만, 그를 위한 자본재를 비롯한 투입재의 경우는 국산화가 쉽지 않았다. 공산품이 수출경쟁력을 확보하지 못하는 한(또는 1차산품에서라도 외화를 가득할 수출상품이 없으면) 자본재 등의 수입의존은 국제수지 문제를 야기할 것이며, 자본재의 수입대체까지 시도하고자 한다면 그를 위한 국내시장의 부족이나 기술적인 문제로 인하여 이 또한 한계에 부딪치게 되기 때문이다. 또한 이 전략에 수반되는 국내시장 보호와 정부개입에의 의존은 비생산적인 지대추구활동을 만연시킬 우려가 높으며, 이와 함께 국내외 가격체계의 괴리는 자원의 비효율적인 배분을 초래할 가능성이 높다.

이에 대하여 대외지향적인 공업화전략은 경제의 대외의존성을 높이지만, 오히려 이를 통하여 수입대체공업화전략이 갖는 한계들을 회피할 수 있는 길을 열어 준다. 대외지향전략에 내포되어 있는 시장자유화정책은 후진국의 자원부존 상황에 적합한 공업부문으로의 특화와 수출을 촉진할 수 있으며, 대외적인 접촉을 크게 확대함으로써 매우

---

14) 예컨대 A. 크루거, 앞의 책; 渡邊, 앞의 책.

높은 학습효과를 기대할 수 있다든지, 해외시장에 의존하여 규모의 경제 이점을 충분히 살릴 수 있다는 점이 지적될 수 있다. 또한 수출의 증대는 외자도입의 가능성을 높여 시장과 자본 면에서의 한계를 넘어 경제성장의 지속을 가능하게 하는데, 특히 제2차 세계대전 이후 세계경제의 급속한 확대는 이러한 개발전략의 유효성을 크게 높이는 조건이 되었다.[15]

이러한 의미에서 1960년대 전반에 형성된 한국의 대외경제체제와 공업화전략은 그후의 경제성장을 가속화한 정책적 요인으로 평가할 수 있다. 다만 그러한 평가를 둘러싼 기존의 논의에는 몇 가지 유의할 점이 있다. 첫째, 1960년대 전반에 나타난 정책변화를 수입대체에서 수출지향 공업화전략으로의 전환으로 인식되고 있는데, 그러한 전환이 어떻게 가능했나 하는 문제와 관련된 점이다. 먼저 1950년대는 한국이 수입대체공업화전략을 추구한 시기로 상정되고 있는데, 이는 당시의 환율 및 무역체제가 국내산업에 대한 보호주의적인 성격을 강하게 가지고 있었다는 점을 근거로 하고 있다. 그런데 1950년대의 실효환율을 보면 수출에 비해 수입의 실효환율이 매우 낮아 결코 수입억제적이라고 할 수 없다.[16] 그 결과 초래된 수입압력을 억제하기 위해서 복잡한

---

15) Balassa, Bela, "Outward Orientation," Chenery and T. N. Srinivasan, eds., *Handbook of Development Economics*, V.II, Elsevier Science Publisher, 1989.

16) 장하원은 수입대체체제에 관한 Bhagwati and Srinivasan(1985)의 정의에 따르면 1950년대의 한국은 수입실효환율이 수출실효환율보다 크게 낮기 때문에 수입대체체제라고 할 수 없다고 지적하고 있다. 다만 여기에서 사용된 수입실효환율 추계치는 공정환율보다 높은 다양한 복수환율을 고려하지 않고 있기 때문에 과대평가된 것이지만, 이 점을 감안하더라도 여전히 수입실효환율이 수출실효환율보다 높았다고 보기는 어렵다. 1950년대에는 수입에 대한 양적인 규제가 일반화되었다는 사실에서 그것을 시사받을 수 있다. Jang, Ha Won, "Phases of Capital Accumulation in Korea and Evolution of Government

복수환율제도와 양적인 수입규제가 일반화되었다. 이는 국내산업의 보호와 수입대체를 지향하는 체계적인 공업화정책의 결과라고 보기는 어려우며, 전술한 바와 같이 원조도입에 유리하도록 설정된 원화의 과대평가에서 파생된 결과로 이해하는 편이 사실에 보다 부합한다.

또한 이러한 이해에 서게 되면 1960년대 전반에 대외지향적 공업화전략이 형성되는 과정에 대해서도 보다 일관성 있는 설명이 가능해진다. 즉 1950년대 말 이후 원조의 급속한 감소가 원조에 의존해 형성된 대외경제체제를 더 이상 지속할 수 없게 했으며, 시행착오를 통한 학습과정17)을 거쳐 귀결된 것이 전술한 환율의 현실화, 수출지원 및 외자도입 정책이었던 것이다. 또한 이러한 정책전환에는 원조공여를 무기로 하는 미국으로부터의 압력도 일정한 역할을 했다.18) 다만 원조감소가 1950년대와 같은 환율 및 무역체제의 지속을 불가능하게 했다 하더라도 그것을 대신하여 등장한 것이 왜 대외지향적인 체제였는가에 관해서는 좀더 부가적인 설명이 요구된다. 이와 관련해서는 한국경제의 소국으로서의 특성과 역사적 규정성에 주목할 필요가 있다. 국내시장 보호를 통한 수입대체공업화전략은 넓은 국내시장 잠재력과 풍부한 자원을 보유하지 못하는 한 필연적으로 국제수지 문제에 봉착하지 않을 수 없음은 전술했는데, 인도나 브라질과 같은 대국에서 일정

Growth Strategy, 1963~1990," unpublished Ph.D. Dissertation, Univ. of Oxford, 1995, pp.22-27.

17) 박정권이 처음부터 체계적인 대외지향적 공업화전략을 가지고 있었다고 보기는 어렵다. 특히 수출주도성장전략의 형성이 예상을 넘는 수출실적에 의해 사후적으로 유인된 것이라는 점을 지적한 것으로는 Jang, op. cit., pp.166-170을 참조.

18) Haggard, Stephan, Byung-Kook Kim and Chung-In Moon, "The Transition to Export-Led Growth in South Korea: 1954~1966", The Journal of Asian Studies 50, No.4(November 1991), pp.850-873 참조.

기간 이 전략이 추구될 수 있었던 것은 그 때문이다.19) 이에 비해 한국과 같이 국내시장과 자원이 부족한 소국의 경우는 이 전략을 추구하더라도 머지 않아 한계에 부딪치지 않을 수 없었을 것이다. 즉 한국이 선택할 수 있는 전략의 폭은 매우 제한되어 있었다. 한국의 1950년대가 마치 수입대체공업화전략을 추구한 것과 유사한 양상을 띠는 것은 식민지기까지 포함하여 장기적인 시각에서 보면 오히려 예외적인 시기로 보이는데, 이는 당시의 원조의존을 전제로 해서 비로소 가능했던 것이다. 그러한 의미에서 1950년대의 원조의존은 결과적으로 한국의 대외지향적 체제로의 복귀를 지연시키는 역할을 한 것으로도 볼 수 있다.

둘째, 1960년대 이후 전체적으로는 대외지향적 공업화를 추구했다고 할 수 있지만 그렇다고 해서 수입대체전략을 배제한 것은 아니었다는 점이다. 특히 중화학공업부문을 수입대체하고자 하는 시도는 1970년대에 들어와 본격적으로 전개되지만, 이미 1960년대 후반 각종 공업육성법의 시행에서도 그러한 지향이 확인된다. 이러한 관점에서 보면 1960년대 전반에 시행된 제정책을 단순히 시장자유화정책으로 평가하는 것은 일면적임을 알 수 있다. 1950년대에 비하면 수입규제는 완화되었지만 일부 공업부문의 수입대체를 위한 국내시장 보호는 지속되었고, 이것이 수출을 저해하지 않도록 수출을 위한 투입재는 관세감면 등을 통하여 국제가격으로의 구매를 허용한 데 불과했다. 반쪽의 무역자유화라 할 수 있다. 외자도입에서도 정부의 허가를 요건으로 하고 있는데 그 도입분야에서 나타난 정부의 지향을 보면 후술하는 바와 같이

---

19) 후진국 개발전략의 형성과정에서 대국이냐 소국이냐와 같은 지리경제적인 초기조건이 중요함을 강조한 것으로는 川上忠雄, "世界史のなかの韓國工業化"(小林謙一·川上忠雄 編, 『韓國の經濟開發と勞使關係』, 法政大學出版局, 1991) 참조.

사회간접자본의 건설과 함께 중화학공업 육성에 역점을 두고 있었다.
　그런데 이러한 중화학공업부문의 수입대체정책은 공산품소비재의 수입대체에서는 경험하지 못한 어려움에 봉착하게 된다. 중화학공업은 소요되는 투자자본이 거대하고 기술적인 제약이 매우 크다는 어려움뿐만 아니라 그 생산물이 처음부터 국제경쟁력을 갖지 못하는 한 그것을 투입재로 사용하는 국내산업 전체의 효율을 떨어뜨리게 되는 딜레마에 빠지기 때문이다. 따라서 후진국에서 초기 중화학공업이 정착되는 데는 많은 시행착오와 비효율이 수반되게 마련인데, 4절에서 살펴보는 바와 같이 한국은 이미 1960년대 말에 그러한 상황이 시작되고 있었다. 중화학공업화정책을 본격적으로 추진한 1970년대는 이러한 난관을 돌파하기 위한 정부개입과 수입대체공업화전략을 강화한 시기라고 볼 수 있다.

3. 개발국가체제의 성립과 경제적 유인의 변화

1) 개발국가체제의 성립

　1960년대 이후 한국의 경제성장이 대외지향적인 발전유형을 보였음은 앞 절에서 살펴본 대로이지만, 이와 함께 그 과정이 경제개발을 최우선 과제로 설정한 박정권의 개발국가체제하에서 전개되었다는 사실 또한 중요한 특징으로 지적할 수 있다. 따라서 대외지향적 전략에 내포되어 있는 시장자유화가 상당히 진전되기도 했으나, 다른 한편 경제개발계획이 추진되고 그를 위해 정부가 자금의 동원과 배분에 적극적으로 개입하기도 했다. 그 결과 한국의 경제성장과정에서 시장과 정부의 역할을 어떻게 평가할 것인가 하는 논점에 관해서는 입장에 따라 견해의 차이가 크게 벌어지게 되었다.

먼저 시장을 중시하는 신고전파의 견해[20]에 따르면 박정권의 등장은 1950년대의 수입대체공업화 체제로부터 과감한 시장자유화정책을 통하여 보다 시장순응적인 대외지향적 공업화체제로 전환했다는 점에서 그 의의를 찾고 있다. 수입대체공업화 체제하에서는 정부의 보호주의적인 경제개입과 정경유착이 만연되기 마련이며, 여기에서 형성된 기득권세력이 시장지향적인 정책으로의 전환을 어렵게 하는 것이 개도국에서 일반적으로 관찰되는 현상인데, 박정권은 이러한 제약으로부터 벗어나 있었으므로 정책전환을 강력하게 추진할 수 있었다는 것이다. 구체적으로는 앞 절에서 살펴본 환율 및 금리의 현실화조치 등이 시장자유화를 촉진한 것으로 평가하며, 그 결과 비교우위의 논리에 따라 부존자원 상황에 부합한 노동집약재의 수출이 급속히 늘고 경제성장과 구조변화를 가져온 것으로 본다. 그런데 정책전환 이후에는 비교우위에 따른 시장의 논리가 경제적 변화를 주도한 것으로 보기 때문에 정부의 역할은 주변적인 것에 그친 것으로 묘사되고 있다. 이러한 인식은 박정권하에서 광범하게 이루어진 정부개입의 실태와 의의를 충분히 드러내지 못했다는 점에서 한계를 가지고 있다고 할 수 있다.

이에 대하여 수정주의자의 견해는 박정권하에서는 정부의 주도성이 오히려 강화되어 왔으며 그 성장지향적인 경성국가(hard state)로서의 특성이 경제성장을 가능하게 한 것으로 본다. 박정권은 경제개발을 무엇보다도 우선적인 목표로 설정하고 관료기구를 그러한 목표를 향해 조직화했을 뿐만 아니라 다양한 개입수단을 활용하여 민간기업의 의

---

[20] 예컨대 다음의 연구를 들 수 있다. 김·웨스트팔, 앞의 책; 크루거, 앞의 책; 渡邊, 앞의 책.

사결정에까지 영향력을 행사할 수 있었다. 정부는 민간의 경제활동에 대하여 비생산적인 지대추구로 흐르는 것을 감시·억제하고 생산적인 투자를 보상·장려함으로써 시장기구에 못지 않은 기율(discipline)을 확보할 수 있었다. 이와 같이 정책의지를 말단에 이르기까지 관철시키는 박정권의 집행(implemenation)능력이야말로 다른 개도국과 구별되는 특징으로서 주목된다.[21]

따라서 1960년대 중엽 이후의 수출증대와 고도경제성장은 신고전파와 같이 단순히 가격을 바로잡기(getting prices right) 위한 시장자유화정책의 산물로는 보지 않는다. 광범하게 나타나는 시장실패를 포함하여 후발국이 안고 있는 경제발전상의 장애는 시장의 비교우위논리에 맡기는 것으로는 극복될 수 없으며, 특정 산업이나 기업에 보호와 보조금지급 등을 통하여 상대가격을 인위적으로 왜곡할 필요가 있다고 본다. 실제로 한국은 그러한 정책을 추진했으며, 특히 보조금지급에 대한 반대급부로 기업에 높은 경제적 성과를 요구함으로써 정부에 의한 기율이 관철되었다는 점이 강조된다.[22] 이러한 수정주의자의 견해는 한국의 경제성장에서 신고전파가 간과하고 있는 광범한 정부개입의 실태와 의의를 밝힌 반면, 정부 자체가 실패할 가능성이 크며 이를 막을 수 있는 장치가 무엇인가에 관해서는 충분한 설득력을 갖지 못한다[23]는 점에서 한계를 안고 있다.

---

21) 사공·존스, 앞의 책.
22) Amsden, op. cit.
23) 사공·존스에 따르면 정부개입에 따르는 부정적 효과는 엄격한 法規(rule of laws)보다는 人規(rule of men)에 의존하는 한국 관료기구의 특성상 신속하게 교정될 수 있었으며, 경제성장에 주력하는 정치적인 풍토하에서 관리들이 국가목표에 현저하게 역행하는 결정을 하기 힘들었을 것이라고 보았다. Amsden은 공직사회의 능력제일주의나 정직한 정부이기를 끊임없이 요구하는 학생운동의 존재 등을 지적하고 있다. 그러나 이러한 요인들만으로 정부

1950년대와 1960년대 이후 정부역할의 변화에 대한 실증적인 평가의 시도는 다음 절로 미루고 여기에서는 박정권의 등장으로 성립한 개발국가체제의 특징을 간단히 살펴보기로 한다. 우선 박정권이 그 이전의 정권과 구별되는 차이는 경제개발을 우선적인 목표로 설정하고 이를 실행했다는 점인데, 그 실행과정에서 다음과 같은 특징이 나타났다. 첫째, 정치 및 관료기구를 개편하여 행정부 우위의 체제를 만들고 이를 기반으로 경제개발계획을 강력하게 추진했다는 점이다. 박정권은 군사쿠데타로 정권을 장악했기 때문에 비상수단에 의하여 단기간에 기존의 정치체제를 재편하고 대통령제를 실시하여 정치권력의 중앙집중을 실현했다. 이와 함께 관료기구도 재편했는데, 그 중에서 주목되는 것은 경제기획원을 설립(1961년)했다는 점이다. 경제기획원은 건설부(부흥부의 후신)로부터 계획업무를 인수했고, 재무부와 내무부로부터 각각 예산국과 통계국을 흡수했을 뿐만 아니라 외자도입에 대한 통제권도 장악하여 경제정책결정의 중심적인 지위에 서게 되었다. 더구나 그 장관을 부총리급으로 한 것은 기획원으로 하여금 경제부처간에 있을 수 있는 마찰을 조정하고 규제하는 권한을 부여한 것이었다.

　그 결과 박정권하의 행정부는 내부적으로도 신속하고 유연한 정책결정이 가능하게 되었을 뿐만 아니라 외부로부터의 영향력에 대해서도 상대적으로 자립적인 지위를 누릴 수 있었다. 즉 행정부는 후술하는 다양한 통제수단에 의거하여 민간기업이나 압력단체에 대하여 우위에 서 있었으며 의회나 정당 같은 정치세력의 영향력으로부터도 상대적으로 차단되어 있었다. 이러한 특징은 특히 1950년대의 상황과는 대조되는 것으로서 정부의 경제정책 전환을 용이하게 하고 정책집행의 효율성을 높이는 것이었다. 앞에서 언급한 바와 같이 박정권이

　　에게 막강한 재량적인 권한이 부여되어 있는 상황에서 정부실패를 막을 수 있다고 보기는 어려울 것이다. 사공·존스, 앞의 책; Amsden, op. cit.

1950년대 이후 보호주의적인 경제체제하에서 형성된 기득권세력의 이해관계를 단절하고 대외지향적인 전략으로 정책을 전환할 수 있었던 것도 박정권하에서 행정부 우위라는 특성에 기인한 것으로 보인다.24)

박정권의 경제개발을 향한 의지를 상징적으로 보여주는 것이 경제개발계획의 추진이었다. 경제개발계획은 시장기구를 전제로 민간을 정부의 정책의도에 순응하도록 유도하는 계획(indicative planning)이며, 계획경제체제하에서 실시되는 지시계획과는 다르다. 다만 우리나라의 경우 단순히 경제의 장기전망이나 정책방향을 제시하는 수준을 넘어 정부가 부문별 투자배분에까지 개입하는 성격을 띠고 있었다. 예컨대 제1차 5개년계획 및 그 보완계획에 따르면 정부가 담당할 사회간접자본 건설에 대해서는 물론 주요 제조업에 대해서도 민간이 담당할 사업까지 포괄하는 구체적인 투자계획을 작성하고 있음을 알 수 있다. 민간기업의 활동을 정부가 의도하는 방향으로 유도하는 수단이 금융부문에 대한 정부의 통제와 지원인데, 이에 관해서는 후술하기로 한다.

그런데 경제개발계획의 추진이 한국경제에서 정부주도성을 드러내는 것이라 하더라도, 시장경제와 민간기업의 자유를 전제로 하고 있는 한 정부가 설정한 계획이 그대로 관철되는 것은 아니며 계획과 실적 간에 괴리가 크게 나타나는 것은 불가피하다고 하겠다. 경제개발계획의 의의는 오히려 계획의 수립과 집행과정에서 민간과 정부가 가지고 있는 관련정보들을 효과적으로 동원하고 활용할 수 있었다는 점에 있다고 생각된다. 즉 개발 초기에 정부가 경제개발을 향한 강력하고 지속적인 정책의지를 표명하고 경제발전의 장기전망을 제시한 것은 민간의 의사결정에 따르는 불확실성을 완화함으로써 투자를 촉진하는

---

24) 경제개발전략의 선택을 정치시스템과 관련시켜 논의한 연구로는 Haggard, Kim and Moon, "The Transition to Export-Led Growth in South Korea: 1954~1966" 참조.

효과를 거둔 것으로 볼 수 있다. 또한 계획의 수립과 집행과정에서 민간과 정부간에 또는 정부부처 내부에서 정보의 상호 교류가 촉진되고, 복잡한 경제실상이나 성장의 애로에 관한 관료들의 인식과 정책능력을 제고하는 데도 기여한 것으로 평가할 수 있다.

둘째, 강력한 수출지원정책을 추진했다는 것이다. 수출지원정책으로는 과대평가된 환율의 현실화, 각종 조세의 감면세, 저리의 수출금융 지원, 수출품 생산에 사용되는 투입재 수입에 대한 관세면제 등과 같이 수출업자에게 가격인센티브가 부여되었음은 앞 절에서 이미 살펴보았지만, 여기에서 주목하고자 하는 것은 이에 그치지 않고 행정력이 수출촉진을 위하여 광범하게 동원되었다는 점이다. 상공부는 1962년부터 품목별, 지역별 및 대상국별로 연간 수출목표를 책정하고 그 목표 달성에 기업을 동원했다. 특히 대통령이 직접 주재하는 월례 수출진흥확대회의는 관료뿐만 아니라 수출기업을 대표하는 민간인이 참여하여 수출상의 애로를 개진하고 이를 타개하는 데 중요한 역할을 했다. 그 외에도 수출증진을 위한 행정적인 노력을 경주했는데, 예를 들면 대한무역진흥공사는 해외지점망을 확대하여 수출 대상지의 시장정보를 수집하여 수출기업에 전달한다든지, 불량품의 수출로 한국 수출기업 전체의 명성을 떨어뜨리지 않도록 수출품에 대한 품질관리를 강화하기도 했다. 또한 비금전적인 지원수단으로 '수출의 날'을 지정하고 뚜렷한 수출실적을 올린 수출업자에게 대통령이 직접 산업훈장을 수여하기도 했는데, 이것은 수출에 대한 정부의 확고한 의지를 천명한다는 의미가 있었다. 이러한 각종 행정적인 지원은 수출목표를 설정하는 정부와 이를 실행하는 민간기업이 정보를 공유하는 폭을 넓히고 장기적인 관점에서 수출에 투자할 수 있게 함으로써 가격인센티브 못지 않게 수출을 촉진하는 효과가 있었다고 생각된다.

셋째, 정부가 금융기구를 장악하여 자금의 동원과 배분에 개입할 수 있는 통제수단을 갖게 되었다는 점이다. 앞에서 언급한 경제개발계획의 수립과 그 목표달성을 위한 행정력의 동원은 정부주도성을 보여주는 하나의 지표라고 할 수 있지만, 한국경제가 계획경제 또는 지시경제가 아닌 한 정부가 민간의 의사결정에 미칠 수 있는 영향에는 한계가 있었다. 이를 보완하는 역할을 한 것이 금융기구의 장악인데, 이를 통하여 민간기업과의 관계에서 정부우위가 확립되었다고 할 수 있다. 즉 정부는 1960년대 초에 전국적 규모의 상업은행을 국유화하고 '금융기관에 관한 임시조치법'에 의해 인사권을 장악하는 한편, 한국은행법을 개정하여 통화신용관리에 대한 통제를 강화했다. 외자도입에 대한 정부의 허가와 지불보증제도 중요한 개입수단이었다. 거의 모든 금융자원을 통제할 수 있게 된 정부는 이를 매개로 하여 산업간의 자원배분은 물론 말단 기업에 이르기까지 그 통제력을 미치게 되었다.

한편 한국기업의 자금조달은 자본시장이 성숙되어 있지 않았기 때문에 주로 간접금융에 의존하고 있었다. 1963~74년간에 민간기업의 자금조달 구성을 보면 신주발행에 의한 조달이 전체 자금의 14%, 이윤유보 및 감가상각 등 사내저축으로 조달된 것이 20%인 데 비해 나머지 2/3가 차입에 의존했음을 알 수 있다. 차입금 중에서 53%는 국내은행 및 기타 금융기관으로부터, 29%는 해외로부터, 그리고 19%가 사채시장을 비롯한 기타부문에서 조달되었다.[25] 이와 같이 외부차입에 크게 의존하고 있는 기업의 자금조달 유형이 정부통제의 유효성을 높이는 조건이 되었다. 즉 정부가 언제든지 기업의 자금원을 끊어 버릴 수 있다는 잠재적인 위협만으로도 기업으로 하여금 정부정책에 순응하도록 만드는 유효한 수단이 될 수 있었다. 이를 통하여 정부는 경제개발계획에서 설정한 목표, 예컨대 수출증대라든가 중화학공업의 추진

---

25) 사공·존스, 앞의 책, p.134의 <표 4-5> 참조. 원자료는 한국은행, 『한국의 자금순환』, 1963~74년.

에 기업을 동원해 낼 수 있었던 것이다. 이는 마치 전시하에서 '생산력확충계획'을 수립하고 자금통제 등을 주요 수단으로 하여 전쟁목적을 위한 자원의 동원과 배분을 추구했던 일본의 전시경제체제에 비견되는 특징을 가지고 있다고 할 수 있다.[26]

그런데 이러한 특징을 갖는 개발국가체제가 경제성장과정에서 수행한 역할을 어떻게 평가할 것인가의 문제는 커다란 쟁점이 된다. 먼저 경제개발계획의 추진이나 수출지원정책 등이 일정한 의의를 가지고 있음은 전술한 바와 같은데, 정부가 자원배분에 직접 개입하는 의미를 갖는 금융부문의 통제에 관해서는 평가가 쉽지 않다. 이론적으로는 후진국의 경제개발 초기에 높은 불확실성 때문에 자금이 필요한 부문에 제대로 배분되지 않는 금융시장 실패의 가능성이 매우 높으며, 정부의 자금통제가 이에 효과적으로 대응한다면 경제성장에 기여할 수 있다. 다만 이러한 정부개입은 불가피하게 지대추구와 정경유착을 초래하기 마련이기 때문에 자금의 인위적인 배분이 비생산적으로 흐르지 않고 경제적 성과와 얼마나 연계될 수 있는가 여부가 관건이 된다고 할 수 있다. 본고에서는 1960년대 정부개입의 실태를 특히 금융부문을 중심으로 살펴보고, 특히 1950년대와 비교하여 그 의의를 드러내 보이고자 한다.

2) 정부개입과 경제적 유인

시장에 대한 정부개입은 가격기구를 왜곡하여 그렇지 않았을 경우

---

[26] 일본의 전시경제체제의 특징과 그것이 전후 일본의 경제시스템에 미친 영향에 관해서는 김낙년, "현대 일본경제 시스템의 특질과 형성과정," 한국경제정책연구회 편, 『한국경제의 새 패러다임 모색』, 도서출판 한울, 1995를 참조.

에 비해 인위적으로 이득을 획득할 수 있는 기회를 창출한다. 따라서 정부개입은 그러한 기회를 누구에게 어떠한 기준에 따라 배분할 것인가 하는 문제에 직면하게 되는데, 그 방식 여하에 따라 민간의 경제활동에 커다란 영향을 미치게 된다. 이것이 초래할 수 있는 일반적인 가능성은 민간의 지대추구활동을 만연시킬 수 있다는 것이다. 즉 그러한 기회의 배분이 시장이 아니라 소수 결정권자의 손에 쥐어지게 되면 이를 자신에게 유리하도록 하기 위한 민간 이익집단의 비생산적인 활동이 조장될 것이며, 그 결과 로비능력에 따른 자원이전이 초래될 가능성이 매우 크다. 후진국에서 정부개입과 그에 따른 정경유착의 만연이 관찰되는 것은 그 때문이다.

또 하나의 가능성은 정부가 창출하는 경제적 지대를 정부가 지향하는 특정 정책목표를 달성하기 위한 수단으로 활용하는 것이다. 즉 지대의 배분을 민간의 경제적 성과와 연계시킬 수 있다면, 특히 개발 초기에 시장이 제대로 작동하지 않는다 하더라도 정부는 민간의 경제활동에 적절한 유인을 제공하여 시장의 실패를 보완할 수 있을 것이다. 그러나 이를 위해서는 충족하기 결코 쉽지 않은 요건이 요구된다. 먼저 이를 집행하는 관료(또는 그 대리인)가 유능하고 부패하지 않아야 하며, 적어도 이들을 감시하는 정치적 리더십이 확립될 필요가 있다. 그뿐만 아니라 보다 근본적으로는 경제적 지대의 수혜자를 선별하는 일이 불가피한데, 이를 위해서는 그들의 경제적 능력(또는 성과)을 어떻게 측정할 수 있는가 하는 문제가 대두된다. 이를 위한 객관적인 기준을 마련하지 못하는 한 지대의 배분은 관료의 재량에 크게 의존하여 정경유착으로 흐를 가능성을 안고 있다. 따라서 정부개입의 역할에 관한 평가는 이러한 점들을 유의하면서 이루어질 필요가 있다.

그런데 정부개입은 박정권하의 개발국가체제의 시기에 국한되는 현상만은 아니다. 1950년대에도 귀속재산을 민간에 불하하고 은행을 민영화하는 등 일견 자유주의적인 경제정책이 시행되기도 했으나, 대외부문이나 금융부문에서 광범한 정부개입이 이루어지고 있었다. 다만 주로 정부개입이 이루어지는 분야와 그 개입방식이 1960년대 이후와 차이를 보이고 있었다.

〈표 7〉 정부개입에 기인하는 경제적 지대의 규모(대 GNP 비중)와 추이 (단위: %)

	공정환율 원/달러	시장환율 원/달러	외환규제에 기인하는 지대	자금통제에 기인하는 지대			
				대출	수출금융	외자	합계
1955	31.3	80.2	16.0	2.9			2.9
1956	50.0	96.6	13.0	4.2			4.2
1957	50.0	103.3	13.2	5.3			5.3
1958	50.0	118.1	14.1	6.7			6.7
1959	50.0	125.5	12.1	8.3			8.3
1960	63.8	139.8	12.2	8.8	0.3	0.1	9.2
1961	127.5	148.3	2.5	9.6	0.1	0.3	9.5
1962	130.0	134.0	0.5	10.3	0.3	0.8	11.4
1963	130.0	174.5	5.6	6.8	0.3	2.3	9.4
1964	214.4	285.6	4.5	6.4	0.2	0.6	6.0
1965	266.5	316.0	3.2	6.6	0.3	3.1	10.0
1966	272.2	302.7	2.4	6.4	0.3	8.2	14.9
1967	272.5	301.8	2.6	7.2	0.8	13.4	21.3
1968	276.4	304.1	2.9	9.6	0.9	18.3	28.8
1969	286.8	323.6	3.7	11.0	0.9	19.7	31.6
1970	310.1	342.8	2.9	11.8	1.1	18.9	31.7
1971	346.1			11.0	1.2	16.2	28.4
1972	391.8			8.9	1.1	9.6	19.5
1973	398.4			7.8	1.4	11.8	21.0
1974	406.0			11.0	1.8	15.6	28.4
1975	484.0			13.6	1.7	11.1	26.4

주: 1) 외환규제에 기인하는 지대의 규모는 수입액(달러)×(시장환율 - 공정환율) / GNP로서 구했음.
2) 자금통제에 기인하는 지대의 규모는 다음과 같이 추계함.

예금은행 대출은 대출액(수출금융 제외)×(사채금리 - 예금은행 평균 대출금리) / GNP. 단 산업은행 대출은 대출액×(사채금리 - 산은 평균대출금리) / GNP로 계산.

수출금융은 예금은행의 수출금융대출액×(사채금리 - 수출금융금리) / GNP.

외자는 은행의 차관지급보증액×(사채금리 - 차입부담) / GNP. 단 차입부담=(차입금리+환율변동율)임.

3) 1962년 이전의 사채금리는 자료가 없으나 1963년 이후의 금리를 감안하여 연리 60%로 가정하였음.

1962년 이전의 예금은행 대출금리는 자료부족으로 상업은행 어음할인율로 대용함.

1961년 이전의 산업은행 대출금리는 동일한 이유로 8%로 가정하여 계산함.

공정환율은 연평균치임.

자료: 한국은행, 『경제통계연보』 각년도; 김·웨스트팔, 앞의 책, pp.35-36; Hong Wontack, *Trade, Distortions and Employment in Korea*, KDI, 1979; 다음 <표 8> 참조.

<표 7>은 정부개입에 기인하는 경제적 지대의 규모를 대외부문과 금융부문에 관하여 추계한 결과를 제시한 것이다.[27] 1950년대는 전술했듯이 원화의 과대평가와 그에 따른 수입규제가 실행되어 수입권의

---

[27] 정부개입에 따른 지대의 창출과 배분이 시기별로 어떻게 추이했는가에 관한 선행연구로는 Cho, Yoon Je, "韓國の政府介入, レント配分と經濟發展," 青木昌彦·金瀅基·奧野(藤原)正寬 編, 앞의 책, pp.235-259를 들 수 있다. 본고는 이 선행연구로부터 많은 시사를 받았다. 다만 Cho는 금융부문에서 발생한 지대규모를 주로 1968년 이후에 관하여 추계했는 데 비해 본고에서는 이를 1955년까지 소급하여 추계했다. 사용된 자료와 추계방법이 다소 다르기 때문에 양자의 추계결과 및 그 해석에는 차이점이 존재한다.

획득을 의미하는 외환배정이 커다란 지대를 발생시켰다. 시장환율은 공정환율의 2배 이상의 수준이었으며, 이 격차와 수입액(달러 표시)을 곱하여 추산한 지대규모는 GNP의 12~16%에 달했다. 다만 이 추계는 과대평가된 것임에 유의할 필요가 있다. 실제의 수입에는 수입품목이나 자금원천에 따라 공정환율보다 높은 다양한 환율이 적용되었는데, 이는 정부가 복수환율제를 통하여 경제적 지대의 일부를 흡수한 것을 의미한다. 또한 수출달러의 시장환율에 의한 매도를 허용한 것도 경제적 지대의 일부를 수출업자에게 프리미엄으로 돌린 것이다. 이러한 요인을 고려하더라도 1950년대 지대발생의 주된 원천은 대외부문이었음에는 변함이 없는 것으로 생각된다. 1960년대 전반에 이루어진 환율현실화조치는 이러한 지대를 크게 해소시켰음을 알 수 있다.

한편 금융부문의 통제에 기인하는 지대의 발생도 1950년대부터 이미 상당한 규모에 달했는데, 특히 1960년대 중반 이후에 크게 증가했음을 알 수 있다. 그 내용을 보기 위하여 <표 8>에서는 금융기관의 대출금과 차관지급보증의 규모 및 금리의 추이가 제시되어 있다. 예금은행의 대출금은 1965년 이후 현저하게 증가하기 시작했는데, 이는 그 해에 실시된 금리현실화조치에 기인한 것이다. 이 조치로 정기예금 금리가 연 15%에서 30%로 배증되었고 총은행예금의 규모는 1965년에 GNP의 10%에서 1969년에는 30%로까지 급증했다. 여기에는 비공식부문인 사채시장에서 운용되던 자금이 공금융기관에 흡수된 부분을 상당히 포함하고 있을 것으로 추정되지만,[28] 이것에 의하여 종래 중앙은행의 신용이나 대충자금에 크게 의존했던 은행의 대출재원이 주로 예금으로 충당될 수 있게 되었다.

---

28) D. C. 콜·박영철, 『한국의 금융발전: 1945~80』(서울: 한국개발연구원, 1984), pp.191~203 참조.

〈표 8〉 금융기관 대출액, 차관, 각종 금리 및 물가상승률의 추이 (단위: 10억원, %)

	대출금			은행의 차관 지급보증	금리					도매 물가 상승률
	예금 은행	수출 금융	산업 은행		예금은 행대출	수출 금융	산업은 행대출	상업 차관	사채	
1955	3.8		2.8		17.5	13.9				81.9
1956	7.2		5.4		17.5	13.9				31.6
1957	10.9		9.2		17.5	13.9				16.1
1958	15.9		10.5		17.5	13.9				-6.1
1959	18.3		14.1		13.9	13.9				2.6
1960	24.3	1.4	15.9	0.6	13.9	13.9		5.3		10.7
1961	32.0	0.8	20.3	1.6	13.3	13.9		5.3		13.2
1962	43.2	1.6	24.3	5.0	13.4	9.1	8.4	5.6		9.4
1963	49.1	2.7	27.6	21.8	13.1	8.0	8.3	5.6	52.6	20.6
1964	53.1	2.5	31.7	48.2	13.3	8.0	8.4	5.3	61.8	34.6
1965	72.1	4.6	36.8	75.3	16.2	6.5	9.2	5.5	58.9	10.0
1966	102.7	4.9	46.6	144.7	21.4	6.5	11.8	5.5	58.7	8.9
1967	178.0	16.7	52.4	291.6	21.8	6.0	12.5	5.8	56.5	6.4
1968	331.2	24.5	66.4	523.7	21.5	6.0	12.7	5.9	56.0	8.1
1969	563.0	35.1	96.1	865.0	20.7	6.0	12.2	6.1	51.4	6.8
1970	722.4	55.9	129.0	1,198.5	17.6	6.0	12.5	6.5	50.2	9.2
1971	919.5	80.1	157.5	1,599.9	16.4	6.0	12.4	6.6	46.4	8.6
1972	1,198.0	108.4	239.1	1,695.5	17.7	6.0	9.9	6.6	39.0	14.0
1973	1,587.5	221.6	318.5	2,151.0	13.9	6.0	9.7	7.5	33.2	6.9
1974	2,427.8	359.5	425.7	3,163.1	14.0	9.0	9.7	8.2	40.6	42.1
1975	2,905.5	338.9	577.8	4,198.8	13.6	7.0	11.2	7.3	47.9	26.5

주: 상업차관의 금리, 예금은행 및 산업은행 대출금리는 가중평균치임. 단 1960년 이전의 예금은행 대출금리는 자료부족으로 상업어음 할인율을 게재하였음.

자료: 한국은행, 『경제통계연보』, 각년도; 박영철·D. C. Cole, 『한국의 금융발전』, 한국개발연구원, 1984, pp.74-75, 134; Hong, Wontack, Trade, Distortions and Employment Growth in Korea, KDI, 1979, pp.162, 171.

정부차입금이나 외자 및 산업금융채권으로 자금을 조달하여 장기자금을 공급하는 산업은행의 대출도 전 금융기관에서 차지하는 비중은 하락하고 있으나 절대액으로는 꾸준히 증가했다. 특히 양적인 증가가 매우 두드러진 것은 외자도입액인데, 1960년대 초부터 도입되기 시작했으나 이미 1967년에는 금융기관의 총대출규모를 능가하기 시작했다. 이것은 앞에서 언급한 외자유치정책의 결과인데, 특히 차관에 대한 지불보증제의 실시가 외자유입의 급증에 크게 기여했다.

그런데 이러한 자금운용은 정부에 의해 대출금리가 시장금리 이하로 억제되고 있었고 따라서 그 배분도 정부의 통제하에 있었기 때문에, 은행대출이나 외자를 할당받는다는 것은 그 자체가 경제적 지대의 획득을 의미했다. 먼저 금리[29]의 추이를 보면 예금은행대출은 1960년대 전반에 13%대에서 금리현실화조치 이후 20%대로 인상되었다가 1972년의 8·3조치 이후 과거의 13%대로 인하되었다. 수출지원금융에 대한 금리는 일반대출금리보다는 상당히 낮았는데, 금리현실화조치에도 불구하고 6%대를 유지했다. 수출에 대한 금리보조의 규모가 매우 컸음을 알 수 있다. 산업은행의 대출금리도 시설투자를 위한 장기자금의 성격이 강하여 8~12%대로 낮게 억제되고 있었다. 상업차관의 금리는 더욱 낮아 가중평균치로 5~8%대였으며, 공공차관의 경우는 2~5%에 불과했다. 다만 차관의 상환은 외환으로 이루어지기 때문에 차입금리부담만이 아니라 환율상승에 따른 추가부담을 고려해야 하지만, 이 점을 감안하더라도 외자의 할당은 커다란 금리차액을 남길 수 있었다.

이러한 금리의 수준은 1960년대 후반 금리현실화 시기(이 시기는 물가도 비교적 안정된 시기였음)를 제외하면 도매물가상승률에 비하여 대체로 낮았다. 즉 (명목금리 - 도매물가상승율)로 추계한 실질금리는 대

---

29) 여기에서 제시한 금리는 예금은행이든 산업은행이든 각종 대출금리의 가중평균치이다. 다만 <표 8>에 제시되어 있는 1960년 이전의 예금은행 대출금리는 상업어음 할인율이다.

체로 마이너스이거나 명목금리보다 크게 낮은 수준으로 추이하고 있었던 것이다. 한편 시장금리라 할 수 있는 사채금리는 연 40~60%로 추이하고 있었는데, 이는 공금융기관의 금리에 대한 억압의 정도가 얼마나 컸던가를 보여준다고 하겠다. 여기서는 사채금리와 규제금리의 격차에서 오는 금리보조를 금융부문의 통제에 기인한 지대로 보고 거기에 대출금을 곱하여 지대규모를 추산했다. 외자의 경우에는 사채금리와 상업차관금리의 차이에다 다시 환율변동률을 제하여 금리보조를 추산했다. 각각의 추계방식과 결과가 <표 7>에 제시되어 있다. 원래는 정부의 규제가 없을 경우에 나타날 시장균형금리를 추계하여 이것과 규제금리와의 격차를 구하는 것이 바람직하지만, 사채금리를 대용하기로 했다. 사채금리에는 상당히 높은 리스크 프리미엄을 포함하고 있기 때문에 이러한 추산방법은 지대규모를 과대평가하게 될 것이다. 따라서 본고에서 추산된 지대의 절대규모는 단지 시사적인 것으로 받아들여야 할 것이겠지만, 그 항목별 비교나 시기별 추이는 일정한 의미가 있다고 생각된다.

<표 7>의 자금통제에 기인하는 지대규모의 추이를 보면, 1950년대에는 GNP의 3~8% 수준이었으나 점차 증가하여 1960년대 말에서 1970년대 초에는 30% 전후의 수준으로까지 급증했다. 이를 외환규제에 기인하는 지대규모와 함께 고려하면 1950년대에는 지대발생의 주된 분야가 대외부문의 규제였던 것이 1960년대 이후에는 금융부문으로 옮겨갔음을 알 수 있다.

자금통제에 기인하는 지대의 내용을 좀더 자세히 살펴보면 1960년대 중엽 이후 가장 크게 증가한 것은 외자도입 부문인데, 외자도입은 그 규모뿐만 아니라 국내금리와의 격차가 매우 컸다는 데 기인한 것이다. 다만 그 시기별 추이를 보면 외자도입 규모의 지속적인 증가에도 불구하고 추계된 지대규모의 대GNP 비율은 1969년을 정점으로 하여 그후

하락경향이 보이는데, 그것은 주로 환율변동에서 비롯된 것이다. 즉 환율이 안정되어 있던 1960년대 후반에는 외자도입이 급증했으나 그후 환율의 상승추세는 차입부담을 높였을 뿐만 아니라 외자도입의 증가도 이로 인해 둔화되었기 때문이다. 이에 비하여 예금은행 및 산업은행의 대출에서 창출된 지대규모는 대체로 증가하는 추세에 있으나 기복이 심한 편이었다. 이것은 대출규모가 증가하고 있으나 1965~72년간의 금리현실화 시기에는 규제금리와 사채금리간의 격차가 줄었고 그 이전이나 이후의 시기에는 격차가 크게 벌어졌기 때문이다. 금리규제라는 점에서 보면 1950년대에도 1960년대 이후에 못지 않았지만 대출규모 자체가 작았기 때문에 지대규모는 상대적으로 크지 않았다. 금리현실화 시기의 지대규모의 상승은 금리격차보다는 주로 대출액이 급증한 데 기인한 것이다. 1972년의 8·3조치 이후 공금리의 인하는 사채금리의 하락으로 완화되기는 했으나 지대규모를 크게 증가시키는 요인이었다. 또한 수출금융에 따른 지대규모는 대출액은 크지 않았지만 커다란 금리격차 때문에 급속하게 증가했다.

　이상은 정부개입이 어느 부문에서 어느 정도의 지대를 발생시키고 있었는가를 보여주는 것이지만, 여기서 보다 주목하고자 하는 것은 그러한 지대가 민간의 경제활동에 어떠한 유인으로 작용하게 되었는가 하는 점이다. 1950년대에는 원화의 과대평가와 수입규제에서 대부분의 지대가 창출되었는데, 그것은 주로 수입활동을 통해 실현되었다. 즉 대외부문의 규제는 국내 물자공급능력의 부족과 함께 물자의 국내외 가격차를 크게 벌려 놓았는데, 이러한 상황은 수입권 획득을 의미하는 외환배정에 높은 수익을 보장했다. 다만 모든 수입을 자유롭게 허용한 것은 아니며 국내생산을 보호하기 위한 조치도 취해졌다. 예컨대 품목에 따라 수입의 양적 규제가 시행되었고, 관세율 구조나 복수환율의 적용사례 등을 보면 국내에서 생산이 잘 되지 않는 설비나 원료, 미완제품 등의 수입은 낮은 관세로 우대하고 사치품은 물론 국내생산과 경합하는 완제품의 수입을 억제하고자 하는 지향이 보인다. 그러나 이러한 제약이 있다 하더라도 경제적 지대의 대부분이 수입활동과 관련하여 배분된다는 것은 국내생산을 촉진하는 것과는 배치되는 유인구조라 할 수 있다. 더구나 수입활동에는 특별한 능력이 요구되는 것도 아니며, 누구에게 이 지대를 배분할 것인가의 문제에 있어서도 경제성장에 기여할 수 있는 객관적인 기준을 설정하기도 어렵다. 결국 지대의 배분은 정치가나 관료의 재량에 의존하게 되고, 지대추구활동과 정경유착이 조장되지 않을 수 없었다.

이에 대하여 1960년대에는 금융부문의 통제에서 주로 지대가 발생했는데, 그 배분은 경제개발계획하에서 정부가 정한 우선적인 지원분야를 중심으로 이루어졌다. 대출과 외자의 구체적인 분야별 배분에 관해서는 다음 절에서 살펴볼 예정이지만, 여기서는 특히 은행대출이 수출산업에 대한 지원을 강화했다는 점과 그 의의를 중심으로 간단히 언급하고자 한다. <표 8>에서 제시한 대출금 중 수출금융은 수출신용장이 있으면 자동적으로 대출되는 단기금융인데, 그 규모는 1960년대에 점차 증가하여 예금은행대출의 3~9%의 비중을 차지하고 있으며 1970년대 중엽에는 15%로 증가했다. 수출을 지원하기 위한 대출에는 이 밖에도 중소기업 등의 수출산업화를 촉진하기 위한 대출과 외화대출 등의 장기대출도 있었는데, 그 규모는 1965~75년간에 총대출액(산업은행 대출액 포함)의 1~8%를 차지했다.[30] 이상은 수출을 직접 지원하기 위한 금융이지만, 그 외의 일반대출에서도 수출실적이나 외화가득의 전망이 고려사항으로 활용되었다. 차관의 지불보증에서도 그 대상 분야에 기간산업에 속하는 사업과 함께 '국제수지의 개선에 현저히

---

30) Hong, Wontack, *Trade, Distortions and Employment Growth in Korea*, KDI, 1979, pp.128-129.

기여하는 사업'이 포함되어 수출잠재력이 고려되고 있었다.

즉 1960년대 이후 금융통제는 수출산업의 육성에 상당히 자금을 배정했으며, 특히 단기수출금융은 신용장만 있으면 품목에 상관없이 자동적으로 대출이 이루어지도록 함으로써 대출을 수출실적과 연계시키고 있었다는 점이 주목된다. 수출어음은 은행에 의하여 6%의 매우 낮은 금리로 할인되었는데, 이는 다시 한국은행이 무제한적으로 재할인해 줌으로써 수출실적은 곧 저리금융의 획득을 보장하는 것이었다. 이것은 개발 초기에 수출을 위한 단기금융시장이 제대로 기능하지 못하는 시장실패 상황을 보완했을 뿐만 아니라 커다란 금리보조를 통하여 수출을 촉진하는 강력한 유인을 제공했다.

수출활동에서 경제적 지대를 획득할 수 있게 하는 방식은 1950년대와 비교하면 그 의의가 보다 선명하게 부각된다. 먼저 1950년대와 같이 외환할당과 수입규제에서 지대가 발생되는 상황에서는 수입 그 자체와 함께 수입을 대체하는 국내생산을 촉진하는 효과도 있지만, 지대발생 분야가 수출로 옮겨가게 되면 여기에 그치지 않고 국제경쟁력까지 갖춘 생산능력을 요구하게 된다. 수출이 수입대체보다 높은 학습효과를 수반하고 이를 관련분야에 파급시키는 효과가 크다는 점에서 이러한 유인구조의 변화는 경제성장에 보다 기여할 수 있다. 또한 누구에게 경제적 지대를 배분할 것인가의 문제가 수출실적이라는 객관적인 기준에 의거할 수 있게 됨으로써 지대의 재량적 배분에 수반되는 정경유착의 소지를 크게 줄이게 되었다는 점도 중요하다. 수출실적은 세계시장에서의 경쟁을 통하여 검증을 거친 것이기 때문에 이를 기준으로 활용하여 지대 수취자를 선별하게 되면 실적(또는 능력)과 연계된 지대배분이 가능하게 된다. 더구나 수출실적만 확인하면 되므로 그 선별비용이나 집행비용이 매우 낮다.

이상과 같은 점들이 정부개입에 따른 비효율을 줄일 수 있게 했으며, 1960년대 개발국가체제가 1950년대보다 높은 성장을 가능하게 했다고 생각된다. 다만 1960년대의 자금배분에는 수출과 직접 연계되지 않은 부분도 상당한 비중으로 존재했으며, 그 경우 정부개입에 따른 자원의 비효율적인 배분을 막기 어려웠다. 1960년대 말과 1970년대 초에 발생한 부실기업문제는 이러한 자금의 비효율적인 배분의 결과였다고 생각되는데, 이에 관해서는 다음 절에서 살펴보기로 한다.

4. 1960년대 공업화의 한계

1960년대에 본격적으로 전개된 공업화가 괄목할 만한 성과를 올렸음은 주지하는 사실이지만, 1960년대 말부터 몇 가지 한계를 노정하기 시작했다는 점에도 주목할 필요가 있다. 이 시기 한국경제가 직면한 문제가 무엇이며 그것을 어떻게 평가할 것인가에 관하여 간단히 언급하고자 한다.

첫째는 1960년대 말부터 제조업 기업의 재무구조가 크게 악화하기 시작했고 그 결과 부실기업문제가 현재화했다는 점이다. 먼저 <그림 1>을 보면 1960년대 후반에는 투자증가율이 전례없이 높았으며 그것이 경제성장률을 크게 끌어올렸음을 알 수 있다. 그런데 1960년대 말에서 1970년대 초에는 이와 대조적으로 투자증가율이 급감했고 그에 따라 경제성장률도 하락했다. 이러한 투자증가율의 추이는 경기순환으로 인한 기업수익률의 변동을 반영하는 것이기도 하지만, 이 시기에는 특히 투자재원을 주로 타인자본에 의존하는 한국기업 금융구조의 특질과 거기에 기인하는 1960년대 후반의 금융비용 급상승에 주목할 필요가 있다.

　<그림 3>을 통하여 제조업의 재무비율 추이를 살펴보면, 먼저 부채비율은 1960년대 후반에 급격히 상승하여 1971년에는 1965년의 약 4배인 394%에 이르고 있다. 그 결과 자기자본비율은 1971년에 20%로까지 하락했다. 또한 자기자본에 대한 고정자산의 비율(=고정비율)이 같은 시기에 급증했는데, 이것은 고정자산에 대한 투자가 주로 부채에 의존하여 이루어진 것을 의미한다. 이것은 1960년대 중엽 이후 전술했듯이 은행대출과 차관도입이 급증했다는 사실이 기업의 재무구조에 반영된 것이다.

　당시의 자본시장은 미숙하여 기업이 신규로 주식을 발행하거나 회사채를 발행하여 장기시설자금을 조달할 수 있는 형편이 못 되었으며, 기업 자신도 경영권 제약 등을 우려하여 주식공개에 소극적이었기 때문에 간접금융 의존체제가 강화되었다. 차관은 정부 및 은행의 지급보증제 실시로 1960년대 중반 이후 도입이 용이해졌으며, 더구나 국내금융과의 커다란 금리차이 때문에 경쟁적으로 도입하는 사태가 벌어졌다. 또한 은행으로부터 단기성 자금을 빌려 이것을 재대출 방식으로 연장하여 중장기자본으로 사용하는 관행이 일반화되어 있었으며, 운전자금으로 금리가 매우 높은 사채를 쓰는 것이 보통이었다. 심지어는 사채를 장기시설자금에 충당하는 사례도 적지 않았다. 1972년의 8·3조치로 드러난 기업의 사채규모는 3,456억원으로 국내여신잔액의 34%에 해당하는 것이었다.[31]

　제조업기업의 이러한 재무구조는 당연히 금융비용의 급상승을 초래하게 되는데, <그림 4>에 따르면 매출액 대비 금융비용의 비율은 1960년대 중반의 4% 전후에서 1971년에 10%로까지 급상승했다.

---

31) D. C. 콜·박영철, 앞의 책, pp.179-132.

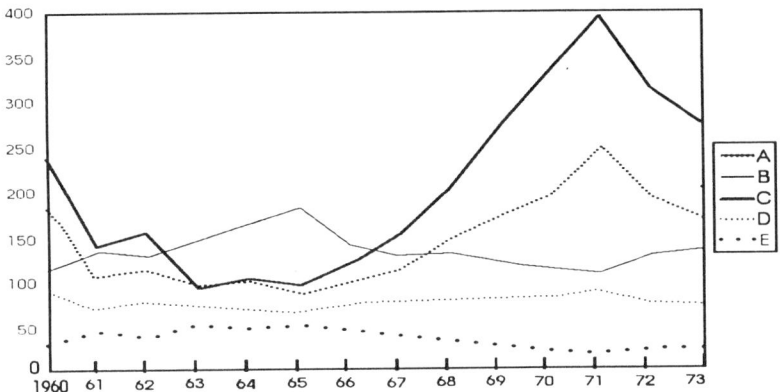

〈그림 3〉 제조업의 주요 재무비율 추이   (단위 : %)

주: A(부채비율)=타인자본; B(유동비율)=유동자산/유동부채; C(고정비율)=고정자산/자기자본; D(고정장기적합율)=고정자산/(자기자본+고정부채); E(자기자본비율)=자기자본/총자본.
자료: 한국은행, 『기업경영분석』, 각 연도.

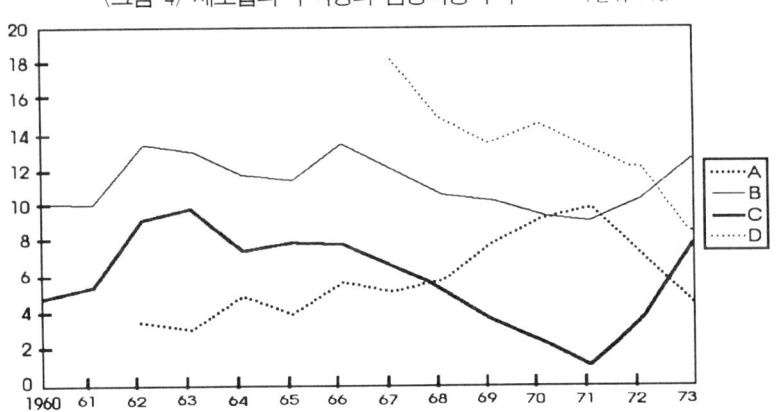

〈그림 4〉 제조업의 수익성과 금융비용의 추   (단위 : %)

주 : A(총자본이익율)=순이익/총자본; B(기업이익율)=(순이익+금융비용)/총자본; C(금융비용 대 매출액 비율)=금융비용/매출액; D(순이자부담율)=금융비용/(사채+외국차관+은행 및 기타 장단기차입금).
자료 : 한국은행, 『기업경영분석』, 각 연도.

그 결과 제조업의 총자본이익률은 같은 시기에 8% 전후에서 1%로까지 급락했다. 이 시기에 (순이익+금융비용)/총자본으로 정의되는 기업이익률이 10% 전후의 수준인 데 비해 기업부채의 평균이자율이라 할 수 있는 순이자부담률은 이보다 높은 12~18%였다. 이것은 타인자본을 활용하여 얻은 수익률이 그에 대한 이자율에도 미치지 못했음을 의미하는 것이다. 1960년대 후반 이례적으로 높은 경제성장은 기업들에게 성장이 무한히 지속될 것이라는 기대감을 심어 주었고, 이러한 낙관론에 근거하여 투자가 급격하게 증가했지만 그 중에는 사실 이와 같은 과잉=부실투자가 많이 포함되어 있었던 것이다. 또한 차관기업의 경우 이 시기에 원금상환이 도래하기 시작했으며, 1970년대 초 수차에 걸친 환율인상은 원리금상환부담을 가중시켰다. 그 결과 차관기업을 포함하여 부도기업과 부실기업이 속출하여 심각한 정치·사회문제로 대두하게 되었다.

부실기업이 안고 있는 거대한 빚은 은행이 대부했거나 차관의 경우 지급보증했기 때문에 은행의 부실로 연결되었다. 특히 차관기업의 도산이 늘어나면 국제자본시장에서 한국의 신인도가 추락하고 새로운 외자도입이 어려워질 수 있다는 우려가 있었다. 정부는 1969년부터 청와대에 외자관리비서실을 신설하고 그 밑에 부실기업정리반을 가동하여 직접 부실차관기업과 은행관리기업의 정리에 착수했다. 이 중에서 부실화된 차관업체의 상황을 보면 1971년 현재 차관을 도입한 민간기업 147개 중에서 26개 업체가 부실 내지 불건전기업[32]으로 분류되어 정리되었다. 이 중에는 차입규모가 큰 중화학공업분야의 대기업들도

---

32) 경제기획원에 따르면 차관기업 중 부실 내지 불건전기업이란 ① 代拂이 계속하여 1년 이상 발생했거나, ② 가동률이 50% 미만이거나, ③ 결손액이 자본금을 잠식해 가고 있는 기업이라고 정의되었다. 김정렴,『한국경제정책30년사』(서울: 중앙일보사, 1995), pp.256-257.

다수 포함되어 있음33)이 주목된다. 이와 같이 부실기업이 대규모로 발생한 것은 정부의 금융통제하에서 이루어진 자금배분이 상당한 비효율을 수반하고 있었다는 것을 뜻하는 것이지만, 그 정리과정에서도 정부의 개입은 오히려 강화되어 갔다. 기업재무구조의 악화는 이들 부실기업에 국한된 것이 아니어서 결국 8·3조치로 나타나게 되는 보다 포괄적이고 강력한 정부개입이 불가피하게 되었다.

둘째는 1960년대 공업화가 단순가공무역형이라는 특징에서 온 것으로서, 수출의 급속한 증가에도 불구하고 그를 위한 자본재나 투입재의 수입도 함께 증가하여 경상수지적자가 누증되었다는 점이다. 경상수지적자(이전수지를 제외한)는 1966년의 3억달러에서 1971년에는 10억달러로 급증했으며, 이는 이전수입과 외자도입으로 메워지고 있었다. 한편 차관의 원리금상환액도 1960년대 후반에 증가하기 시작하여 1966년의 0.16억달러에서 1970년에는 2.6억달러로 급증했으며, 그 결과 수출액에 대한 원리금상환액의 비율이 동기간에 6.2%에서 31.4%로 급상승했다.34) 이러한 사실은 대외지향적 공업화가 국내시장과 자본의 부족에도 불구하고 경제의 급속한 확대를 어느 정도 가능하게 했지만, 공업화의 심화(즉 중화학공업화)가 진전되지 못하면 머지 않아 한계에 부딪치게 된다는 점을 시사하는 것이다.

이와 관련하여 1960년대 후반부터 이미 중화학공업제품의 수입대체를 지향하는 정책적인 노력이 경주되고 있었다는 사실은 주목할 만하다. 즉 제2차 5개년계획에서는 '자립적인 공업발전의 기틀을 확립'하

---

33) 참고로 1단계(1969년 8월 15일 현재)로 부실기업 정리대상으로 된 업체 중에서 중화학공업분야의 차관기업을 열거하면 다음과 같다. 즉 대한프라스틱, 공영화학, 인천제철, 한국전기야금, 삼익선박, 아세아자동차, 한국철강, 한국제강, 삼양선박, 대한조선공사, 동양화학 등이다.

34) A. 크루거, 앞의 책, p.161의 <표 4-10>을 참조.

기 위하여 철강공업, 각종 기계공업 및 석유화학공업의 건설을 추진했는데, 이를 정책적으로 지원하기 위한 각종 공업육성법이 제정되었다. 즉 철강공업육성법, 석유화학공업육성법(이상 1969년), 기계공업 및 조선공업 진흥법(각 1967년), 전자공업진흥법(1969년) 등이 그것이다.[35] 특히 포항종합제철과 울산석유화학단지의 건설[36]은 대표적인 것인데, 수입에 의존하던 철강과 석유화학 원료를 국내생산으로 대체하고자 한 것이다.

실제로 정부가 이 시기에 중화학공업을 어느 정도 지원했는가를 알아보기 위해서는 정부 통제하에 있는 은행대출과 차관의 산업별 배분을 검토하는 것이 하나의 방법이 될 수 있을 것이다. 먼저 <표 9>에서 예금은행 및 산업은행의 산업별 대출금 구성을 보면, 1960년대에 제조업이 총대출의 42~48%를 차지하고 있는데 그 중에서도 중화학공업에 대한 대출의 비중이 경공업보다 항상 더 높았다. 1970년대에 중화학공업에 대한 대출비율이 높아졌지만 1960년대의 동 비율도 이미 상당히 높았음이 주목된다. 이러한 대출액을 생산액 대비로 보면 1960년대에 경공업에 대한 대출규모는 생산액의 23~51%였는 데 비하여 중화학공업은 53~110%로 나타난다. 중화학공업이 경공업에 비해 고정투자가 많아 양 산업간의 자금수요 차이가 대출규모의 차이에 반영된 부분도 있을 것이지만, 자금배분이 정부의 통제하에서 이루어졌던 점을 고려하면 이는 중화학공업을 육성하고자 하는 정부의 지향이 이미 1960년대부터 강했음을 의미한다.

---

35) 이기준, "공업기반의 구축과 국제경쟁력의 제고," 전국경제인연합회, 『한국경제정책40년사』(서울: 보진제, 1986), pp.784-796.

36) 포항종합제철과 울산석유화학단지를 건설하는 정책결정과정에 관해서는 김정렴, 앞의 책, pp.135-143 참조.

〈표 9〉 예금은행 및 산업은행의 산업별 대출금 구성 (단위: %)

	1955	1960	1965	1970	1975	1980
농림수산업	25.8	30.6	18.8	12.4	9.2	7.1
광업	4.9	4.3	2.8	2.4	1.6	1.0
제조업	44.3	42.1	45.7	47.5	56.2	55.8
경공업	26.9	18.7	21.5	21.6	27.9	19.6
중화학공업	17.4	23.4	24.2	25.9	28.3	36.2
사회간접자본	14.5	12.3	16.8	16.4	20.3	22.0
건설업	1.7	5.9	3.8	7.8	8.2	10.5
전기수도	9.8	4.2	10.8	5.3	6.5	4.7
운수창고통신	3.2	2.1	2.2	3.3	5.6	6.8
서비스 및 기타	10.5	10.7	15.9	21.3	12.7	14.1
전산업	100.0	100.0	100.0	100.0	100.0	100.0
전산업(억원)	66	402	1,038	8,111	33,294	147,609
대 생산액 비율(a)						
경공업	17.0	30.0	23.1	51.4	68.3	
중화학공업	40.5	109.9	53.2	96.7	76.7	
대 수출액 비율(b)						
경공업			92.6	97.4	65.8	50.7
중화학공업			394.1	632.0	153.5	111.6

주: a=제조업 부문별 대출액 / 생산액×100

　　b=제조업 부문별 대출액 / 수출액(당해년도의 환율로 원화 환산)×100

자료: 박영철·D. C. 콜, 앞의 책, pp.174-176; 한국무역협회, 『무역동향』,

　　『무역통계』, 각년도.

또한 대출액의 대수출액 비율을 보면 경공업과 중화학공업간의 격차는 더욱 벌어진다. 즉 경공업에 대한 대출은 1965년과 1970년에 수출액의 90%대였는 데 비해, 중화학공업의 경우에는 394%에서 632%로 매우 높게 나타난다. 후자의 비율은 1970년대 후반에 중화학공업제품의 수출이 급증함에 따라 112~154%로까지 하락했지만, 적어도 1960년대 후반에서 1970년대 초까지는 중화학공업이 수출산업으로 성장하지 못한 상태에서 이 부문에 대한 투자가 상당히 이루어졌다는 것을 의미한다. 또한 1960년대에는 수출실적과 연계되어 이루어지는 대출이 많았고, 그러한 만큼 자금의 비효율적인 배분을 줄일 수 있었음은 앞에서 지적했는데, 아직 수출산업화하지 못한 중화학공업에 대한 자금배분에서는 그러한 메커니즘이 활용되기 어려웠다.

〈표 10〉 상업차관 및 공공차관의 도입부문별 구성의 추이 (단위: %, 백만달러)

	상업차관					공공차관				
	1959~1966	1967~1971	1972~1976	합계	(금액)	1959~1966	1967~1971	1972~1976	합계	(금액)
농어업	23	3	2	3	158		1	6	4	143
광업		0	0	0	5	7	1		0	13
제조업	72	58	68	65	3,061	18	8	6	7	221
경공업	20	14	14	15	698	3	1	0	0	13
(섬유)	19	9	12	12	560	3	1		0	9
중화학공업	54	45	53	50	2,364	15	6	5	6	203
(화학)	25	10	17	15	726	12	5	1	3	84
(금속)	2	8	15	12	576		1	3	3	92
(비금속광물)	11	8	5	6	285	3	0		0	7
(기계 운수장비)	6	5	14	11	506		0	1	1	26
사회간접자본	2	35	22	25	1,170	59	32	30	32	1,045
(전기)	1	19	11	13	612	10	11	5	7	221
(운수통신)	1	15	11	11	543	49	19	23	23	766
서비스	2	4	2	2	112	6	1	11	9	284
농산물(분류불능포함)			6	4	201	10	57	48	48	1,604
합계	100	100	100	100		100	100	100	100	
합계(백만달러)	178	1,388	3,151		4,706	119	783	2,408		3,310

자료: Hong, 앞의 책, pp.168-169.

그런데 중화학공업 위주의 자금배분은 차관의 경우에 더욱 뚜렷하게 나타났다. 즉 <표 10>에 따르면 공공차관의 경우는 미국 잉여농산물 도입을 제외하면 대부분이 사회간접자본에 투하된 데 비해 상업차관은 제조업 중심으로 도입되었다. 이를 경공업과 중화학공업으로 나누어 보면 각각 상업차관 도입총액의 15%와 50%를 차지하여 중화학공업에의 편중이 은행대출보다도 더욱 심했음을 알 수 있다. 이러한 경향은 1960년대와 1970년대를 통해 큰 변화가 없었다.

요컨대 외자배정을 포함한 정책금융의 산업별 배분에서 드러나는 정부의 정책방향은 수출지향적 공업화전략을 추구하는 한편 중화학공업을 중심으로 하는 수입대체공업화를 동시에 지향하는 것이었다고 할 수 있다. 그 결과 제조업에서 차지하는 중화학공업의 비중은 1965~70년간에 33%에서 39%로 어느 정도 상승했으나, 중화학공업의 정착은 순탄하지 않은 것으로 보인다. 그것은 공산품소비재의 경우와는 질적으로 다른 시장과 자본 및 기술상의 난점에 봉착하기 때문이다. 먼저 중화학공업은 규모의 경제가 작용하기 때문에 그 정착을 위해서는 충분한 규모의 시장이 확보되지 않으면 안 된다. 이 점에서 한국은 1960년대 경공업제품의 수출이 급증했고 그 투입재에 대한 수요가 크게 확대됨으로써 시장 면에서 중화학공업의 확립에 유리한 조건이 조성되었다.37) 다만 중화학공업 생산물이 국제경쟁력을 가질 때까지는 그것을 투입재로 사용하는 국내산업 전체의 효율을 떨어뜨리게 되는 딜레마에 빠질 수 있다. 실제로 1970년을 전후한 시기에는 중화학공업제품의 수출은 미미한 수준을 벗어나지 못하고 있었다는 사실이 그러한 가능성을 시사한다고 하겠다. 자본 면에서도 자본시장의 미성숙으로 방대한 소요자금을 주로 외부자본(은행대출과 외자)에 의존하지 않을 수 없게 되는데, 이는 특히 산업의 초기 정착과정에서 금융비용의 상승을 불가피하게 했다. 또한 그 자금의 배분도 초기에는 예컨대 수

---

37) 한국의 중화학공업화 과정에서 경공업제품의 수출신장에 의한 그 투입재시장의 확대라는 시장적 요인을 특히 강조한 견해로는, 渡邊利夫·김창남, "중화학공업화와 공업구조의 심화," 동, 앞의 책, pp.167-223 참조.

출실적과 같은 객관적인 기준에 연계시키기 어렵기 때문에 비효율적으로 흐를 가능성이 매우 높다. 기술 면에서도 중화학공업은 경공업에 비하면 그 학습에 많은 시행착오와 시간이 요구된다. 즉 1960년대 말에서 1970년대 초에 한국경제는 중화학공업을 중심으로 수입대체공업화전략을 추구했던 다른 후진국에서도 전형적으로 관찰되는 제난관에 봉착했던 것이다.

앞에서 살펴본 바와 같이 이 시기에 제조업기업의 재무구조가 악화되고 부실기업문제가 대두하게 된 것은 금융에 대한 정부개입의 비효율성에 기인하는 것이지만, 그 배후에는 이상에서 지적한 중화학공업 수입대체의 어려움이 놓여 있었다는 사실에도 주의할 필요가 있다. 통상 한국의 공업화가 1950년대의 수입대체전략에서 1960년대 이후 수출지향적 전략으로 전환했다고 인식[38]되고 중화학공업화의 본격적인 추진은 1973년 중화학공업화 선언 이후라고 생각되고 있는데, 이러한 인식은 1960년대 말에서 1970년대 초에 한국경제가 직면한 문제의 성격을 충분히 드러내지 못한 것으로 보인다. 즉 정부통제하에서 이루어진 자금배분의 실태가 시사하듯이 1960년대 후반에 이미 경공업제품의 수출과 함께 중화학공업의 수입대체가 추구되고 있었지만, 중화학공업은 아직 수출산업으로 나아가지 못한 채 좁은 국내시장과 과도한 외부자금 의존에 따른 금융비용의 상승 또는 기술적인 한계라는 문제에 직면하지 않을 수 없었던 것이다. 이러한 상황에 대한 정부의 대응은 1970년대에 들어와 개입주의적인 성격을 보다 강화하는 방향으로 전개되었던 것이다.

---

38) 김광석·웨스트팔, 앞의 책; A. 크루거, 앞의 책; 김광석, 『한국공업화 패턴과 그 요인』(서울: 한국개발연구원, 1980) 등은 1960년대 전반의 정책전환을 계기로 하여 1950년대의 수입대체에서 수출지향적 공업화로 전환한 것으로 보고 있다.

먼저 기업재무구조의 악화와 부실기업문제는 결국 대통령의 비상긴급조치권에 의거한 '경제의 안정과 성장에 관한 긴급명령'(8·3조치)으로 귀결되었다. 8·3조치의 주요 내용39)을 보면 기업이 보유하고 있는 사채를 신고하게 하고, 신고사채를 월리 1.35%(당시 사채 평균금리의 약 1/3의 수준)로 3년 거치 5년 분할상환으로 채권·채무관계를 조정했으며, 금융기관으로 하여금 2,000억원의 특별금융채권을 발행하여 조달한 장기저리자금으로 기업의 단기성 대출금의 30%를 대환하게 했고, 산업합리화기금을 설치하고 산업합리화심의회에서 정하는 기준에 따라 지정된 산업 또는 기업에 장기저리자금을 지원하는 한편 조세상의 특혜를 부여했다. 이와 함께 환율의 안정화, 금융기관 금리의 대폭 인하 등 일련의 경제안정종합대책이 추진되었다. 8·3조치로 인하여 기업재무구조 및 수익률이 뚜렷하게 개선된 것은 <그림 3>과 <그림 4>에서 확인할 수 있다. 그러나 이것은 사채공급자나 예금자, 결국은 국민의 희생으로 기업을 구제한 것이며, 금융부문에 대한 정부의 통제는 오히려 강화되었다는 것을 의미한다. 이 조치에 대응하여 기업공개촉진법(1973년)을 제정하여 일정한 성과를 올린 것이 주목되지만, 기업자금조달에서 간접금융 우위의 구조를 바꾸지는 못했다.40)

---

39) 경제기획원, 『경제백서』, 1973년, pp.45-63; 김정렴, 앞의 책, pp.255-278 참조.

40) 기업공개촉진법의 실시로 1973년에 기업공개를 통하여 증권시장에 상장된 신규 상장회사 수는 41개사로서 1968년 이후 1972년까지 4년간의 실적(42개사)에 근접할 정도로 급증했다. 이후에도 기업공개를 위한 보완조치(1974년의 '5·29기업공개에 관한 대통령 특별지시', 1975년의 '8·8기업공개 보완시책' 등)가 시행되었고 공개기업의 숫자가 늘어났지만, 재벌 주력기업의 상당수는 여전히 공개되지 않았고 기업자금조달에서 간접금융이 우위를 차지하는 구조는 변하지 않았다. 김정렴, 앞의 책, pp.278-287 참조.

또 하나는 중화학공업 수입대체의 어려움에 직면하여 정부는 산업이나 기업에 보다 재량적으로 개입하는 방향으로 수입대체전략을 강화했다는 것이다.[41] 금융부문에서는 금리인하와 함께 중화학공업에 대한 정책자금공급을 확대했다. 특히 철강·비철금속·조선·기계·화학·전자공업 등에 장기설비자금을 공급하기 위하여 설치·운영된 국민투자기금(1973년)은 금융저축자금의 일정 비율을 의무적으로 기탁받아 이를 행정적으로 배분하고자 한 것이다.[42] 시장금리와 정책금리의 격차도 이 시기에 크게 확대되어 1960년대 후반의 금리현실화조치는 크게 후퇴했다. 즉 방대한 자금이 소요되면서도 당시로서는 성공 여부가 불확실했던 중화학공업을 정착시키기 위해서는 대규모 정책지원이 불가피했고, 가장 중요한 정책수단으로 금융부문의 억압을 강화하지 않을 수 없었던 것이다. 무역자율화율의 추이도 무역규제가 포지티브 리스트 시스템에서 네거티브 리스트 시스템으로 전환한 1967년에 크게 상승한 이후 1970년대 말까지 오히려 저하했는데, 이것은 이 시기 중화학공업의 국내시장을 보호하고자 하는 정책지향이 반영된 것이다.[43] 이와 같이 중화학공업화의 추진과 관련되어 정부의 재량적인 개입이 강화되었다는 점이 1960년대와 구별되는 1970년대의 특징이라 할 수 있다.

---

41) 다만 이것은 중화학공업에 한정된 수입대체전략을 의미하는 것이며, 1960년대 중엽 이후 추구되어 온 수출지향적 공업화전략을 대체하는 것은 아니다. 중화학공업화를 통하여 수입에 의존하던 투입재나 자본재를 국산화하고, 나아가 중화학공업 자체의 수출산업화를 지향하고 있었다는 점에서 많은 개도국에서 관찰되는 수입대체공업화전략과는 다르다.

42) 이경태, 『산업정책의 이론과 현실』(서울: 산업연구원, 1991), pp.178-184 참조.

43) 김경태, 앞의 책, pp.208-220 참조.

5. 맺음말

 1960년대에 한국경제는 공업화가 주도하는 고도성장이 본격적으로 전개되기 시작했는데, 그것이 어떻게 가능했으며 또한 어떠한 특징을 가지고 있는가가 본고의 모두에서 제기한 과제였다. 이에 관한 본고의 논의를 간단히 요약하는 것으로 맺음말에 대신하고자 한다.
 1960년대 이후 한국경제가 고도성장이 가능했던 것은 먼저 대외개방체제하에서 후발성의 이익을 활용했다는 점을 지적할 수 있다. 한국의 경제성장을 지출 면에서 보면 수출과 투자가, 또한 생산 면에서는 제조업이 주도했음을 알 수 있는데, 이것은 수출지향적 공업화전략과 외자의존에 의하여 가능한 것이었다. 개발 초기에 국내의 자본축적이 미약하고 기술이 낙후되어 있음에도 불구하고 고도성장이 장기간 지속될 수 있었던 것은 해외의 자본과 기술을 적극적으로 도입하여 이를 국내생산과 수출의 증대로 연결시킬 수 있었기 때문이다. 1950년대의 보호주의적인 경제체제에 비하면 1960년대에 보다 시장순응적인 대외지향체제로 전환한 것은 이러한 과정을 촉진한 것으로 평가할 수 있다.
 다만 1960년대에 이루어진 제도변화와 정책전환을 단순한 시장자유화정책으로 보기는 어렵다. 한편에서는 환율과 금리를 현실화하고 해외자본의 유치와 부분적인 수입자유화가 이루어지기도 했지만, 다른 한편 정치 및 관료기구를 개편하여 행정부 우위의 체제하에 경제개발계획을 강력하게 추진했고, 이를 위해 정부가 자금의 동원과 배분에 적극적으로 개입했기 때문이다. 따라서 1950년대에 비하면 1960년대 이후 시장의 기율이 강화되었다고 할 수는 있지만, 그렇다고 해서 정부개입이 줄어든 것은 아니었다. 박정권은 금융기구의 장악을 가장 중요한 정책수단으로 하여 은행대출과 외자의 배분을 통제하고 있었으며, 부채의존도가 높은 한국기업의 자금조달구조가 이러한 정부개입의 유효성을 높이는 조건이 되었다.

정부개입으로 인하여 발생한 지대규모의 추정결과에 따르면 1950년대보다는 1960년대 후반 이후 지대규모(즉 정부개입의 정도)가 더 커졌으며, 지대가 발생하는 분야도 외환규제 중심에서 금융통제 쪽으로 변화했음을 알 수 있다. 다만 이러한 지대가 어떻게 배분되어 민간에게 어떠한 경제적 유인을 제공했는가를 보면, 1950년대에는 지대의 재량적인 배분에 의하여 비생산적인 지대추구활동을 만연시킨 데 비해 1960년대에는 이것을 수출을 비롯한 생산적인 활동과 연계시키는 데 일정한 정도 성공했다는 점에서 차이가 있다. 특히 수출실적은 세계시장에서의 경쟁을 거쳐 검증된 것이기 때문에, 이를 기준으로 활용함으로써 지대배분과 관련하여 선별비용이나 집행비용을 크게 낮출 수 있었다. 또한 경제발전을 최우선 과제로 설정하고 집행하는 정치적 리더십의 확립도 지대의 배분을 생산활동을 위한 유인으로 활용하는 데 기여했다. 그 결과 정부개입이 강화되었음에도 불구하고 1950년대에 비해 정부실패를 어느 정도 줄일 수 있었으며, 이 점도 1960년대 이후 성장률을 높이는 하나의 요인이 되었다고 생각된다.

그러나 금융부문에 대한 정부의 개입은 투자의 급속한 증가를 가져온 한편 상당한 비효율을 수반하지 않을 수 없었는데, 1960년대 말과 1970년대 초에 나타난 제조업기업의 재무구조 악화와 부실기업문제의 대두가 그것을 단적으로 보여주고 있다고 할 수 있다. 그 배후에는 사채까지 포함한 외부자금에 크게 의존하여 외형적 성장을 추구해 온

기업금융구조의 문제도 있지만, 후진국이 중화학공업을 수입대체하고자 할 때 일반적으로 부딪치게 되는 어려움도 놓여 있었던 것으로 보인다. 즉 자금배분의 실태를 보면 1960년대 후반부터 이미 중화학공업에 대한 투자를 크게 증가시키고 있었지만 동 산업은 아직 수출산업화되지 못한 채 과도한 외부자금 의존으로 금융비용이 크게 늘어나는 등 부실화된 기업들이 적지 않았다. 이러한 상황에 대한 정부의 대응이 1960년대 말과 1970년대 초에 걸쳐 부실기업정리, 기업구제와 금융억압을 강화한 8·3조치, 본격적인 중화학공업화의 추진 등으로 나타났으며, 그 결과 1970년대에는 개입주의적인 성격이 보다 강화되는 방향으로 전개되었다.

참고문헌

<1차자료>
1) 한글문헌
한국은행, 『한국의 자금순환』, 1963~74.
_____, 『국민계정』, 1990.
_____, 『기업경영분석』, 각년도.
_____, 『경제통계연보』, 각년도.
경제기획원, 『경제백서』, 각년도.
통계청, 『주요경제지표』, 각년도.
한국무역협회, 『무역동향』, 각년도.
_____, 『무역통계』, 각년도.

2) 일본어문헌

朝鮮總督府, 『朝鮮總督府統計年報』, 각년도.

_____, 『朝鮮貿易月表』, 각년도.

_____, 『朝鮮勞動技術統計調査報告』, 1941~43.

溝口敏行・梅村叉次 編, 『舊日本植民地經濟統計』, 東洋經濟新報社, 1988.

<2차자료>

1) 한글문헌
① 단행본

김광석・래리 웨스트팔, 『한국의 외환・무역정책』, 서울: 한국개발연구원, 1976.

김광석, 『한국공업화 패턴과 그 요인』, 서울: 한국개발연구원, 1980.

김정렴, 『한국경제정책30년사』, 서울: 중앙일보사, 1995.

김창남・渡邊利夫, 『현대 한국경제발전론』, 서울: 비봉출판사, 1997.

사공일・존스, 『경제개발과 정부 및 기업가의 역할』, 서울: 한국개발연구원, 1981.

이경태, 『산업정책의 이론과 현실』, 서울: 산업연구원, 1991.

전국경제인연합회, 『한국경제정책40년사』, 서울: 보진제, 1986.

A. 크루거, 『무역・외원과 경제개발』, 전영학 역, 서울: 한국개발연구원, 1980.

② 논문

김낙년, "현대 일본경제 시스템의 특질과 형성과정," 한국경제정책연구회 편, 『한국경제의 새 패러다임 모색』, 서울: 도서출판 한울, 1995.

안병직・김낙년, "한국경제성장의 장기추세(1910년~현재)," 『광복50주년 기념논문집』 3, 서울: 한국학술진흥재단, 1995.

2) 일본어문헌
① 단행본

宮崎遲一・奧村茂次・森田桐郎 編, 『近代國際經濟要覽』, 東京: 東京大學出版會, 1981.

渡邊利夫, 『現代韓國經濟分析』, 東京: 勁草書房, 1982.

青木昌彦・金瀅基・奧野(藤原)正寛 編, 『東アジアの經濟發展と政府の役割』, 白鳥正喜 監譯, 東京: 日本經濟新聞社, 1997.

② 논문

金洛年, "植民地期における朝鮮・日本間の資金流出入," 『土地制度史學』 135호, 1992.

_____, "植民地期朝鮮の産米増殖計劃と工業化," 『土地制度史學』 146호, 1995.

Cho, Yoon Je, "韓國の政府介入, レント配分と經濟發展," 靑木昌彦・金瀅基・奧野(藤原)正寬 編, 前揭書.

安秉直・金洛年, "韓國における經濟成長とその歷史的諸條件," 『鹿兒島經大論集』 38-2, 1997.

川上忠雄, "世界史のなかの韓國工業化," 小林謙一・川上忠雄 編, 『韓國の經濟開發と勞使關係』, 東京: 法政大學出版局, 1991.

3) 영어문헌

① 단행본

Amsden, Alice H., *Asia's Next Giant: South Korea and Late Industrialization*, NY: Oxford Univ. Press, 1989

Hong, Wontack, *Trade, Distortions and Employment Growth in Korea*, KDI, 1979

W. W. Rostow, *The World Economy: History and Prospect*, Macmillan, 1978.

World Bank, *The East Asian Miracle: Economic Growth and Public Policy*, Oxford Univ. Press, 1993.

② 논문

Akamatsu, Kaname, "A Historical Pattern of Economic Growth in Developing Countries," *The Developing Economies*, No.1, 1962.

Balassa, Bela, "Outward Orientation," Chenery and T. N. Srinivasan, eds., *Handbook of Development Economics*, V. II, Elsevier Science Publisher, 1989.

Bhagwati and Srinivasan, "Trade Policy and Development," Bhagwati J., *Dependence and Independence*, Oxford: Basil Blackwell, 1985.

Haggard, Stephan, Byung-Kook Kim and Chung-In Moon, "The Transition to Export-Led Growth in South Korea: 1954~1966," *The Journal of Asian Studies* 50, No.4, November 1991.

③ 학위논문

Jang, Ha Won, "Phases of Capital Accumulation in Korea and Evolution of Government Growth Strategy, 1963~1990," unpublished Ph.D. dissertation, Univ. of Oxford, 1995.

1960년대 한국의 개발전략과 산업정책의 형성

장 하 원

1. 서론: 이분법적 한계에 대한 비판

1) 수입대체형과 수출주도형 발전전략의 이분법

제2차 세계대전 이후 세계경제에서 가장 성공적인 산업화의 예로 일컬어지고 있는 한국경제는 많은 후진개발국의 발전전략모델로서뿐만 아니라 경제학에서도 이론적 논의를 불러일으켰다. 전후 대부분의 개발경제국가들은 성장의 추진력을 국내시장에서 찾으려는 전략을 추구했으나 지속적인 성장과 산업화기반을 구축하는 데 만족할 만한 성과를 보지 못했다. 반면 한국의 경우는 산업화 초기부터 국제시장에 편입되어 수출을 동인으로 고도성장의 달성과 지속 가능한 산업화기반을 구축했고, 이를 발판으로 국내시장의 점진적인 확대에도 성공한 대표적인 예로 거론되었다.

많은 개발국과 한국의 상이한 산업화과정과 성과에 대한 이론화를 시도한 경제학은 이분법적(dichotomy) 일반화에 근거한 발전모델을 제시했다. 산업화의 동인을 국내시장에서 찾고자 했던 전자의 경우는 소위 수입대체화(import substitution) 산업화전략 또는 내부지향적(inwardlooking) 산업화전략이라고 구분되었다. 이는 국내산업간에 유기적 생산관계를 구축하여 전후방 연관효과를 최대화하며, 수입수요를 국내생산으로 대체하여 취약한 국제수지구조를 개선하는 동시에 장기적으로는 내부 기술력을 배양한다는 전략이었다. 이러한 전략은 일반적으로 가격기능의 제한이나 국가의 시장에 대한 개입 및 규제, 그리고 보호무역과 외환 및 자본시장에 대한 통제 등을 포함한 일련의 정책 패키지(package)로 인식되었다.

반면 산업화의 역동성을 국제시장에서 찾으려 하는 후자의 경우는 수출주도형(export orientation) 또는 외부지향적(outward-looking) 산업화전략이라고 구분되었다. 이는 부족한 자원의 효율적 이용을 위해서 국제 비교우위에 근거한 생산이 최선의 산업화전략이며, 이를 위해서는 자율적 시장에 의해 형성된 균형가격에 의한 자원배분체계를 최대한 허용한다는 것이다. 때문에 이러한 전략은 시장의 자율성을 보장하는 것이 관건이 되며, 대체로 시장자유화, 무역개방화, 국가개입 및 규제의 최소화 등의 정책과 동일시되었다.

본격적인 산업화가 시작된 1960년대 초 이후 한국에서 나타난 가장 특징적인 현상은 수출의 급격한 성장과 이를 위한 지원정책의 형성이었다. 많은 관찰자들은 이와 같은 특징을 경제성장률과 연관시켜 인과관계를 설명하고자 했으며, 특히 지난 40년에 가까운 산업화과정을 결정하는 대부분 정책들의 성격이 1960년대에 형성되었음을 주목한다.

그러나 한국경제에 대한 설명이 일치하기 어려운 이론들로 양분된 대립양상을 보였으며, 이들 대부분이 1960년대의 경제정책을 설명 근거로 제시했다.

2) 자유시장론과 국가론의 이분법

한국 산업화에 관한 분석의 초기 이론들은 한국경제의 고도성장을 주로 자유시장론에 근거하여 설명하고 있다.[1] 이들의 설명에 의하면 한국경제의 고도성장은 수출주도형 산업화전략 때문에 가능했으며, 1960년대 초에 시행된 일련의 경제개혁정책은 시장의 자율기능을 회복하기 위한 제도정비였다는 것이다. 이러한 자유시장기능을 구축하는 개혁은 이자율, 외환, 임금률 등을 시장균형가격에 가깝게 접근시켰으며(getting the prices right), 자원배분의 효율성과 생산성향상을 통하여 투자와 생산의 지속적인 고도성장을 유지시킨 근본원인이었다고 주장했다. 이들의 주장에 의하면 이러한 성장기제(growth mechanism)는 산업화 과정 전반에 걸쳐 유지되었기 때문에 1960년대에 수행된 경제정책개

---

1) Balassa, B., "Industrial Policies in Taiwan and Korea," *Weltwirtschaftliche Archive*, Vol.105, No.1, 1971, pp.55-77; Balassa, B. et al., *Development Strategies in Semi-industrial Economies*(Baltimore: Johns Hopkins University Press, 1982); Frank, C., Kim, K. S., and Westphal, L., *Foreign Trade Regimes and Economic Development: South Korea*(New York: NBER, 1975); Krueger, A., 『무역·외원과 경제발전』(서울: KDI, 1980); McKinnon, R., *Money and Capital in Economic Development*(Washington: Brookings Institution, 1973); Shaw, E., *Financial Deepening in Economic Development*(New York: Oxford University Press, 1973), Westphal, L., Rhee, Y., Kim, K. and Amsden, A., "Republic of Korea," *World Development*, Vol. 12, No.5~6, 1984, pp.505-533 등을 참조하라.

혁은 특별한 의미를 갖게 된다. 더욱이 국가가 광범위하게 시장에 개입하고 경제성장이 상대적으로 저조했던 1950년대와 대비되어 1960년대에 수립된 경제정책은 한국 산업화에서 가장 중요한 발전전략의 전환이었다고 평가되었다.

한편 이러한 자유시장론에 반하여 후기 논자들은 한국국가의 시장개입이 고도성장의 직접적인 원인이었다고 주장했다.[2] 소위 국가론자들이라 명명된 이 학파는 자유시장론자들이 명백한 국가개입의 증거를 간과했다고 비판하며, 1960년대 이후 한국경제성장의 원인은 자유시장에 의한 효율적인 자원배분이 아니라 국가개입에 의한 자원배분의 효율성이었다고 주장한다. 한국의 국가는 포괄적인 경제정책에서뿐만 아니라 매우 세밀한 분야에 대한 자원배분까지 통제하여 전략적 분야에 대한 지원체계를 수립했고, 때로는 가격체계의 인위적인 왜곡(getting the prices wrong)에 의한 유인체제(incentive system)를 기반으로 투자와 생산을 유도했다고 본다. 이들은 소위 이러한 교도자본주의적(guided capitalism) 성격이 정치체제의 강력한 권위주의 통치를 기반으로 하고 있었기 때문에 가능했으며, 대부분의 권위주의체제가 권력의 부패로 경제발전에 실패한 경험에 반하여 한국의 경우는 상대적으로 절제되고 훈련된 관료들과 정치적 정당성을 경제발전에서 찾고자 하는 지도자에 의하여 성공적으로 이끌 수 있었다고 평가한다.

---

2) Amsden, A., *Asia's Next Giant: South Korea and Late Industrialization*(Oxford: Oxford University Press, 1989); Chang, H. J., "The political Economy of Industrial Policy in Korea," *Cambridge Journal of Economics*, Vol.17, No.2, 1992, pp. 131-157; 사공일, Jones, L. P., 『경제개발과 정부 및 기업가의 역할』(서울: KD I, 1981); Wade, R., *Governing the Market: Economic Theory and the Role of Government in East Asian Industrialization*(New Jersey: Princeton University Press, 1990) 등을 참조하라.

양립하기 어려운 자유시장론과 국가론을 절충하고자 하는 수정주의론의 시도3)가 있었으나 양 이론의 봉합하기 불가능한 차이는 여전히 해소되지 않고 있다. 양 이론을 평가하자면 부정하기 어려운 국가개입의 실증적 증거를 제시한 국가론이 상대적으로 설득력이 있다고 할 수 있으나 양자 모두가 방법론적인 오류를 내포하고 있다. 자유시장론은 수출주도형과 수입대체형 발전전략의 이분법에 근거하여 설명하고 있으나, 실제로 전개된 산업화의 양식은 이러한 이분법보다 훨씬 더 다양하고 복잡한 정책의 혼합에 의해서 진행되었다. 더욱이 1960년대 초에 이루어진 일련의 경제정책들을 살펴볼 때 수입대체형에서 수출주도형으로 획기적인 전환을 했다는 증거는 부족하다. 다만 군사정부하에서 수행된 경제정책은 수차례 시행착오의 과정에서 점진적으로 형성되었다는 것이 더 정확한 분석일 것이다.

국가론도 이러한 비판에서 자유롭지 못하다. 자유시장론이 시장의 효율적 자원배분에서 성장의 원인을 찾고자 발전전략의 전환을 주장한 것과 유사한 논리로 국가론도 국가개입과 성장의 인과관계를 설명하기 위해서는 1960년 초반 이후 국가개입의 유형에 분석의 초점을 맞추고 있다. 더욱이 국가론은 대표적인 국가개입의 예를 제시하여 국가개입과 성장의(더 정확하게는 투자의) 인과관계를 설정한 후, 이를 산업화 전반에 적용하는 정태적 방법론을 차용하고 있다. 한국의 산업화 전반에 걸쳐 국가가 적극적으로 시장에 개입했다는 것은 주지의 사실이지만 '개입'이라는 사실 이외에는 개입의 범위나 방법 및 목적은 물론 그 효과도 시기에 따라 매우 달랐다. 한국의 산업화 경험을 볼 때, 국가의 개입은 때로는 목적한 바와 전혀 다른 결과를 초래하기도

---

3) 대표적으로 World Bank 연구는 수정주의로 구분되고 있다. World Bank, *The East Asian Miracle: Economic Growth and Public Policy*(Oxford: Oxford University Press, 1984).

했고, 때로는 동일한 정책이 시간이 경과함에 따라 효과를 상실한 경우도 있었다. 한국에서 국가의 개입이 경제발전에서 매우 중요한 요인이었다는 점은 사실이지만, 특정 시기의 주어진 경제환경에서 특정한 방법의 국가개입이 어떠한 결과를 초래했는가에 대한 분석 없이는 국가개입과 경제발전의 인과관계 설정은 경제정책이 경제발전에 중요하다는 동어반복적 주장에 지나지 않을 것이다.

본 연구는 1960년대 발전전략은 경제정책의 시행착오적 진화과정에 의해 형성되었음을 기본 가설로 한다. 자유시장론이 주장하듯이 극적인 발전전략의 전환도 없었고, 국가론이 주장하듯 새로운 권위주의국가에 의해 시행된 경제정책이 성장률의 갑작스러운 상승을 초래한 것도 아니라는 것이다. 오히려 1960년대 본격적인 산업화가 착수되었을 때 수입대체적 성격의 정책이 주종을 이루었으며, 국내시장을 중심으로 유기적 산업생산체계를 구축하고자 하는 것이 경제발전의 목적이었다. 반면 5·16정권 초기에 실시한 경제정책들은 강력한 정권의 의지에도 불구하고 몇 가지 분야를 제외하고는 시행착오의 연속이었으며, 유효한 경제정책들은 값비싼 대가를 치르고 배운 학습효과에 의해서 정착되었다. 더욱이 한국 산업화에서 가장 중요한 요인인 수출에 대한 지원정책은 거의 우연한 계기로 수출잠재력을 확인함으로써 1960년대 후반에야 그 중요성이 부각되었다.

본 연구는 진화론적 정책형성 가설을 검증하기 위하여 1960년대 산업정책의 핵심이 되는 네 가지 분야에 대해 분석을 하고자 한다.

첫째는 1960년대 전반기의 경제정책 중 가장 먼저 시행되었으며, 산업화과정에서 국가개입의 가장 핵심적 역할을 한 금융분야에 대한 개혁을 분석한다. 수차례에 걸쳐 실시된 금융기관과 이자율에 대한 개혁이 과연 시장주의론이 주장하듯 시장기능의 회복을 위한 정책이었는지를 검토하고, 어떠한 과정을 거쳐서 정부가 금융통제력을 확립했는지를 살펴본다.

둘째는 한국 산업화에 가장 핵심적인 기여를 했던 수출신장의 원인을 밝히기 위하여 환율정책의 변화를 살펴본다. 1960년 초에 실행했던 두 차례의 대폭적인 평가절하가 과연 환율을 시장균형가격에 접근시키기 위한 시도였는지를 비판한다. 또한 이러한 환율정책을 통하여 어떻게 정부가 무역을 재량적으로 통제하는 체제를 구축했는지를 살펴본다.

셋째는 1960년대 초에 형성된 노동정책이 말기에는 어떠한 형태로 변모했는지를 살펴본다. 노동정책에 대한 대부분의 분석은 권위주의정권의 노동억압정책을 주로 다루고 있으나, 그러한 노동정책이 처음부터 존재했던 것은 아니다. 본 연구에서는 노동정책이 왜 억압적인 성격으로 바뀌었는지를 설명하기 위하여 1960년대 노동시장의 변화와 임금추세를 분석한다.

넷째로 1960년대 이후 산업화전략의 주축이 되었던 수출주도형 전략이 어떻게 형성되었는가를 살펴본다. 이는 단지 수출지원체제의 구축과정을 밝히는 것뿐만 아니라 이를 통해 여타 경제정책의 진화적 형성과정을 이해하는 데 중요한 단서를 제공할 것이며, 또한 1960년대 초반에 산업화전략에 대전환이 있었다는 자유시장론에 대한 하나의 반증 제시가 될 것이다.

마지막으로 1960년대 산업정책의 특성을 살펴본다. 이는 국가론에 대한 대안적 설명인 동시에 1950년대와 구별되는 정책의 성격과 1960년대 이후의 시대에 고도의 투자를 유지할 수 있었던 자본축적 기제의 특성을 규명하는 것이다.

경제개발전략을 설명하기 위해서는 성장의 원인에 대한 분석이 필수적일 것이나, 본 연구는 네 가지 중심 분야의 산업정책에 대한 분석으로 연구범위를 한정한다. 다만 산업정책의 차이가 투자(또는 자본축적)의 현격한 차이를 초래했으며, 성장도 이에 의해 설명할 수 있다는 기본 가정을 전제로 한다.

2. 1960년대의 정책과정

1) 금융개혁과 이자율에 관한 정책변화

(1) 농업융자정책의 실패

1961년 5·16군사혁명으로 들어선 정부는 경제에 대한 기본적인 지식이나 경험이 거의 전무한 상태에서 강제력에 의존한 경제정책들을 시행했다. 초기의 정책기조는 '자립경제'의 수립을 목적으로 '강력한 행정력'에 의해 뒷받침된 '혼합경제'를 표방했다.4) 군사정부가 가장 먼저 시행한 경제정책은 농업협동조합과 농업은행을 통합하여 농업협동조합중앙회로 일원화하는 것이었다. 이는 자립경제의 근간인 식량의 자급자족체제 달성을 위한 농업지원정책의 일환인 동시에 군사혁명으로 정권을 잡은 정부가 광범위한 지지세력을 확보하고자 농민층을 겨냥한 정책이었다. 농협중앙회를 통한 대출규모의 확대는 당시 대규모 사채를 안고 있던 대부분의 농민층에게 군사정부가 안겨 준 직접적인 혜택이었다. 그러나 농협 대출의 대부분은 사채 대환자금으로 전용되

---

4) 정부 초기의 각종 문건에서 시장기능의 활성화는커녕 시장에 대한 불신과 '강력한 계획성'에 의한 경제개발전략을 공개적으로 표명하고 있다. 경제기획원, 『경제백서 1962』; 대한민국 정부, 『제1차 경제개발5개년계획』; 재무부, 『우리나라 금융제도 및 정책개관』, 1966, p.31.

었으며, 절대빈곤 수준에 있었던 농민들의 사채의존도를 약화시키는 데는 미치지 못하여 오히려 사채시장을 확대시키는 역효과를 초래했다. 농민들은 농협 대출금을 군사정부가 안겨 준 선물 정도로 인식하고 있었으며, 따라서 날로 증가하는 연체율 때문에 단기간에 재원이 고갈된 농협금융은 농촌 신용수요에 턱없이 부족한 수준으로 전락하고 말았다.5) 이는 군사정부가 실시한 첫번째 경제정책이 실패한 사례일 뿐만 아니라, 산업화 전반에 걸쳐 숨바꼭질과도 같이 전개된 정부와 사채시장의 갈등관계가 표출된 최초의 사건이었다.

(2) 은행 국유화와 금융자원 통제력 확보

농협중앙회 정책은 또 다른 부작용을 표출했다. 전체 금융시장의 재원증가를 위한 정책수단 없이 시행된 농협에 대한 금융재원 집중정책은 단지 다른 금융기관의 재원을 이전하는 결과를 초래했고, 이에 따라 다른 산업에 대한 일반은행의 대출은 감소했다.6) 이에 정부는 추가 금융자원을 확보하기 위한 정책을 모색한 가운데 1961년 10월 부정축재 환수조치를 취했다. 이 조치는 강력한 경제정책의 수행을 위하여 정부가 경제에 대한 통제력을 확보하기 위한 최초의 정책이었다. 자본주의의 가장 근본인 사유권을 부정하는 과격하고 미숙한 정책이기는 했지만 시장에 대하여 경제 주도권의 주인이 누구인지를 확인하는 데는 매우 효과적이었다. 이 조치로 구속된 모든 기업인들이 국가경제발전에 헌신할 것을 약속하고 재산을 돌려받고 방면되었지만, 이들이 소유하고 있던 일반은행의 주식은 국가에 환수되었다.

---

5) Cole, D. C., 박영철, 『한국의 금융발전: 1945~80』(서울: KDI, 1984), p.69.
6) 농협중앙회와 같은 시기에 설립된 중소기업은행을 통한 영세 중소기업에 대한 대출금 확대도 이와 유사한 결과를 초래했다.

이는 사실상 모든 금융기관을 국유화하는 조치였으며, 공금융시장의 자원을 국가의 전면적인 통제하에 두는 계기가 되었다. 또한 1962년 한국은행법 개정으로 '관치금융체제'를 완성한 정부는 금융배분을 직접적으로 관장했으며, 시장의 수요나 이자율에 의한 자원배분기능은 아무런 역할을 하지 못하는 시기가 지속되었다. 그러나 정부의 자의적이고 권위주의적인 방식에 의한 금융배분체계는 곧바로 시장의 반격을 맞게 되었다. 정부 지시에 의한 은행대출은 전체시장 수급상황을 고려하지 않은 채로 이루어졌으며, 예금의 증가 없이 급격하게 증가한 대출은 곧바로 인플레로 연결되었다.[7]

(3) 통화개혁의 실패

산업화를 위한 재원확보와 금융재원의 증가를 위한 수단을 고려하는 가운데 정부는 1962년 6월 화폐개혁을 단행했다. 당시 정부는 경제 전체적으로 상당한 규모의 잉여자금이 퇴장되어 있다고 판단하고, 이를 흡수할 목적으로 화폐개혁과 함께 은행예금을 강제하여 최소한의 생활비를 제외하고 예금인출을 전면 금지했다. 그러나 대규모의 잉여자금은 존재하지 않는 것으로 판명되고 거액의 통화잔고는 이미 기업의 생산활동에 활용되고 있었기 때문에 예금인출 금지조치는 즉각적인 기업활동의 중단을 초래했다.[8] 사채시장 역시 현금 유통경로가 봉쇄되어 기업활동이 전면적으로 중단되고 전체 경제가 파국의 상황까지 몰리자 5주 후에 통화개혁조치를 전면 취소하게 되었다.

1962년의 통화개혁은 거의 모든 면에서 정책실패를 가져왔다. 금융

---

7) 1962년 5월 한국은행법 개정 시기부터 1962년 6월 통화개혁 시기까지 12개월간 통화공급이 50% 정도 증가했다.

8) Cole · 박영철, 앞의 책, p.71.

재원의 추가적 확보에 아무런 효과를 보지 못한 것은 물론 화폐보유의 위험성 가중으로 인해 현물보유에 대한 자산이전을 촉진하여 인플레를 가속화시켰다. 그러나 화폐개혁을 계기로 정부는 중요한 교훈을 얻게 되었다. 금융시장에 대한 직접적인 개입은 전혀 예상치 못한 결과를 초래할 수 있으며, 경제정책의 시행에는 시장기능에 대한 이해와 보완적인 정책수단이 필요하다는 것을 인식시키는 계기가 되었다.

(4) 1965년의 이자율개혁

1960년대 전반기에 정부는 주로 신용배분에만 금융정책을 집중했다. 금융산업에 대한 통제력을 확보한 이후 금융자원의 용도와 배분에만 권한을 행사했지, 통화개혁 실패 이후 금융자원의 확보에는 별다른 노력을 기울이지 않았다. 한편 1960년도 전반기에 인플레는 진정될 기미가 보이지 않고 은행예금잔고는 거의 제자리에서 머물고 있는 반면 산업화를 위한 대출수요는 급격하게 증가하고 있었다.[9] 이에 정부는 1965년 9월에 정기예금이자율을 15%에서 30%로 인상하는 것을 주요 내용으로 하는 금융개혁을 단행했다.

이자율을 두 배로 인상시킨 조치는 곧바로 예금에 대한 유인을 높여, 1965~69년의 4년 사이에 총예금을 700% 가까이 증가시키고 GNP의 10%에서 30%로 증가시켰다. 이자율 인상은 당시 AID 위촉으로 걸리, 쇼, 패트릭 교수가 마련한 한국의 금융개혁에 대한 권고안에 기초한 것으로, 이자율과 예금의 상관관계에 대한 간단한 이론에 근거한 것이었다. 1965년 한국의 금융개혁은 금융이론이 적중한 대표적인 사례로 맥키논(McKinnon)과 쇼(Shaw)에 의해서 폭넓게 인용되었으며, 많

---

9) 1962년에서 1964년 사이 금융기관의 전체 예금잔고는 418억원에서 443억원으로 증가한 반면, 대출총액은 675억원에서 847억원으로 증가했다.

은 자유시장론자들이 한국의 경제성장 원인을 시장기능에 의해 설명하는 직접적인 증거의 하나가 되었다.[10]

그러나 예금이 급격하게 증가한 실제 과정은 이들의 이론과는 차이가 있다. 이자율의 상승은 소비감소효과에 의해 새로운 예금을 창출한다는 것이 이들의 이론이지만, 1965년 이자율개혁에 의한 예금상승은 대부분 사채시장 금융자원의 이전에 의한 것이라는 비판이 제기되었다.[11] 당시 사채시장의 연금리가 50~60%인 상황에서 은행의 예금금리가 10~15%에서 30%로 상승한 결과 사채시장 금리와의 격차를 현격하게 줄였다는 것이다. 때문에 사채시장이 안고 있는 위험비용(risk premium)을 감안하면 공금융시장으로 자금을 이전할 충분한 유인이 존재하여 은행부문의 예금잔고가 급격하게 증가했다는 것이다.

원래 목적한 바대로 새로운 금융자원이 확보된 것은 아니었지만[12] 1965년의 금융개혁은 정부가 예상치 못한 효과를 가져다주었다. 사채시장의 자금이 공금융기관으로 이전됨으로써 정부가 통제할 수 있는 금융자원의 규모가 대폭 확대되었던 것이다. 정부는 금융부문에 대해 전보다 더욱 광범위한 통제력을 확보하여 산업정책에 대한 자율성을 확대하는 계기가 되었다.

---

10) McKinnon, 앞의 책; Shaw, 앞의 책.
11) Cole·박영철, 앞의 책, 제6장.
12) 1960년대 후반에 있었던 금융자원의 증가는 차관도입과 경제성장에 의한 자연증가가 대부분이었다. 1965년에서 1968년 사이에 저축성예금이 GNP의 3.8%에서 16.2%로 증가했고, M_2는 GNP의 12.1%에서 32.7%로 상승했지만, 이러한 지표도 이자율의 상승에 의해 한계저축성향이 상승했다고 보기는 어렵다. Cole과 박영철은 이자율의 상승에 의해 실물자산 및 사채보유의 대체를 반영한 자산보유형태의 조정에 의한 것이라 주장했다. Cole·박영철, 앞의 책, p.195.

⑸ 금융배분체제의 딜레마

한국 산업화에 있어서 금융자원의 배분은 정부주도형 발전전략의 가장 중요한 수단이었다고 평가되고 있다. 신용배분은 전략분야에 대한 직접적인 지원방법이었으며 기업에 대해서는 유인수단인 동시에 제재수단이기도 했다. 하지만 국가론자들이 주장하듯 신용배분이 시장개입의 효과적인 수단이었을지는 모르지만 효율적인 수단이라는 증거는 희박하다. 우선 1960년대에 정부는 신용배분에 대한 통제력을 확보했지만 실질 배분에 있어서는 상당히 포괄적인 원칙과 범위를 적용하고 있었다. 신용배분은 1970년대와 1980년대를 거치면서 점차 세밀하고 정교한 체계를 구축하지만, 1960년대에는 상대적으로 느슨한 체제에서 이루어지고 있었다. 제1, 2차 5개년경제계획에 규정된 소수의 전략산업 외에는 1960년대 후반에 수출지원체제가 성립되면서 수출금융이 신용배분의 대부분을 차지했다. 때문에 정부의 금융자원배분이 포괄적인 범주에 속하는 전략산업의 육성에는 기여했다 할지라도 산업 내부에서 효율적인 기업에 전달되었다고 가정하는 것은 논리적 비약일 것이다.

더욱 본질적인 문제는 정부가 신용배분에는 통제력을 행사할 수 있을지라도 신용의 사용에는 거의 통제력이 없다는 점이다. 이 문제는 부문간, 산업간 및 기업간 신용의 극심한 불균형과 더불어 사채시장의 재현을 초래했다. 한정된 금융자원의 배분으로 특혜산업, 특히 수출기업에 대해서는 거의 무한정의 신용이 할애된 반면 다른 부문은 자금부족에 직면하게 되었다. 더욱이 1960년대 후반기에 수출의 증가로 특혜산업의 자금수요가 급증하게 되자 통화팽창을 억제하기 위하여 다른 부문에 대한 여신은 극도로 위축되었다. 이 상황에서 자금이 남아도는 수출업체 등은 이자차액을 벌기 위하여 여유유동성을 사채시장에 공급했고, 반면에 다른 기업들은 사채시장에 대한 신용의존도가 높아졌다.

　더욱 심각한 상황은 세금감면을 위해 기업의 내부자금을 사채로 조달한 것으로 위장하기도 했으며, 극단적인 경우에는 기업주가 재산확보를 위하여 내부자금을 전용하여 자신의 기업에 사채를 대부한 경우까지 발생했다. 1972년 8·3조치 이후에 밝혀진 바로는 전체 사채 중에서 1/3 정도가 위장사채였음을 감안할 때, 신용배분체제의 왜곡이 얼마나 심각했는지 가늠할 수 있을 것이다. 이러한 신용배분체제의 왜곡 때문에 정부의 지원을 받지 못하는 기업은 물론 특혜기업까지 금융비용 부담증가로 재무상태가 악화되었으며, 1960년대 말 대규모 기업부도사태의 하나의 직접적인 원인이 되었다.

　1960년대에 시행된 금융정책의 전개과정을 살펴보면 초기에는 직접적인 개입에 의한 통제가 주요 정책수단으로 동원되었으나 목적한 효과는 가져오지 못한 채 때로는 파괴적인 부작용만을 초래했다. 또한 초기의 금융개혁으로 통제수단을 확보하기는 했지만 가용자원을 확보하는 데는 실패했으며, 1965년의 금융개혁에 의해 비로소 산업화를 위한 재원확보가 가능해졌다. 한국 산업화에 있어서 국가개입의 핵심 요체라 할 수 있는 신용배분체제는 1960년대 후반에 이르러서야 구축되고 본격적인 산업화를 위한 국가의 지원체제도 골격을 갖추게 된다. 하지만 국가의 신용배분체제는 산업화를 본 궤도에 올려 놓은 동시에 금융시장의 왜곡을 심화시켜 1960년대 말에 이르러서는 산업 전반에 걸친 부도사태의 원인 중의 하나가 되었다.

2) 외환개혁과 환율정책의 변화

(1) 1961년과 1964년의 평가절하

　1960년대 초 가장 특징적인 환율개혁으로 정부는 1961년과 1964년 두 차례에 걸쳐 환율을 거의 100%씩 평가절하했다. 1961년에는 공식 환율이 US1$당 65원에서 130원으로 인상되었으며, 1964년에는 130원에서 다시 255원으로 인상되었다. 당시 매우 고평가된 원화의 급격한 평가절하에 대하여 논자들은 원화 환율이 시장균형가격에 접근한 것이라고 주장했다. 두 차례에 걸친 평가절하는 수출의 증가와 인과관계가 있는 것으로 설명되어 자유시장론자들의 논거에 대한 증거로 종종 인용되고 있다.[13]

　이러한 조치는 표면적으로는 환율의 현실화처럼 보이지만 환율은 외환운영체계와 연결되어야만 비로소 이해될 수 있다. 결론적으로 말해서 두 차례에 걸친 평가절하는 산업화에 가장 귀중한 자원이었던 외환에 대한 정부의 통제를 확대하기 위한 수단이었다. 1961년의 환율개혁은 평가절하와 함께 1950년대에 시행되었던 복수환율제도의 단일고정환율제도로의 전환을 포함하고 있었다. 1961년 전까지 환율은 외환(주로 달러)의 출처와 사용목적에 따라 복수의 환율이 적용되었으나, 공식 복수환율은 주로 정부의 주요 달러수입원이었던 원조와 UN군사령부로부터의 외환수령을 극대화하기 위해 책정된 것이었고, 자유시장에서 경쟁입찰에 의해 외환을 거래하는 민간업자에게는 상관이 없었

---

13) Frank, et. al., 앞의 책; 김광석 · Westphal, 『한국의 외환 · 무역정책』(서울: KDI, 1976); Krueger, 앞의 책.

다. 외환배분방식은 시기에 따라 차이는 있으나 주요 방식은 수출업자가 달러수입을 중앙은행에 예치하는 외환예치제도로 시장의 경쟁입찰에 의해 환율과 수급이 결정되었다. 때문에 공식환율이 고평가되었음에도 불구하고 시장에서는 시장환율에 의해 외환이 거래되었던 것이다.

(2) 외환에 대한 정부의 통제

1961년 환율개혁의 주요한 조치 중의 하나는 이러한 외환예치제도를 외환집중제도로 대체했다는 점이다. 그 내용은 모든 외환수입은 공정환율로 중앙은행에 매도해야 하고 매도자는 양도불능의 90일 동안 유효한 외환증서를 교부받았다. 그러나 평가절하에도 불구하고 공정환율이 여전히 시장환율보다 낮아 외환증서가 암시장에서 거래되자, 외환증서를 폐지하고 대신 수출업자에게 수입권을 부여하는 수출·수입 링크제가 1963년에 도입되었다.

1961년 환율개혁의 효과는 환율의 현실화가 아니라 외환에 대한 정부의 통제력이 막대해졌다는 데 있다. 평가절하 전후의 실질실효환율을 비교하면 평가절하는 거의 영향을 미치지 못한 것으로 나타나고 있다.[14] 다만 외환집중제도 때문에 사라진 1950년대의 외환 프리미엄분만큼 평가절하가 보전했으며, 대신 정부는 민간부문에서 거래되던 외환에 대한 전면적인 통제력을 행사하게 되었다는 것이다. 외환에 대한 통제는 수입에 대한 통제와 밀접한 연관이 있었다. 부족한 외환을 불요불급한 수입에 지출하는 것을 근본적으로 차단하는 가장 효과적

---

14) 김광석·Westphal, 앞의 책, pp.111-113, <표 5-7, 5-8, 5-9>; Jang, H, W., *The Rate of Profit and the Evolution of State Industrial Policy in Korea, 1963~90*, (New York: MacMillan Press, 1999 forthcoming)의 Ch.2를 참조하라.

인 수단은 외환에 대한 통제였다.

그러나 급격한 인플레와 보유외환의 감소로 1962년부터 공정환율이 실질환율을 반영하지 못하게 되어 수출이 타격을 입게 되자, 1963년에는 과거와 유사하게 수출불거래를 위한 수입권 프리미엄 시장을 허용했다. 이에 따라 점차로 정부는 수입규제와 외환사용에 대한 통제력을 상실하여 1964년에는 또 한 번의 평가절하와 함께 무역체계의 개혁을 단행하게 된다. 1964년의 개혁은 환율현실화와 더불어 수출입링크제를 폐지하고 수입규제를 위한 포지티브 리스트제도를 강화하는 한편 특별관세법을 제정했다. 1964년 평가절하를 전후로 비교한 실질실효환율에는 큰 변화가 없지만, 이 조치로 시장에서 형성된 수출불 프리미엄이 공정환율로 대체된 효과를 가져와 다시 정부의 외환통제력을 회복시켰다.

물론 환율개혁이 단지 외환에 대한 정부의 통제력 확대만을 목적으로 한 것은 아니었지만, 그렇다고 환율의 시장균형가격으로의 회복을 목적으로 한 것만도 아니었다. 왜냐하면 당시에는 수출잠재력이 채 확인이 되지 않은 상태였기 때문에, 수출은 단지 국제수지 방어수단으로 그 기능이 소극적으로 이해되었고 환율정책은 수입제한에 더 큰 비중을 두고 짜여졌던 것이다. 때문에 외환관리제도는 환율정책의 핵심이 되었고 시간이 경과함에 따라 정부가 수입과 외환을 통제하기 위한 수단이 점차로 확대되었다. 다만 직접적인 규제방식과 더불어 가격기능을 통한 수단이 점차로 증가했으며, 특히 1964년의 특별관세법은 임시법으로 제정되었으나 필요에 따라 매우 자의적으로 동원될 수 있다는 편리함 때문에 대상품목이 점진적으로 확대되었고, 상당기간 매우 효과적인 수입규제수단으로 지속되었다.

환율외환정책은 금융정책의 전개과정에서 약간의 차이가 있었다. 금융에 대한 규제와 통제는 직접적인 개입에서 점차로 가격에 의한 수단으로 변화되지만, 외환에 대한 규제는 반대로 가격기능에 의존하던 것이 재량적 규제에 의존하는 폭이 커지게 된다. 한국으로서는 외환환율제도에 관한 한 상대적으로 많은 경험을 축적해 왔다. 1950년대 경제발전의 중요한 관건은 원조였기 때문에 원조의 규모와 효과를 극대화하는 것이 경제정책의 핵심이었다. 때문에 1950년대에 수많은 변화를 거치면서 외환환율제도는 상당한 수준에서 시장기능 내에서 작동하고 있었다. 이러한 시장배분기능이 1960년대에 와서 점차로 재량적 배분기능으로 대체되었으며 경제의 수출의존도가 커지면 커질수록 직접적인 개입수단이 확대되었다.

가장 대표적인 예가 1970년대에 더욱 강화된 외환관리제도이다. 1960년대 말까지 존속되었던 수출불 프리미엄제도에 의해 외환의 시장거래가 허용되었으나, 1970년 외환수급계획에 의해 외환은 모두 정부의 매우 강력한 통제하에 관리되는 체제로 바뀌었다. 수입규제도 환율을 통한 조절에서 관세와 세금에 의한 조절로, 나중에는 갖가지 행정규제가 동원되는 형식으로 전개되었다.

3) 노동개혁과 노동시장의 변화

(1) 1960년대 초의 보호적 노동정책

이자율이나 환율을 매개변수로 한 금융개혁이나 외환제도의 개혁에 대한 분석이 주로 경제학을 중심으로 전개되었으나, 1960년대의 노동정책에 대한 분석은 경제학 이외의 분야에서 더욱 활발히 전개되었다. 이는 1960년대에 잉여노동력이 풍부한 노동시장의 조건을 감안할 때 임금률이 노동수급의 결정요인으로는 극히 제한적으로만 작용했다는 가정을 암묵적으로 하고 있기 때문인 것으로 보인다. 때문에 대부분 연구의 초점은 주로 노동조건이나 국가와 노동의 정치적 관계에 집중되어 있다. 정치사회적인 환경이 노동시장의 조건을 결정하고 이에 대한 대응양식으로 노동정책이 형성되는 것은 분명한 사실이지만, 근본적인 설명은 노동시장의 변화와 임금률의 변화에서 찾아야 할 것이다.

자유시장론은 한국의 1960년대 상황에서 단체협상이나 최저임금제 또는 노동조합의 활동이 부재한 가운데 유연노동시장에서 결정되는 임금은 시장균형가격을 반영한다는 가정하고 있다. 때문에 잉여노동력이 무제한적인 조건에서 임금이 산업화의 장애요소가 될 수 없다는 논리이다. 한편 국가론자들은 폭력적인 국가권력에 의해 노동운동이나 임금협상이 원천적으로 봉쇄된 상황에서 임금은 경제외적 요소에 의해 결정되기 때문에 역시 산업화과정의 결정요인이 될 수 없다는 결론을 유추하고 있다.15) 양자는 다른 이론을 차용하고 있지만 유사한 결론에 도달하고 있다. 그러나 산업구조와 생산체제가 급격하게 변화했던 1960년대의 산업화과정에서 노동시장이 영향을 받지 않았으리라는 가정은 현실적이지 못하다. 노동정책의 형성에 임금률과 함께 중요한 요소는 노동력 규모의 변화와 노동력의 질적 변화이다. 1960년대 급격하게 변화한 산업화과정에서 이러한 요소들의 변화과정을 추적함으로써 노동정책의 변화가 설명되어야 한다.

1960년대 초 노동정책은 정권의 권위주의적인 성격과는 달리 매우 진보적이며 노동보호적이었다고 평가되고 있다.16) 군사혁명 직후 정부는 다른 정치사회단체와 함께 노동조합을 해체했지만 곧바로 '비정치적'이라는 이유로 노조활동을 허용했다. 노동법도 1963년에 개정되었

---

15) You, J. and Chang, H., "The Myth of Free Labour Market in Korea," *Contribution to Political Economy*, No.12, 1993, pp.29-46.
16) 최장집, 『한국의 노동운동과 국가』(서울: 열음사, 1988), pp.95-96.

지만, 진보적 노동법으로 알려진 와그법을 모델로 한 1953년의 노동법에서 약간 수정을 가한 정도에 그쳤다. 이를 미루어볼 때 1960년대 전반기에는 노동문제가 산업화나 정권에 별다른 영향을 줄 수 있는 요소로 인식되지 않았다는 것이다. 우선 맹아적인 산업기반을 반영하여 노동인구가 소규모에 지나지 않았고 더구나 도시비공식부문에 종사하는 노동자를 제외한다면 실제로 노동법의 영향하에 있는 근대산업부문의 노동자규모는 전체 노동인구에서 극히 소수에 지나지 않았다.[17]

〈표 1〉 산업구조의 변화 추이

	산업별 GDP구조[1] (%)				
	전체 산업	농업	(비농업)산업	광공업	서비스업[2]
1953	100	62.8	37.2	7.5	29.6
1961	100	54.7	45.3	11.6	33.7
1965	100	48.9	51.1	14.9	36.2
1970	100	33.6	66.4	21.6	44.8
	산업별 취업구조[4] (%)				
	전체 경제	농업	(비농업)산업	광공업	서비스업[5]
1963	100	63.2	36.8	8.7	28.1
1965	100	58.7	41.3	10.2	31.0
1970	100	50.4	49.6	14.3	35.2

1) GDP 구조는 정부부문을 제외한 산업부문을 100으로 상정함.

---

17) 1963년에 근대부문에 취업한 노동자는 전체 취업노동자의 약 9.2%에 지나지 않는 73만명에 지나지 않았으며, 1970년에는 전체의 약 15.4%인 150만명으로 증가했다. 1970년에도 전체 노동자 수에 비하면 근대부문 노동자가 여전히 소수이지만 10년 이내의 짧은 기간에 근대부문 노동자가 약 2배 이상으로 증가했다는 것은 노동시장 내부에서 급격한 변화가 일어났다는 것을 말해 주고 있다. 근대부문과 비공식부문 노동시장의 변화에 대해서 다음을 참조하라. Jang, H. W., "Wages and Labour Market Development in Korea: A Three Sector Turning Point Analysis," *EARC Research Paper* 96.5(Sheffield: Sheffield University Press, 1996).

2) 서비스업은 전체 산업에서 농업과 광공업을 제외한 나머지 부문을 말함.
3) 투자구조는 정부부문과 재고증가를 제외한 산업부문을 100으로 상정함.
4) 취업구조는 정부와 비영리단체의 취업인구를 포함한 경제 전체를 100으로 상정함.
5) 서비스업은 정부와 비영리단체 부문을 포함.

(2) 노동시장의 변화와 제한적 노동정책

그러나 급속도로 진행된 산업화와 더불어 노동시장도 단기간 내에 급격한 변화를 맞게 되었다. 우선 <표 1>에 의하면 1963년에 비농업 산업분야의 취업인구가 전체 취업인구 중 약 1/3 정도에 지나지 않던 것이 채 10년도 못 되어 약 1/2에 달하고 있다. 1963~70년 사이에 전체 취업인구가 790만명에서 970만명으로 증가한 가운데 농업노동자는 500만명에서 490만명으로 절대숫자가 감소한 반면 비농업 산업노동자는 290만명에서 480만명으로 급증했다. 이러한 급격한 노동시장 구조 변화의 영향은 1960년대 말기에 여러 가지 징후를 초래하게 된다.

먼저 최장집의 연구에 의하면 1960년대 말에 이르자 산업화만큼이나 빠른 속도로 산업노동세력은 양적 규모와 의식 양면에서 성장하게 되어 자신들의 권리를 주장하게 되었다는 것이다.[18] 노동자들은 이제까지 장식에 지나지 않았던 노동법에 근거한 기본권과 노동조합 결성에 대한 요구를 내걸고 기업주와 대립하기 시작했고, 1960년대 말에 이르러서는 몇몇 사업장의 대규모 노동쟁의는 고용주들을 위협하는 수준에 이르렀다. 전례없는 노동쟁의에 직면한 고용주는 강경대책으로 문제를 해결하려 했다. 쟁의의 대규모화 내지는 장기화에 이르러서는 이는 국가권위에 대한 도전으로 인식되었고 이에 정부는 1969년 '외

---

18) 최장집, 앞의 책, p.96.

국인투자기업의 노동조합 및 노동쟁의조정에 관한 임시특례법'을 제정하여 노동운동을 적극적으로 제한하기 시작했다.

이 법의 대상은 당시 막 성장하기 시작한 수출산업에 투자를 한 외국인기업에 한정되어 적용되었지만, 1960년대 노동정책의 기조가 바뀌는 전환점이 되었다는 점에서 의미를 갖는다. 정부는 다른 분야에서 개입정책을 유지한 것과는 달리 1960년대 전반에 걸쳐 노동부문에 대해서는 적극적인 개입을 하지 않았다. 그러나 1969년의 특례법에 의하여 소극적인 노동정책을 노동조합에 대한 무제한적이고 전면적인 통제를 기조로 하는 극적인 전환을 하게 된다. 이러한 강압적 노동정책은 2년 후인 1971년 국가보위법의 공포로 노동법에 전면적인 수정을 가해 그 대상범위가 전 산업으로 확대되었다. 이제 노동문제에 관해서는 노동법 차원을 넘어 국가보위법의 적용을 받게 되었고, 노동정책은 법적 수단에 의존하기보다는 국가의 폭력적 경찰기구에 의해서 다루어지게 되었다.

그러나 이러한 노동정책 변화의 근본요인은 임금에서 찾을 수 있다. 1960년대 후반에 이르러 점진적으로 확산되고 있던 노동쟁의의 가장 중요한 이슈는 역시 임금문제였다. 많은 논자들이 1960년대 전·후반 시기에 따라 임금상승률의 급격한 격차가 있었음을 간과하고 있다.[19] <표 2>에 의하면 1960년대 전체로 비농업산업의 실질임금과 노동생산성의 평균상승률은 일치하고 있지만 제조업부문은 실질임금상승률이 노동생산성에 미치지 못하고 있다. 그러나 1960년대 임금상승률의 특징은 전 기간의 평균상승률보다 전·후반기에 나타나는 현격한 차이이다. 1963~68년 기간에 제조업을 포함한 전체 비농업산업에서 실질임금 증가는 노동생산성 상승에 미치고 못하고 있다. 더욱이 제조업

---

19) 1960년대 임금률 변화에 관한 연구는 다음을 참조하라. Jang, "Wages and Labour Market Development in Korea: A Three Sector Turning Point Analysis."

의 실질임금은 이 기간에 연평균 -1.2% 하락하여 지표로만 보아도 노동자들의 임금에 대한 요구의 정도를 가늠하게 해준다. 결국 1960년대 말에 표출되기 시작한 노동쟁의의 격화가 근본적으로 임금에 원인이 있음을 짐작할 수 있다.

〈표 2〉 임금 및 노동생산성 상승률 (단위: %)

		1963~1971		
			1963~1968	1968~1971
(비농업) 산업	실질임금	6.0	2.2	12.6
	노동생산성	6.0	3.6	10.1
	명목임금	21.5	17.6	28.3
	소비자물가	14.6	15.1	13.9
제조업	실질임금	5.2	- 1.2	16.9
	노동생산성	8.5	4.1	16.1
	명목임금	20.6	13.7	33.2

출처: Jang, 앞의 글, Ch.6.

이러한 요인을 감안할 때 1969년대 말부터 강압적 기조로 변화한 노동정책의 한계를 어렵지 않게 가늠할 수 있다. 비록 1960년대 말에 실질임금이 급격하게 상승하기는 했지만 노동생산성과 비교될 수준으로 회복된 정도였고, 이와 더불어 노동력수급 조건에서 오는 압력은 여전히 해결해야 할 당면문제로 남아 있는 상태였다. 1960년대 말에 실시된 이중곡가제 등 각종 농업지원정책에 힘입어 농촌지역의 상대소득이 개선되었고, 이에 이농 속도가 현저히 떨어져 도시 노동시장에 상대적인 압박을 초래했다. 더욱이 수출의 급격한 증가로 제조업에 대한 대규모 투자가 진행되고 있던 상황에서 잉여노동력의 상대적 부족

현상은 강력한 임금상승요인으로 작용하고 있었다.[20] 물론 아직 광범위하게 존재하고 있던 잉여노동력의 상대적 부족이 임금상승에 곧바로 전가된다고 보기는 어렵지만, 투자 상승에 의한 노동수요의 지속적인 상승, 고인플레의 지속, 노동자세력의 조직화 등 다양한 요인의 복합적인 상승효과에 의해서 임금에 압박을 가하고 있었다. 이러한 이유로 1960년대 초기에 가장 순탄한 분야였던 노동정책은 산업화가 진행되면 될수록 더욱 폭력적인 강압수단에 의존하게 되고 노동문제가 산업화에서 가장 어려운 난제로 등장하게 되었다.

4) 수출지향적 개발전략의 형성

(1) 1960년대 초의 정책방향

한국의 산업화과정에 대한 분석에서 가장 주목을 받는 주제는 1960년대 초에 수입대체산업화전략으로부터 수출지향산업화전략으로의 극적인 전환이 있었다는 점이다. 이러한 주장은 1960년대 이후 고도성장의 원인을 수출로 설명하고 산업화체제를 수출지향적 또는 대외지향적 체제로 부각시킨다는 점에서 극적인 효과를 연출할 수 있겠지만, 몇 가지 논리적 비약 내지는 결함을 내포하고 있다. 수입대체 또는 수

---

[20] 1960년대 말 한국에서 임금률의 급격한 상승에 대한 최초의 분석은 Fei와 Ranis에 의해서 제시되었다. 이들은 1960년대 말의 임금상승 현상을 관찰하면서 한국이 이즈음에 무제한적 잉여노동력 공급이 종결되는 시기로 파악하여 이 시기를 한국 노동시장의 전환점이라고 주장했다. Fei, J. and Ranis, G., "A Model of Growth and Employment in the Open Dualistic Economy: The Case of Korea and Taiwan," *Journal of Development Studies*(1975), pp.32-63.

출지향전략은 단순한 경제이론에 근거한 정책적 선택의 문제라기보다는 한 국민경제가 처한 조건과 산업화과정에서 노정된 한계 내지는 잠재력의 확인에 근거한 선택의 문제이다. 특히 제3세계의 경우 정치체제의 성격이 산업화전략의 선택에 영향을 미치는 것이 일반적이다.

교과서적 설명에 의하면 수입대체의 경우 부존자원의 존재 여부 및 국내시장의 규모나 정치체제의 자원동원력 및 시장통제력 확보 여부가 산업화전략의 선택에 관건이 되며, 대외지향 및 시장개방과 동일시되는 수출지향전략의 경우 국제비교우위의 존재 및 국내산업의 경쟁력 여부가 관건이 된다. 1960년대 초를 기준으로 한국의 산업화과정이나 전략을 수입대체 또는 수출지향이라고 구분하는 것은 이러한 교과서적 정의에도 부합되지 않을 뿐만 아니라, 그러한 이론적 배경이 되는 남미나 인도와 같은 다른 개발도상국의 경험과도 상당한 유형적 차이를 보이고 있다. 기존 이론들이 1960년대에 산업화전략의 극적인 전환이 있었다는 '추측'은 1950년대와 1960년대 이후를 비교하여 생산체제 및 경제성장률과 수출성장률의 차이에 근거한 연역적 추론의 성격이 짙다.

첫째, 1950년대에 원조물자의 가공생산에 의존한 경제를 수입대체 산업체제라 규정하는 것은, 1960년대 이후의 수출산업을 중심으로 구축된 생산체제와 대비한다는 점에서 설명의 편의를 도모할 수 있을지는 모르나 1950년대 산업화의 성격을 확대 해석한 결과이다. 1950년대는 전후복구에 가장 유용한 자원인 외국원조를 최대한 활용하고자 하는 정책의 결과로 가공산업이 발달한 것이지, 다른 나라의 경우처럼 인위적인 가격왜곡에도 불구하고 수입을 대체하기 위한 국내유치산업의 보호나 유기적 연관관계를 구축하기 위한 선택의 결과가 아니었다. 또한 1950년대의 산업화가 한계에 부딪친 것은 다른 나라의 경우처럼 수입대체산업의 경쟁력이 한계를 노출하면서 나타난 것이 아니라, 단순히 원조가 급감하면서 원조가공산업이 퇴조한 것이 원인이었다는 점이 이를 말해 준다.

한편 1950년대에 비농업 산업부문의 평균경제성장률은 8.9%로 비록 1960년대의 12.7%보다는 낮지만 어느 기준으로 보아도 높은 성장률임에 틀림없으며, 이는 만약 수입대체산업화가 추진되었다면 상당한 성공으로 평가될 만한 기록이다. 하지만 이러한 높은 성장률에도 불구하고 국내 총수요에서 수입이 차지하는 비율은 거의 변화가 없다는 사실이나 수입과 수출의 성장기여도가 대체로 비슷했다는 점은 1950년대의 특징을 수입대체산업화라고 규정하는 근거를 희박하게 만들고 있다.[21]

둘째, 1960년대 초에 대외지향을 기조로 하는 수출지향적 전략을 선택했다는 것은 당시 정권의 성격에 비추어 볼 때 오히려 의외일 것이며, 과연 정부가 그러한 정책적 선택을 했는가에 대한 사실 확인이 필요할 것이다. 일반적으로 후발 산업화경제에서 나타나는 특징은 정치가 산업화를 주도한다는 것이며, 특히 권위주의체제가 지배하는 국가는 자원동원을 효율적으로 도모할 수 있고 이익집단의 요구를 억제할 수 있다는 점에서 국가의 시장에 대한 개입이 광범위하게 나타난다.[22] 또한 국가의 개입은 수입대체산업화에 필수적인 조건이며, 권위주의 정치체제를 가지고 있는 나라의 대부분은 수입대체산업화를 추구했다. 2차대전 후 1950년대와 1960년대에 남미 대부분의 국가들은 권위주의 지배체제하에 있었으며 이들 국가들은 수입대체전략을 추구했다는 역사적 경험이 이를 말해 주고 있다.

---

21) Frank, et. al., 앞의 책, p.92.

22) Gerschenkron은 후발산업국가는 필연적으로 국가의 역할이 최대한 증폭된다고 했다. Gerschenkron, A., *Economic Backwardness in Historical Perspective* (Cambridge, Massachussets, Harvard University Press, 1962).

이러한 관점에서 볼 때 1960년대 초 강력한 군사정권의 지배에 놓여 있던 한국의 경우 수출지향전략보다는 수입대체전략을 선택하는 것이 오히려 자연스러운 귀결일 것이다. 1961년 군사혁명으로 집권한 신정부는 '조국근대화'를 혁명의 기치로 내세웠으며, 더 이상 외국의 원조에 의존하지 않고도 생존할 수 있는 '자립경제'를 경제목표로 설정했다.23) 이는 소위 남미의 구조주의자들이라 불리는 ECLA(the Economic Commission for Latin America)그룹 국가들이 전후 수입대체산업화를 추진하면서 남미 저개발의 원인을 외부요인에서 찾는 것과 매우 흡사하다.24) 또한 당시『경제백서』에 의하면 "제1차 경제개발5개년계획의 기본목표는 경제의 자립화와 공업화를 위한 기반조성에 있다고 요약된다. 다시 말하면 강력한 계획성이 가미된 자유경제원칙의 테두리 안에서 경제성장을 극대화하여 자립경제를 이룩하는 한편, 공업화를 촉진하여 산업구조를 개선하는 데 그 목표가 있는 것이다."25) 이러한 언급은 수출지향적이라기보다는 오히려 전형적인 수입대체의 성격을 대변하고 있다. 실지로 정부는 1960년대 초부터 비록 명확한 단어 기술은 하지 않았을지라도 수입대체산업화를 추진해 왔던 것이다.

---

23) 경제기획원,『경제백서 1962』, "5월혁명의 경제적 의의," pp.1-6.
24) 한국의 경우 저개발의 원인을 원조의존적인 경제구조에서 찾고 있으며, 남미의 경우 전전의 1차산업을 중심으로 한 수출지향적 산업화에서 찾고 있는 점에서 차이가 나지만, 양자가 모두 내부의 유기적 산업구조의 결여에서 저개발을 설명한다는 점이나 자립적 경제구조를 강조한다는 점에서 본질적으로 동일하다고 할 수 있다. 남미 구조주의자들의 관점을 정리한 Prebisch의 문건과 5·16 초기의 경제문건들을 비교하면 상당한 유사점을 발견할 수 있다. Prebisch, R., *The Economic Development of Latin America and Its Principal Problems*, United Nations, 1950.
25)『경제백서, 1962』, p.21-22.

(2) 수입대체와 수출지향산업화의 병행

1960년대에 정부가 산업화를 추진함에 있어서 주로 활용했던 수단은 시장에서 사기업을 육성하기보다는 기존의 공기업을 확장하거나 새로운 공기업을 설립하는 것이었다. 제1, 2차 5개년계획 기간에 정부는 주요 투자가로서의 역할을 수행했으며, 소위 기간사업이라 규정된 전기, 철도, 통신, 시멘트, 정유, 비료화학산업을 집중 육성했다. <표 3>에서 보이는 것과 같이 공기업이 총투자에서 차지하는 비율은 1/3을 넘고 있는 반면에 GDP에서 차지하는 비율은 놀랍게도 적다.

〈표 3〉 공기업의 투자 및 생산 (단위: %)

	공기업투자/총투자	공기업생산/GDP	
		총GDP 대비	비농림 GDP 대비
1963	40.9	6.3	11.1
1970	34.2	8.0	10.9
1975	42.2	7.2	9.5
1980	35.2	9.1	10.7

출처: Sakong, *Korea in the World Economy*, Institute for International Economics, 1993, Table 3-1, 3-4, pp.28, 31.

이에 대해 존스(L. Jones)는 한국의 공기업이 거의 대부분 수입대체산업, 특히 전방효과가 매우 높은 산업에 집중되어 있다고 지적했다.[26] 허쉬먼(A. Hirschman)의 정의에 따르면 이같이 전방효과가 높다는 것은 최종수요를 고려치 않고 오직 다른 생산자들의 생산을 유도

---

26) Jones, L., *Public Enterprise and Economic Development: The Korean Case*(Seoul, KDI, 1975), pp.98-105.

하기 위한 투입재만을 생산하기 위한 수입대체의 전형적인 형태라는 것이다.27) 이는 1960년대 이후 수출산업 기반의 산업화에 있어서 공기업 중심의 한 수입대체산업이 매우 중요한 역할을 했다는 증거이다.

〈표 4〉 수입계수 추세   (단위: %)

	1960	1966	1970	1975	1980	1985
농업	6.9	5.6	8.1	18.4	19.1	14.5
광업	0.9	2.6	44.5	76.5	84.5	83.2
제조업	23.9	23.7	19.7	19.6	16.5	15.9
경공업	15.0	9.0	9.2	7.9	7.2	7.0
중화학공업	42.6	44.5	36.9	29.5	23.7	21.6
서비스업	1.3	1.7	2.9	1.5	2.4	2.4
전 산업	10.4	11.1	11.2	15.8	14.8	13.2

출처: 한국은행, *Input-Output Tables*, 각년도.
참고: 수입계수=수입/총공급(=총수요)

수입대체산업화가 수출산업의 신장과 동시에 진행되었다는 증거는 <표 4>의 수입계수의 추세에서도 나타난다. 경제 전체적으로 볼 때 수입계수는 비교적 안정적인 추세를 보이고 있는 반면 각 산업별로는 현격한 차이를 보이고 있다. 대부분의 산업의 경우 총공급(=총수요)에서 수입이 차지하는 비율이 상승했으나 제조업의 경우에는 뚜렷한 하락세를 보이고 있으며, 특히 중화학공업의 경우 1960년과 비교하여 1985년에는 약 반 정도의 수준으로 감소했다. 더욱이 산업화 초기였던 1960년대에도 제조업의 수입계수가 하락했다는 사실은 산업화의 진행에 따라 국내생산능력이 배양된 이후에 수입대체산업이 성장한 것이

---

27) Hirschman, A., *The Strategy of Economic Development*(New Heavens: Yale University Press, 1958), p.100.

아니라는 점을 말해 준다.

　위의 분석을 종합해 볼 때 한국의 산업화는 다른 나라들의 경험과는 사뭇 다른 형태를 보여주고 있다. 남미국가들과 유사한 수입대체의 목표를 가지고 산업화를 시작했으나 수입대체와 수출지향의 성격이 동시에 나타나고 있고, 대외지향적 전략을 추구한 나라들과도 상이한 수입대체산업화가 현저하게 진행되었다. 돈부시(R. Dornbusch)와 박영철에 의하면 한국의 전략은 "국내유치산업 보호정책이 수출진흥정책과 동일하게 진행"되었으며, "일단 국내유치산업들이 정착되면 각종 보조금과 신용 및 환율정책의 지원에 의해 수출산업으로 전환"했다는 것이다.[28] 즉 한국은 수입대체와 수출지향을 병행해 진행시켰다는 것이다.

(3) 수출잠재력의 확인

　이같은 설명에도 불구하고 여전히 수출지향적 산업화에 대한 몇 가지 의문은 남는다. 첫째, 1960년대 초의 정책기조가 수입대체적 성격이 강한 산업화전략이었다면 수출지향적 전략은 어떻게 전개되었는가. 둘째, 기존의 이론 틀로는 설명되지 않는 수입대체와 수출지향의 병행적 산업화에서 수출의 의미는 무엇인가.

　앞서 논의한 대로 1960년대 초에 군사정권은 자립경제의 수립을 경제발전의 목적으로 규정했다. 자립경제라는 정의가 내포하듯 당시 시행되었던 많은 정책들은 국내산업을 육성·보호하는 성격이 강했고, 굳이 발전전략의 이분법에 의해서 구별하자면 수입대체적 지향성이 짙었다. 하지만 정권 초기에 일천한 경제정책 경험에 비추어 뚜렷한 발전전략에 근거하여 산업화를 추진했다고 보기는 어렵다. 많은 정책

---

28) Dornbusch, R. and Park, Y. C., "Korean Growth Policy," *Brookings Papers on Economic Activity*, No.2, pp.389-454.

이 시행착오 과정에서 구체화되었지만 한국의 전 산업화과정을 통틀어 산업정책이 진화적 과정에 의해 형성된 것의 가장 극적인 예가 수출주도전략일 것이다.

군사혁명 후 첫 경제백서인 1962년판을 보면 수출에 대한 언급은 단지 국제수지개선을 위한 수단으로만 간략히 언급되어 있을 뿐, 자유시장론자들이 주장하듯 산업화의 견인차 역할에 대한 인식은 전혀 없었다. 무역정책의 기조도 역시 국제수지적자를 교정하기 위한 '강력한' 수입규제가 주요 내용으로 다루어지고 있으며, 수출진흥정책에 해당하는 부분은 단지 수출장려보조금의 교부에 대한 언급만이 있을 뿐이다. 이러한 수출에 대한 미진한 인식은 제1차 경제개발5개년 계획서에서도 확인할 수 있다. 여기에서도 수출은 국제수지개선을 위한 수단으로 한정되고 5개년개발계획에서 중심적인 역할을 부여한다는 기술은 전혀 없다.

〈표 5〉 제1차 경제개발5개년계획의 목표 및 실적(1962~1966)   (단위: %)

	목표치	실적치
성장률	7.1	7.8
GNP 대비 투자율	22.6	17.0
GNP 대비 국내 저축률	9.2	8.8
GNP 대비 해외 저축률	13.4	8.2
국제수지 (1966)	- 246.6	- 103.4
수출 (1966)	137.5	250.4
수입 (1966)	492.3	679.9

출처: Cho. S., *The Dynamics of Korean Economic Development*, Institute for International Economics, 1994, p.29, Table 3-1.

수출에 대한 이러한 소극적인 역할부여는 얼마간 지속되었으며, 수출의 잠재력을 확인하는 데는 상당한 기간이 소요되었다. <표 5>에는 제1차 5개년계획의 목표치와 실적치를 비교해 놓았다. 이에 의하면 제1차 5개년계획은 거의 모든 분야에서 목표치를 달성하는 데 실패한 반면 단지 수출만이 목표치보다 거의 2배 가까운 성과를 올렸다. 국제수지의 초과달성도 수출의 급성장 때문이며 성장률의 초과도 수출에 힘입은 바 크다. 실지로 수출은 1961년에 24.7%, 1962년에 34.0%, 1963년에는 58.4%의 성장률을 보여 거의 폭발적인 증가추세를 보여주었다.

〈표 6〉 제1차5개년계획 수출의 목표, 실적 및 구성   (단위: %, 백만불)

상품 분류	수출목표				수출실적	
	기준년도	구성	목표년도	구성	실적년도	구성
	1960		1966		1966	
총수출	32.9	100.0%	137.5	100.0%	250.3	100.0%
식료품 및 동물	10.3	31.1%	35.8	26.0%	47.4	18.9%
비식용 원재료	17.8	54.1%	56.1	40.8%	48.3	19.3%
공산품	4.9	14.8%	45.7	33.2%	154.6	61.8%

출처: Hong, *Trade, Distortions and Employment Growth in Korea*, KDI, 1979, p.62, Table 3-4.

전체 수출규모의 급성장뿐만 아니라 수출구조에서도 놀라운 결과를 보여주었다. <표 6>에서 보여주듯이 제1차 5개년계획이 종료되는 1966년에 수출의 구성은 제조업공산품이 약 1/3을 차지하고, 나머지 2/3의 수출은 1차산품으로 구성될 것으로 목표를 설정했다. 그러나 결과는 판이하게 역으로 나타나 제조업공산품이 약 2/3를 차지하고 1차산품은 약 1/3에 지나지 않았다. 또한 1차산품의 실적치가 목표치와 대체로 비슷하지만 공산품은 목표치를 훨씬 넘어 약 3.5배에 가까운 수출실적을 올렸다. 이러한 사실은 계획수립시에 제조업공산품의 수출잠재력을 전혀 예상하지 못하고 있었다는 것을 말해 준다.

제1차계획의 완료결과 수출의 잠재력, 특히 제조업공산품의 거의 폭발적인 증가를 목격했음에도 불구하고 아직 수출의 성장잠재력을 충분히 인식하지 못하고 있었음이 분명하다. <표 7>에서 보여준 바와 같이 제2차계획 수립 당시 목표했던 전체 수출이나 제조업공산품의 수출규모는 여전히 실적치에 훨씬 못 미치는 수준으로 예상하고 있었다. 주로 제조업공산품의 폭발적인 증가로 수출실적은 목표를 훨씬 상회하고 있다. 제2차 경제개발5개년 계획서를 보아도 수출의 역할은 여전히 주로 국제수지개선을 위한 수단으로 이해되고 있다. 제1차계획의 결과 수출의 폭발적인 증가를 목격한 제2차계획이 수립된 1966년에도 산업화에 있어서 수출의 비중을 과소평가하고 있었던 것이다.

〈표 7〉 제2차5개년계획 수출의 목표, 실적 및 구성 (단위: %, 백만불)

상품 분류	수출목표				수출실적	
	기준년도	구성	목표년도	구성	실적년도	구성
	1965		1971		1971	
총수출	175.1	100.0%	550.0	100.0%	1067.6	100.0%
식료품 및 동물	29.1	16.6%	121.4	22.1%	84.9	8.0%
비식용 원재료	39.0	22.3%	86.9	15.8%	106.2	10.0%
공산품	107.0	61.1%	341.7	62.1%	876.5	82.1%

출처: Hong, 앞의 책, p.64, Table 3-5.

크루거(A. Krueger) 등을 포함한 많은 논자들이 1960년대 전반기에 일어났던 한국의 산업정책 변화가 "수입대체산업화로부터 수출지향산업화로의 전환은 아마도 2차대전 후 어떠한 개발국가보다도 가장 극적인 전환을 보여준 예"라고 평가하고 있다.29) 그러나 위의 분석을 고려하면 1960년대 전반기에는 산업화과정에서 수출의 역할은커녕 비중조차 인식하지 못하고 있었기 때문에 수출지향적 발전전략으로의 가장 극적인 전환이라 평가한 것은 근거가 없어진다. 실지로 수출에 대한 지원정책은 1950년대부터 존속되어 온 것들이 상당히 있었다.30) 이것들은 시간이 경과함에 따라 내용과 운영체계에 변화가 있었지만 1960년대에 와서야 지원정책이 새롭게 등장한 것은 아니다. 또한 크루거가 정리한 수출지원정책의 종류와 시기를 보면 1950년대부터 존속해 왔던 지원정책을 제외하면 대부분의 것들이 1964년 내지는 1965년에 추가되었음을 알 수 있다.31) 이러한 사실들을 미루어 보면 수출에 대한 지원은 1960년대의 새로운 정책이 아니며, 수출이 증가하기 시작하면서 그러한 정책이 실질적인 역할을 하기 시작했다고 보아야 한다.

  이를 간접적으로 시사해 주는 대표적인 예가 수출지원금융이다. 전 산업화기간을 통하여 신용배분이 수출지원의 가장 효과적인 제도였다는 사실은 잘 알려진 바이다. 그러나 수출에 대한 대출지원은 이미 1950년부터 존재해 왔으며,32) 다만 그 역할이 커진 것은 1960년대 후반에 이르러서였다. <표 8>에서 보는 것과 같이 수출지원금융이 전체 민간부문에 대한 국내여신에서 차지하는 비율이 1960년대 초반에는 10% 미만의 수준에 머물고 있었다. 그러던 것이 1970년대에 들어서서는 급격하게 증가했고 1970년대 중반에 이르러서는 약 20%를 상회하

---

29) Krueger, 앞의 책, p.82.
30) 이에 대한 자세한 분석은 김광석·Westphal, 앞의 책, 제1부; Krueger, 앞의 책, 제2, 3, 4장을 참조하라.
31) Krueger, 앞의 책, p.110, <표 3-3>.
32) 무역신용제도는 1948년 1월에 제정되고 1950년에 수정되어, 수출업자에게 대출·배정에 있어 우선권을 주도록 했다. 김광석·Westphal, 앞의 책, p.43.

는 수준에 이르게 되었다. 그것은 1960년대 후반부터 수출이 급격하게 증가하자 정부는 소위 수출에 대한 정책금융의 비율을 재량적으로 확대하면서 증가했고, 1960년대에 꾸준하게 성장한 수입대채적 내수산업이 수출산업과 연관효과를 갖게 되면서 나타난 결과였다. 이처럼 수출금융에 대한 수요가 급증하게 되자 정부는 1972년 다양한 명목으로 존재하던 수출지원금융제도를 '수출금융'이라는 명목으로 통합하면서 체계적인 수출지원금융제도를 정착시키게 되었다.[33]

〈표 8〉 수출지원금융의 민간부문 국내여신 비율 (단위: 10억원)

	(A)수출지원금융	(B)민간국내여신	(A)/(B) (%)
1964	5.9	84.7	7.0
1965	8.1	108.9	7.4
1966	11.1	149.3	7.4
1967	20.4	221.0	9.3
1968	34.0	431.7	7.9
1969	52.0	706.3	7.4
1970	83.0	919.4	9.0
1971	137.2	1201.2	11.4
1972	179.1	1463.0	12.2
1973	377.3	1899.8	19.9
1974	606.5	2862.5	21.2
1975	753.0	3520.9	21.4

출처: 김광석·Westphal, 앞의 책, p.84, <표 4-1>, p.107, <표 5-6>.

(4) 수출의 기능

교과서적 신고전파의 설명에 의하면 수출지향적 산업화가 수입대체적 산업화보다 우수한 이유는 다음과 같다. 수출지향적 전략은 필연적

---

33) 김광석·Westphal, 앞의 책, p.107.

으로 경제의 개방화와 시장의 자율성 보장을 수반하게 된다. 이는 국제비교우위에 따라 산업구조를 형성시키고, 자율적 시장은 주어진 자원을 균형가격에 따라 효율적으로 배분하게 됨에 따라 결국은 성장률을 제고시킨다. 따라서 이 이론에 의하면 수출지향적 산업화에 의한 성장의 관건은 단순히 수출의 증가가 아니라 자유시장의 존재 여부이다. 역으로 수입대체산업화의 문제는 국내산업을 보호하기 위한 가격의 왜곡이며 자유시장 기제의 부재인 것이다.

이러한 관점에서 볼 때 한국의 고도성장이나 수출의 역할은 설명될 수 없다. 우선 산업화 초기단계에서 자유시장의 기능은커녕 작동을 할 시장의 규모도 극히 작았다. 더욱이 정부는 거시적 투자에서부터 미시적 가격결정에까지 개입을 했으며 정부의 재량권은 거의 무제한적이었다. 결국 한국경제성장의 원인은 신고전파적인 시장기능에서 찾기보다는 고전파적 자본축적(또는 투자)에서 찾아야 할 것이다.

정부의 광범위한 시장개입은 투자에 적합한 환경을 조성하는 간접적 역할에서부터 투자의 수익을 보장하거나 투자재원을 보조 또는 대여해 주는 직접적인 역할에까지 미치고 있었다. 정부의 보호 아래 경쟁의 압력에서 벗어날 수 있었던 기업들은 안정적인 기업활동과 수익률을 보장받고 있었던 것이다. 이는 자원배분의 효율성과는 상관없이 놀랄 만한 속도로 자본축적을 진행시켰으며, 축적과정이 교란되는 경우에는 투자를 강요하거나 정부가 직접 투자자로 나서는 경우까지 미치고 있었다. 이 가운데 수출의 역할은 협소한 국내시장의 규모로는 불가능했던 이윤실현(profit realisation)의 출구였던 것이다. 이 점에 크루거는 신고전파 분석의 대표자 격임에도 불구하고 중요한 언급을 하고 있다. 즉 "한국에서 보인 정책의 차별적 적용의 가장 중요한 기준은 해당산업이 수입대체적이냐 아니면 수출지향적이냐보다는 그것이 국내시장 판매용이냐 해외시장 판매용이냐는 것이었다."[34]

3. 1960년대 이후 정책의 특징

1) 국가론에 대한 몇 가지 의문점

한국의 산업화에 대한 신고전파의 자유시장론이 설명의 근거를 잃는다면 상대적으로 국가론이 근거한 제도적 접근이 반사적 설득력을 갖는 것으로 보인다. 즉 교과서적인 설명방식으로 시장이 작동하지 않았다면 그 차이는 한국사회나 제도의 이질성으로 설명될 수도 있을 것이다. 여기에서 제도란 정치체제, 정부형태, 관료나 기업의 조직적 특성, 법체제, 노동과정 등의 요소에서부터 이데올로기, 관습 및 전통, 윤리관, 때로는 인종적 특성까지를 포함한 광범위한 의미로 사용되고 있다. 이같은 요소들을 포함하는 국가론은 분석의 내용을 풍부하게 하며 다양한 요소들을 일관된 논리로 꿰뚫는 치밀한 구조를 갖추고 있다. 그러나 서두에서 국가론은 정태적이고 비역사적(ahistorical)인 방법에 의존한 결정적인 취약점을 내포하고 있다는 점을 지적했고, 따라서 본 연구는 한국의 산업화과정이 진화적 발전에 의해 진행되었다는 점을 보여주고자 했다. 그럼에도 불구하고 국가론을 지탱하고 있는 몇 가지 점에 관해서는 여전히 설명이 필요하다.

국가론이 한국의 산업화를 설명함에 있어 가장 중요한 요소로 지적하는 것은 바로 한국국가 자체이다. 즉 산업화 성공의 이유는 국가(관료조직을 포함한)의 '능력' 때문이라는 것이다. 어느 나라보다도 강력한

---
34) Krueger, 앞의 책, p.188.

한국의 국가권력은 사회의 어떠한 이익집단이나 분파의 요구로부터도 자유를 향유케 했으며, 이는 효과적인 정책수행을 가능하게 했을 뿐만 아니라 역설적으로 부패의 여지를 최소화했다는 것이다. 이 점에서 논자에 따라 차이는 있으나 설명의 기본적인 틀은 유사하다.

(1) 국가기구의 효율성(?)

첫째, 사공일과 존스(L. Jones)에 의하면 정부개입이 효율성과 연계되었던 이유는 강력한 국가가 정부정책에 대한 시장의 순응기제(compliance mechanism)를 정착시킨 데 있으며, 정부는 정책결정이나 집행에 있어서는 속도, 유연성, 실용성, 개별성, 집중도, 정보공개 또는 공유 등의 관료주의 일반이 안고 있는 문제를 최소화했다는 것이다.[35] 이러한 설명이 매우 자의적이라는 문제 외에도 이에 대한 의문은 다른 분야를 순응시키는 국가를 누가 절제시키는가(discipline) 하는 점이다. 이에 대한 답은 지도자의 자질에서 찾고 있다.[36] 그러나 권위주의체제하에서 부정부패란 본질적으로 드러나기가 쉽지 않다. 박정권하에서 자행되었던 알려지지 않은 부패와 비리는 접어두고라도 이제까지 공개된 사실만으로도 이같은 설명이 설득력이 없다는 점은 자명하다.

두번째로 정부의 정책이 순응기제를 통하여 효율적으로 집행될 수 있다는 점은 정책 자체의 정합성과는 전혀 다른 문제이다. 다시 말하면 근본적으로 오류를 포함한 정책을 집행한다면 집행의 효율성과는 무관하게 또는 오히려 집행이 효율적으로 수행됨으로써 문제를 확대시킬 수 있는 것이다. 이러한 예는 산업화과정에 무수히 많이 있다. 국가론의 결정적인 약점 중의 하나는 국가개입의 성공사례만을 부각

---

35) 사공일·Jones, 앞의 책, 제4장을 참조하라.
36) 이 점에서 Amsden이나 Wade도 유사한 설명을 하고 있다.

시켰다는 점이다. 다른 예는 접어두고라도 앞서 논의한 1960년대의 금융정책이나 외환정책 등은 산업화가 진행됨에 따라 수출촉진의 효과보다는 시장왜곡의 역효과가 증대된 사례라고 할 수 있다.

(2) 지대추구의 배타성과 이행성(?)

비교적 깨끗한 관료조직이 운영되었다 하더라도 국가개입은 필연적으로 지대추구적 기업행위를 유발하게 된다. 국가개입의 비효율성에 대하여 대표적으로 지적되는 점은 기업가들이 생산적인 활동보다는 로비나 연고 찾기, 정보수집, 영향력 행사 등의 비생산적인 활동에 집중하게 되어 사회적 낭비를 초래한다는 것이다. 이에 대하여 장(H. J. Chang)은 한국에서 지대추구행위가 성장을 저해하지 않은 이유를 '배타적 지대추구론'에 의하여 다음과 같이 설명하고 있다. 첫째, 지대추구의 기회가 존재한다는 것이 반드시 자원이 지대추구에 투입된다는 것을 의미하지는 않는다는 것이다. 그 이유는 애초부터 지대추구의 기회가 정권에 접근 가능한 소수의 기업가에게만 제한되어 있었기 때문에 사실상 지대획득을 위한 경쟁은 최소한으로 이루어졌다는 것이며, 재벌 이외의 기업가들은 아예 지대를 획득하려는 시도조차 하지 않았기 때문에 사회적 자원낭비도 최소화되었다는 것이다. 한편 일단 지대를 획득한 기업들도 지대가 일회성에 그치는 것이 아니라 성과에 따라 더 큰 지대가 주어진다는 '이행성' 때문에 스스로 효율성을 제고하기 위한 노력을 경주할 수밖에 없다는 것이다.

우선 이러한 설명의 오류는 지대에 대한 경쟁이 배타적이거나 지대가 이행적이라는 점이 지대의 규모를 축소시키지 않는다는 점이다. 배타적 지대경쟁은 일순간의 베팅(betting)이 기업의 생사를 결정하기 때문에 오히려 지대추구에 대한 투자규모를 확대시킬 것이며, 지대의 규모확대나 이행성은 더 큰 낭비를 초래하게 된다. 가장 직접적인 예는 1950년대에 원조를 둘러싼 지대경쟁 역시 배타적이고 지대의 발생 역시 확대·이행적이었으나, 부정부패가 줄어들기는커녕 확대되었다는 점이다. 더욱이 지대의 이행성은 또 다른 문제를 수반한다. 기업가의 입장에서는 다음 기회의 지대경쟁에서 탈락될 경우에 대비한 행동을 하게 된다. 즉 자신의 미래를 보장하기 위하여 투자재원을 기업 외부로 이전한다든지, 일단 정부의 지원을 받게 되면 가능한 한 보조금을 최대화하기 위하여 모든 수단을 동원할 것이다. 앞서 논의한 8·3조치의 예에서도 나타났듯이 많은 기업 소유주들은 자신의 회사자금을 사채시장으로 전용했으며, 이들 대부분은 수출업자였다는 사실이 이를 말해 주고 있다.

(3) 문화적 요인(?)

마지막으로 역사적 배경, 문화, 전통 및 관습, 이데올로기 등의 비경제적 요인에 대한 설명이다. 이에 대한 압축은 흔히 유교전통의 영향으로 설명되는 특수주의이다. 유교전통은 개인주의적 가치보다 공동체적인 가치를 상위에 두며 안정적 위계질서를 형성하기 때문에 관료조직에 대한 정당성이나 기업조직의 종적 관계를 떠받치는 역할을 한다는 것이다. 이러한 문화적 작용이 산업화에 미치는 영향을 결코 과소평가할 수는 없지만, 반면에 이러한 설명은 문화조차 산업화의 영향으로 변화한다는 점을 간과하고 있다.

1960년대 이후 산업화에 따른 근대화과정에서 흔히 문화적 유산이라 일컬어지는 몇몇 전통은 정치적·경제적 또는 사회적 안정의 필요성 때문에 재발굴 또는 강화된 반면, 몇 가지의 예는 급속한 근대화과정에서 사회적 긴장을 유발하기도 했다. 가장 대표적인 예로 충효사상에 대한 강조와 화랑정신의 발굴 등은 지배논리의 관철을 목적으로 적극 추진된 반면, 인권이나 국민주권의 내용을 포함하고 있는 동학의 인내천(人乃天)과 같은 사상들은 적어도 국가의 입장에서 적극 권유·장려되는 경우는 없었다.37) 때문에 문화적 요인에 의한 설명도 복합적인 인과관계를 단순화한 인상이 짙다.

2) 정합적 기업활동의 지배와 위험과 비용의 사회화

(1) 영합적 기업활동으로부터 정합적 기업활동으로

그러나 국가론이 근거하고 있는 특수주의가 설득력이 약하다는 점이 반드시 1960년대 이후의 특성을 부정하는 것은 아니다. 다만 국가론이 미시적 특수성을 확대 해석하여 보편화시키는 오류를 범하고 있다는 것이다. 여기에서 우리는 투자를 중심으로 한 몇 가지 특성을 살펴보고자 한다.

1950년대와 1960년대의 투자행태를 비교하여 가장 특징적인 차이점은 투자분야가 바뀌었다는 점이다. 즉 양 시대의 차이점은 지대의 규모나 존재 여부 또는 부정부패의 범위가 아니라, 그러한 퇴행적 조건

---

37) 이러한 문화적 전통의 재발견 또는 창안은 비단 한국의 경우에만 적용되는 것은 아니다. 서양에서 이같은 invention of tradition의 대표적인 경우가 자본주의와 프로테스탄티즘의 관계에 대한 논쟁이다. Weber가 protestantism에 내재된 금욕주의(inner-worldly asceticism)가 자본주의를 촉진시켰다고 주장한 이래로 protestantism이 자본주의에 적합한 가치체계를 내포하고 있기 때문에 자본주의의 발전과 함께 성장했다는 주장이 끊임없이 제기되어 왔다. 이에 관한 설명은 Rosenberg, N., *Inside the Black Box: Technology and Economy* (Cambridge, Cambridge University Press, 1982), Ch.1을 보라.

이 어떠한 투자로 연결되었느냐는 점이다. 1950년대에 지대와 부패의 근원은 외원과 외환이었으며, 그러한 자원에 접근이 허용되는 것만으로 쉽게 경제적 잉여를 전유할 수 있었다. 원조물자와 외환의 공급가격이 시장가격과 큰 괴리가 있었기 때문에 그러한 자원의 획득 자체만으로 막대한 이윤을 독점할 수 있었다. 이같이 지대나 초과이윤 획득이 생산에 의해 발생한 것이 아니라 교환에 의한 것이었기 때문에 기업가로서는 생산적 활동에 자원을 투여할 유인보다는 투기적이거나 매매·교환활동에 전념할 유인이 훨씬 컸던 것이다. 이러한 1950년대를 사공일과 존스(Jones)는 '영합적 기업활동'(zero-sum entrepreneurship)이 지배하는 시대였다고 평했다.

　1960년대에도 국가의 통제나 시장개입 때문에 발생하는 지대가 사라지지 않았고 오히려 규모나 횟수에서 증가했다. 그러나 다만 그러한 지대가 발생하는 시장 자체가 바뀌었다. 1950년대 말부터 원조는 급격히 감소했고 1960년대 말에는 거의 중단되고 말았다. 때문에 지대의 가장 큰 자원이었던 원조 자체가 사라짐에 따라 원조를 둘러싼 영합적 기업활동 자체가 급격히 축소된 것이다. 외환을 둘러싼 지대경쟁은 여전히 존재했으나, 이 또한 제도적으로 국가에 환수되어 공적 채널을 통해서만 배분되었기 때문에 외환이 비교적 자유시장체제에서 교환되었던 1950년대에 비하여 투기현상이 현저히 줄어들었다. 무엇보다도 중요한 사실은 금융기관의 국유화에 의해서 새로운 지대자원으로 등장한 신용의 배분을 둘러싼 지대경쟁이 형성되었다는 점이다. 그러나 금융자원배분은 교환이나 접근 자체로만 초과이윤을 전유할 수 있는 성질이 아니었다. 금융자원을 배분받은 당사자는 최소한 어떠한 형태로라도 생산활동과 연계되어 있어야 했던 것이다. 이 점에 있어서는 외환배분도 동일한 적용을 받게 된 것이다. 이러한 지대시장의 이동은 기업가들의 활동 또한 영합적인 분야로부터 '정합적(正合的) 기업활동'

(positive-sum entrepreneurship)'으로 이동시킨 것이다. 다른 어떠한 미시적 또는 기술적 정책기제보다도 기업활동의 지배적 분야 자체가 생산적 정합분야로 이동한 것이 1960년대 이후의 고도의 축적을 설명할 수 있을 것이다.

(2) 위험과 비용의 사회화

1960년대의 또 하나의 특징으로 지적될 수 있는 점은 '위험과 비용의 사회화'(the socialization of risk and cost)이다. 우선 새로운 투자에 포함된 불확실성을 국가라는 기구를 통하여 경제 전체에 결부시킴으로써 투자를 촉진시켰다는 점이다. 이는 사업의 실패시에 그 비용을 사업자 개인에게 부담지우기보다는 사회 전체에 전가시키는 방법으로, 대표적인 예가 외채지급보증제도이다. 위험의 사회화가 소극적인 성격을 지닌 제도인 반면 비용의 사회화는 매우 적극적인 제도이다. 이는 투자활동에서 발생하는 비용을 외부화하는 반면 이윤은 내부화하는 방식으로, 직접적인 예로는 각종 보조금과 시장가격 이하로 배분되는 신용을 들 수 있다. 거시적으로는 부문별 자원배분의 불균형을 들 수 있는데, 예를 들어 농업분야에 대한 지속적인 저투자로 남는 잉여자원이 제조업 등에 투자되는 형태이다. 농산물 저가정책으로 인하여 저임금을 유지한다든지, 또는 소비절약운동으로 인한 소비수요 및 임금억제와 저축의 증가 등을 꼽을 수 있다. 위험과 비용의 사회화가 의미하는 바는 기회비용의 재조정(rearrangement)이라 할 수 있지만, 이는 단지 타인의 기회비용의 희생으로 자기의 이윤을 제고하는 잉여를 이전하는 데서 그치지 않는다. 이는 경제 전체적으로 보자면 투자를 제고시킴으로써 규모의 효과(scale effect)를 통하여 경제 전체의 복지수준을 향상시킬 수 있다는 것이다.[38] 예를 들어 제1차 오일쇼크 기간에 적극 추진되었던 일련의 소득정책(incomes policy)은 고인플레하에서도 투자를 진작시켰다. 즉 유가상승으로 인한 투입요소가격의 상승을 사회 전체에 전가함으로써 국제경쟁력을 유지할 수 있었으며, 그 결과 오일쇼크의 후유증을 최소화하고 고성장을 재개할 수 있었던 것이다. 그러나 비용의 사회화가 경제 전체의 복지를 증진시키는 가장 대표적인 예는 역시 수출일 것이다. 수출산업에 대한 각종 지원과 보조는 결국 잉여가 타 부문으로부터 이전된 것이고, 국제시장가격과 국내가격의 차이를 국내 소비자가 부담하는 형태이기는 했지만 결과적으로 수출은 경제 전체의 생산능력과 자본축적을 가속화시켰다. 수출이라는 생산과 이윤 실현의 출구가 없었다면, 제조업에 집중적인 투자가 이루어졌다 해도 '규모의 체감법칙'(diminishing scale of return)에 의하여 경제성장률은 머지않아 저하되었을 것이며, 국내시장이 이를 흡수할 수 있는 방법이란 오직 생산물가격의 급격한 하락밖에는 없었을 것이다.

4. 맺음말

1960년대에 본격적인 산업화를 시작하면서 한국의 경제정책은 급격한 전환을 맞이했지만, 기존의 논의들이 주장하듯이 특정 시기와 특정 정책에 의하여 극적인 전환을 한 것은 아니었다. 초기의 정책들은 정부의 경험부족과 경제운영의 미숙 때문에 성공한 경우보다 오히려 실패한 예가 많았다. 강력한 국가권력을 배경으로 주로 강제수단에 의존

---

38) 말할 필요도 없이 분배의 균형은 이와 별개의 문제이다.

한 정책들은 시장에서 예상치 못한 결과를 초래하기 일쑤였다. 또한 연속적인 정책들은 일관성을 결여했고 각 정책들이 조화를 이루기보다는 충돌을 야기한 경우도 많았다. 점차 정부는 경제정책이 단선적인 효과만을 가져오는 것이 아니라 복합적이고 중층적인 효과를 갖는다는 것을 이해했고, 이에 시행착오 과정을 거치면서 정책들이 수정되어 갔다. 그렇다고 해서 정책들이 자기완결 체계를 갖추어 갔다는 것은 아니다. 급속한 산업화에 비례하여 시장기능이나 구조도 복합적으로 발전했고, 이에 경제정책은 이를 봉합하기 위한 목적으로 수립된 경우가 대부분이었다.

그러나 산업화가 진행되면서 수립된 경제정책이 갖는 일반적 특징은 국가의 시장에 대한 개입이 점차로 확대되어 갔다는 것이다. 초기에는 직접적 강제수단에 의존하는 경우가 대부분이었으나 점차로 가격기능을 적극적으로 활용하는 방안이 확대되었으며, 제도적 개혁과 함께 재량적 수단도 확대되었다. 하지만 국가의 개입이 경제발전에 반드시 효과적이었다는 인과관계는 충분히 증명되지 않는다. 우선 국가가 가격체계에 대한 재량적 개입을 확대하는 과정에서 가격은 시장균형가격으로부터 왜곡되었고, 이것은 시장구조의 심각한 왜곡을 초래하여 그 정도는 측정하기는 어려우나 자원배분의 효율성에 부정적 영향을 끼쳤음을 부정하기는 어려울 것이다.[39] 더욱이 시장개입 및 규제에 수반되는 관료주의의 패해가 광범위하게 나타나 유인체계(incentive system)가 지대(rents)를 중심으로 형성되어 생산활동이 오히려 위축되는 결과를 초래했다.

국가개입의 점진적 확대가 이러한 부정적 영향을 갖는 반면 가장 긍정적인 효과는 바로 자원동원체제의 확립이었다. 자유시장론이나 국가론이 매우 상반된 이론구조를 가지고 있지만 한 가지 공통점은 '효

---

39) 가장 대표적인 경우가 정부의 신용배분이 사채시장을 존속 내지는 확대시킨 것이다.

율성'을 분석의 기준으로 하고 있다는 것이다. 두 이론은 경제발전의 원인을 효율성 제고에 초점을 맞추고 있다는 점에서 동일하며, 다만 효율성에 이르는 방법이 시장이냐 국가냐 하는 차이점이 있을 따름이다. 그러나 대부분의 개발도상국이 경제발전에서 직면하는 가장 어려운 장애요소는 자원동원(resource mobilisation)이다. 자원배분의 효율성이 저열한 수준에 머문다 하더라도 대규모의 조직적 자원동원이 가능하다면 투자를 지속적으로 유지할 수 있으며, 결과적으로 경제성장을 가속시킬 수 있는 것이다. 최근 논란이 되고 있는 크루그만(P. Krugman)의 '요소투입주도형 성장론'(input-driven growth theory)의 핵심 내용도 한국을 포함한 아시아국가들의 성장원인이 효율성이라기보다는 생산요소투입의 양적 확대에 있다는 주장이다.40) 바로 이러한 점에서 한국국가의 개입은 대규모의 자원동원을 가능케 했으며, 경제성장의 원인도 여기에서 찾아야 할 것이다.

본 연구에서 밝히고자 했던 주제는 정부의 산업정책에 의해서 이러한 자원동원체계가 점진적으로 확대·공고화되었으며, 산업정책의 형성은 시행착오적 학습과정에서 진화적으로 발전했다는 것이다. 힉스(Hicks)는 경제정책과 이론의 현실정합성에 대한 평가에서 "한 시점에서 옳은 이론이 다른 시점에서 틀릴 수도 있으며, 이는 이론의 오류 때문이 아니라 다른 시점에서 부적절하기 때문"이라고 말했다.41) 특히 특정한 산업정책을 다른 나라 다른 시점에서 적용하고자 할 때에는 그 정책이 적용되는 조건과 작동기제에 대한 정확한 이해 없이는 목적했던 효과보다는 부작용을 초래할 위험이 있다. 따라서 산업정책을

---

40) Krugman, P., "The Myth of Asia's Miracle," *Foreign Affairs*, Vol.73, No.6, 1994, pp.62-78.

41) Hicks, J., "'Revolution' in Economics," in Latis(ed.), *Method and Appraisal in Economics*(New York: Oxford University Press, 1976), p.208.

정확히 이해하기 위해서는 그 정책의 구조나 효과와 함께 정책형성의 배경과 변화과정에 대한 이해가 필수적으로 동반되어야 할 것이다.

참고문헌

사공일 · Jones, L. P.,『경제개발과 정부 및 기업가의 역할』, 서울: KDI, 1981.
Krueger, A.,『무역 · 외원과 경제발전』, 서울: KDI, 1980.
한국은행, *Input-Output Tables*, 각년도.
최장집,『한국의 노동운동과 국가』, 서울: 열음사, 1988.
경제기획원,『경제백서 1962』.
대한민국 정부,『제1차 경제개발5개년계획』.
재무부,『우리나라 금융제도 및 정책개관』, 1966.
Cole, D. C. · 박영철,『한국의 금융발전: 1945~80』, 서울: KDI, 1984.
김광석 · Westphal, L.,『한국의 외환 · 무역정책』, 서울: KDI, 1976.

Amsden, A., *Asia's Next Giant: South Korea and Late Industrialization*, Oxford: Oxford University Press, 1989.

Balassa, B. et. al., *Development Strategies in Semi-industrial Economies*, Baltimore: Johns Hopkins University Press, 1982.

Balassa, B., "Industrial Policies in Taiwan and Korea," *Weltwirtschaftliche Archive*, Vol.105, No.1, 1971, pp.55-77.

Chang, H. J., "The Political Economy of Industrial Policy in Korea," *Cambridge Journal of Economics*, Vol.17, No.2, 1992, pp.131-157.

Cho. S., *The Dynamics of Korean Economic Development*, Washington D.C.: Institute for International Economics, 1994.

Dornbusch, R. and Park, Y. C., "Korean Growth Policy," *Brookings Papers on Economic Activity*, No.2, 1987, pp.389-454.

Fei, J. and Ranis, G., "A Model of Growth and Employment in the Open Dualistic Economy: The Case of Korea and Taiwan," *Journal of Development Studies*, 1975, pp.32-63.

Frank, C., Kim, K. S. and Westphal, L., *Foreign Trade Regimes and Economic Development: South Korea*, New York: NBER, 1975.

Gerschenkron, A., *Economic Backwardness in Historical Perspective*, Cambridge, Massachusetts: Harvard University Press, 1962.

Hicks, J., "'Revolution' in Economics," in Latis(ed.), *Method and Appraisal in Economics*, New York: Oxford University Press, 1976.

Hirschman, A., *The Strategy of Economic Development*, New Heavens: Yale University Press, 1958.

Hong, W. T., *Trade, Distortions and Employment Growth in Korea*, Seoul: KDI, 1979.

Jang, H, W., *The Rate of Profit and the Evolution of State Industrial Policy in Korea, 1963~90*, New York: MacMillan Press, 1999 forthcoming.

Jang, H. W., "Wages and Labour Market Development in Korea: A Three Sector Turning Point Analysis," *EARC Research Paper 96.5*, Sheffield: Sheffield University Press, 1996.

Jones, L., *Public Enterprise and Economic Development: The Korean Case*, Seoul: KDI, 1975.

Krugman, P., "The Myth of Asia's Miracle," *Foreign Affairs*, Vol.73, No.6, 1994, pp. 62-78.

McKinnon, R., Money and Capital in Economic Development, Washington: Brookings Institution, 1973.

Prebisch, R., *The Economic Development of Latin America and Its Principal Problems*, United Nations, 1950.

Rosenberg, N., *Inside the Black Box: Technology and Economy*, Cambridge: Cambridge University Press, 1982.

Sakong, I., *Korea in the World Economy*, Washington D.C.: Institute for International

Economics, 1993.

Shaw, E., *Financial Deepening in Economic Development*, New York: Oxford University Press, 1973.

Wade, R., *Governing the Market: Economic Theory and the Role of Government in East Asian Industrialization*, New Jersey: Princeton University Press, 1990.

Westphal, L., Rhee, Y., Kim, K. and Amsden, A., "Republic of Korea," *World Development*, Vol.12, No.5-6, 1984, pp.505-533.

World Bank, *The East Asian Miracle: Economic Growth and Public Policy*, Oxford: Oxford University Press, 1984.

You, J. and Chang, H., "The Myth of Free Labour Market in Korea," *Contribution to Political Economy*, No.12, 1993, pp.29-46.

1960년대 기업집단의 형성과 구조
— 기업집단 형성 메커니즘의 구축을 중심으로 —

박 동 철

1. 머리말

이 글은 오늘날의 대규모기업집단(이하 재벌)[1]이 역사적으로 어떠한 메커니즘을 통해 형성·발전해 왔는가를 살펴보고자 하는 것이다.

---

1) 대규모기업집단이 기업의 규모를 중심으로 구분된 법제도적 개념 혹은 범주라고 한다면, '재벌'은 거대기업집단의 본질이나 속성 혹은 그 현상형태 등을 모두 아우르는 개념이다. 따라서 대규모기업집단과 재벌이 반드시 일치하는 것은 아니다. 하지만 여기에서는 거대 대규모기업집단을 '재벌'로 통칭하기로 한다. 그렇지만 '재벌'을 과학적으로 엄밀하게 규정된 개념이라고 하기는 어렵다는 한계가 있다.

주지하다시피 '재벌'에 대한 평가는 매우 다양하다. 특히 최근의 경제위기를 극복하기 위한 구조조정과정에서 재벌의 위상에 관한 논의는 크게 재벌해체론, 재벌개조론, 재벌옹호론 등 다양한 스펙트럼을 형성하고 있다. 그렇지만 그 평가가 어떠하든, 재벌은 지금까지 한국자본주의를 특징짓는 가장 중요한 요소 중 하나였다. 그런 점에서 재벌 내지 그 구조의 형성 및 발전과정에 관한 연구는 곧 한국자본주의의 역사와 발전구조를 밝히는 데 필수불가결한 것이라고 할 수 있다.

나아가 기존의 재벌구조가 무한경쟁시대에 더 이상 적합하지 않은 것이라면, 그것은 어떻게 변화되어야 하고 또 그러기 위해서는 어떤 제도와 정책이 필요한가 등이 모색되어야 한다. 그런 점에서 향후 한국경제의 발전모델을 정립하는 데 있어서도 재벌 내지 그 구조에 관한 분석은 거의 결정적인 지위를 차지한다. 그런데 재벌은 역사적으로 형성된 환경의 산물이다. 따라서 우리는 그 역사, 즉 재벌구조의 형성사를 고찰할 필요가 있는 것이다.

오늘날 재벌의 단초는 1950년대, 혹은 더 나아가면 식민지시대로 거슬러올라가 찾아질 수 있을지도 모른다. 그렇지만 그것은 말 그대로 단초 혹은 맹아에 불과하며, 실제로 오늘날 재벌의 모습과 속성을 갖추기 시작한 것은 1960년대, 아니면 최소한 그 중반 이후라고 생각된다.[2] 그런 점에서 재벌구조의 형성에 있어 1960년대가 차지하는 비중은 매우 크다고 할 수 있다.

그럼에도 불구하고 다른 시대에 비해 1960년대의 재벌 혹은 그 형

---

2) 한국자본주의의 발전과정을 돌이켜보면, 1960년대 중반은 여러 가지 점에서 특징적이다. 예를 들면 경제발전전략으로서 수출지향적 공업화가 확정되고 (준)개방체제로 이행했으며, 그에 따라 본격적인 고성장체제가 가동되기 시작했다는 점 등을 들 수 있다. 이러한 과정에서 재벌이 그 모습을 구축해 갔음은 말할 나위도 없다.

성 메커니즘을 분석한 연구는 상대적으로 별로 없거나, 아니면 기업(산업)사 수준에서 단편적으로만 있을 뿐이다. 그 이유는 우선 1950년대의 경우 자본주의발전의 초기조건의 형성과 함께 재벌의 특징을 갖는 대자본이 대거 등장했기 때문일 것이다. 더욱 중요한 것은 아마 재벌이 1970년대 중화학공업화 과정을 통해 확고하게 국민경제 내에 경제적 지배력을 획득하고, 또 오늘날과 같은 구조를 구축했기 때문일 것이다.

실제로 오늘날의 재벌의 모습이 확연히 구축되기 시작한 것은 1970년대 중화학공업화 과정을 통해서였다. 그렇지만 1960년대는 재벌이 형성될 수 있는 메커니즘이 구축되면서 동시에 그 와중에서 재벌의 구조가 형성되는 시기라는 점에서 독자적인 시대적 의미를 갖는다. 다시 말하면 1960년대는 오늘날 우리가 재벌의 특징이라고 간주하는 여러 모습들이 형성될 수 있는 제도적 혹은 환경적 요인들이 마련된 시기였으며, 1970년대는 이를 기반으로 재벌의 산업적 기반이 구축되는, 다시 말하면 그 경제적 지배력이 획득되는 시기였던 것이다.

그러한 점에서 이 글은 1960년대 재벌형성의 제도적 및 환경적 요인, 다시 말하면 재벌이 형성될 수 있었던 메커니즘이 어떻게 형성되었는가를 구명하는 데 초점을 둔다. 그 이유는 첫째, 이 메커니즘이 결국 1960년대 한국자본주의 발달사를 특징짓는 것이며, 동시에 재벌구조의 형성기에서뿐만 아니라 1970년대 이후 재벌구조의 확립기에도 여전히 기능하는 메커니즘이기 때문이다. 둘째, 현 경제위기를 극복하는 데 필요한 재벌정책의 방향이나 방식을 고려하는 데 있어 국가와 재벌간의 연관, 특히 1960년대에 마련된 국가소유의 은행을 매개로 한 국가와 재벌의 금융연관과 같은 재벌형성의 제도적·환경적 요인이 핵심적인 지위를 갖기 때문이다.

이와 관련하여 이 글에서 밝히고자 하는 주요 논점은 다음과 같다.

첫째, 고성장을 달성하기 위한 정책기조와 국가에 의한 금융권 통제는 한국자본주의의 독특한 국가 - 은행 - 재벌의 금융연관을 창출한 결정적 계기였으며, 이는 재벌의 부채의존적 축적구조를 낳은 주요한 원인으로 되었다.

둘째, 1960년대 국가의 산업(구조)정책은 개별자본의 집중 및 다각화를 촉진하는 방향으로 전개되었다. 일반적으로 자본주의발전의 초기에는 요소 및 생산물시장이 매우 불완전한 반면, 수익성 있는 사업기회도 빠른 속도로 확대된다.3) 재벌의 다각화 및 자본의 집중은 근본적으로 이러한 환경적 요인에 의한 것이었지만, 이를 가속화시킨 것이 바로 국가의 산업(구조)정책이었다.4)

셋째, 불완전한 요소 및 생산물시장은 국가적 규제(보호)를 통해 보완되었다. 이는 특정 개별자본의 집적을 촉진하는 방향으로 전개되었는데, 특히 차관도입을 통한 선진자본주의국의 생산력 이식과 수출지향적 공업화의 추진은 개별자본의 규모를 증대시키는 데 주요한 계기로 작용했다.

이 글은 크게 4개의 절로 구성된다. 다음 2절에서는 1960년대 재벌형성 메커니즘의 구축과정을 분석하기 위한 전사(前史)로서, 1950년대 대자본의 성격과 그 변화과정을 살펴본다. 1950년대의 대자본도 자본축적의 당연한 귀결로서 그 규모를 확대시키며, 또한 1950년대 말의 축적위기를 극복하기 위해 다각화를 시도한다. 또한 부채의존적인 축

---

3) 국내수요의 팽창, 월남특수 등과 같은 요인과 함께, 특히 1960년대가 세계적으로도 golden sixties로 불릴 만큼 호황기였다는 점도 한국경제가 1960년대 고성장을 달성할 수 있는 주요한 환경이었다.

4) 이러한 정책은 1980년대까지도 지속된다. 물론 1980년대 이후 공정거래정책 등을 통해 산업조직정책의 면에서 경제력집중 억제책이 이루어지지만, 산업구조정책의 면에서는 1960년대의 경우와 크게 다르지 않았다.

적구조를 갖고 있었다고 볼 수 있으며 이 과정에서 국가권력과의 유착은 매우 중요했다. 이렇게 현상적으로 1950년대의 대자본은 재벌의 몇몇 특징을 보이고 있었지만 그것이 지속·강화될 수 있는 메커니즘이 형성되지는 못했으며, 더욱이 대자본이 국민경제 내에서 경제적 지배력을 획득하지는 못했다. 이를 밝히는 것이 2절의 목적이다. 3절의 분석과 관련하여 이는 곧 국가권력의 성격이나 정책이 재벌형성에 있어 결정적인 중요성을 갖는다는 것을 의미한다.

3절에서는 1960년대 재벌형성의 메커니즘을 분석한다. 그것은 크게 셋으로 나누어 고찰되는데, 첫째는 국가 - 은행 - 재벌의 금융연관이 어떤 과정을 통해 마련되는가, 둘째는 자본의 집중 및 다각화를 촉진시킨 국가의 산업(구조)정책은 어떤 것인가, 셋째는 자본의 집적을 촉진시킨 계기는 어떤 것들인가 등이다. 이는 곧 재벌의 다양한 구조적 특징 중 부채의존적 축적구조, 다각화(계열화) 등과 같은 특징을 야기한 정책적 원인들이다.

한편 이를 분석하는 과정에서 필요한 한 구체적인 사례를 언급하게 될 것이다. 즉 국가의 정책에 의해 재벌형성의 메커니즘이 형성되었다면, 그것이 마련되는 과정에서 실제로 재벌 혹은 대자본의 축적구조(특히 자본구조와 사업구조)가 어떻게 변화되어 갔는가를 살펴보는 것이다.[5]

마지막으로 4절에서는 지금까지의 논의를 정리하고, 특히 1970년대

---

[5] 이 글이 갖고 있는 관점에서 재벌형성의 역사를 더욱 구체적으로 분석하기 위해서는 특정 재벌의 형성 - 발전(혹은 소멸까지)의 전 과정을 분석할 필요가 있다. 그렇지만 앞에서 말한 바와 같이 재벌의 형성에 있어 1960년대의 가장 중요한 특징은 그 형성을 촉진하는 메커니즘이 창출된다는 점이다. 따라서 이 글에서 특정 재벌의 형성 - 발전사는 필요한 한에서만 다루기로 한다. 1970년대, 그리고 현재까지 역사적 지평을 넓히는 경우 특정 재벌의 형성 - 발전사는 매우 중요한 연구대상의 하나이다.

중화학공업화로 이행하게 된 계기가 1960년대 말에 어떻게 마련되기 시작했는가를 살펴보면서 맺음말에 가름하고자 한다.

2. 1950년대 말 경제위기와 대자본의 동향

이 절에서는 1960년대의 재벌형성 메커니즘이 구축되는 과정을 분석하기 위한 전사(前史)로서, 1950년대 대자본의 축적구조 및 그 전개과정, 그리고 1950년대 말 대자본이 처한 상황과 그 대응을 살펴보고자 한다. 먼저 이 글에서 사용하는 재벌 개념을 간단히 규정한 다음, 대자본의 축적구조에 변동이 발생하는 1950년대 후반의 경제상황을 1960년대의 상황과 비교 시점에서 살펴보기로 하자.

재벌을 어떻게 규정하는가의 여부에 따라 다르겠지만, 일반적으로는 1950년대의 대자본도 재벌이라 불린다. 그러나 이 글에서는 1950년대의 대자본을 재벌로 규정하지 않는다. 그 이유는 다음과 같다. 우선 오늘날 우리가 재벌이라 할 때, 그 내부구조의 특징(예컨대 특정 자연인 및 가족 등에 의한 높은 소유집중도 및 소유경영인 체제, 경제력집중, 비관련 다각화, 선단식 경영, 소유권 및 경영권의 상속체제, 부실한 재무구조 등)도 중요하지만, 국민경제 내의 경제적 지배력도 그에 못지 않게 중요하다. 그렇지만 아래에서 살펴보는 것처럼 1950년대는 사실상 자본주의 발전의 제1기(초기단계)에 불과하며, 따라서 이 시기 대자본이 국민경제 내에서 지배적 자본분파로 되었다고 보기는 어렵다. 그런 점에서 현상적으로 재벌의 일부 특징들이 나타난다고 해서 재벌이라고 규정할 수는 없다고 생각된다.

둘째, 1950년대의 대자본은, 그것이 지속적으로 성장할 수 있는 경제·사회적 메커니즘을 갖지 못했다는 점이다. 재벌이 국민경제 내 지배력을 갖고 자신의 이해관계에 따라 국민경제를 좌우할 수 있는 것이라 할 때, 그러기 위해서는 급격한 외부충격이 아니고서는 쉽게 붕괴되지 않는 재벌중심의 안정적인 혹은 지속가능한 축적메커니즘이 형성되어야 한다. 그렇지만 1950년대의 경우 그러한 메커니즘은 결코 마련되지 못했거나 아니면 최소한 매우 불안하기 짝이 없는 취약한 메커니즘만이 있었을 뿐이었다.

이렇게 1950년대 대자본은 한국자본주의를 지배할 수 있는 경제력도, 그러한 경제력을 창출할 수 있는 메커니즘도 갖지 못했다는 점에서 오늘날 우리가 재벌이라 부르는 것과는 거리가 먼 것이라 할 수 있는 것이다.

1950년대는 1차산업의 비중이 매우 높았고(고용규모로 볼 때 약 70% 이상), 공업이라 해도 각 지역을 단위로 하는 소규모 영세공업이 압도적인 시기였다. 그런 점만으로도 이 시기에 자본주의의 전일적 지배가 완성되었다고 보기는 어려울 것이다. 그렇지만 한국전쟁 이후의 경제복구 및 건설과정에서 대자본의 경제적 지위는 점차 커져 갔다.[6]

---

6) 1950년대 급속한 축적을 이룬 10대 대자본은 삼성(한일은행, 삼성물산, 제일제당, 한국타이어, 안국화재, 근영물산, 한국기계, 풍국주정, 조선양조, 천일증권, 동양방직, 효성물산 등 13개), 삼호(제일은행, 삼호무역, 삼호방직, 조선방직, 대전방직, 삼양흥업, 제일화재 등 7개), 개풍(서울은행, 대한양회, 호양산업, 배아산업, 개풍상사, 대한탄광, 삼화제철, 동방화재, 대한철강 등 9개), 대한(대한방직, 대한전선, 대동제당, 원동흥업, 대동증권 등 5개), 락희(반도상사, 금성사, 락희화학, 락희유지 등 4개), 동양(동양시멘트, 동양제과, 동양제당, 한국정당 등 4개), 극동(4개), 한국유리(2개), 동립(2개), 태창(2개) 등이었다. 이들 대자본은 어느 정도의 다각화를 진전시키고 있었는데, 위 괄호 안의 숫자는 1961년 각 대자본의 계열회사 수를 나타낸 것이다.

주지하다시피 이 시기 대자본은 환투기라든가 원조물자 배정과 관련된 원료독점적 이윤획득 등과 같은 점에서 상업자본적 성격을 강하게 띠고 있었다고 할 수 있다. 하지만 직접적 생산과정에서의 잉여가치 수취라는 본질적인 면에서는 산업자본이었다.7) 또한 이 시기는 무역업 등 상업적 성격이 강한 업종에 종사하던 대자본들이 산업자본으로 전화하던 시기이기도 했다(예: 삼성).8)

〈표 1〉 1950년대 산업대자본의 축적 구조

축적 요소(계기)	주요 내용
화폐자본의 조달	장기저리의 금융 및 재정자금(대충자금 등)
생산수단의 조달	귀속재산 불하(건물, 설비 등) 원조물자(소비재 및 생산재)
노동력 조달	풍부한 저임금 노동력(월남 인구 등 포함)
생산과정 및 노동통제방식	절대적 잉여가치(노동일의 연장 등)
가치실현 과정	전후 급증한 국내수요(공산품 수출 불가)
자본집중의 계기	귀속재산 불하, 중소기업의 도산과 합병, 신규사업으로의 진출 등

우선 이들 산업(대)자본의 축적구조 및 그 정책환경 등을 살펴보자. <표 1>에서 나타나는 바와 같이 대자본은 급격한 수요팽창, 광범한 유휴노동력의 존재 등과 같은 조건에서 막대한 원조물자 및 그에 기초한 국가의 재정·금융지원, 귀속재산 불하 등을 기반으로 하여, 수입대체적 성격의 소비재 경공업부문을 중심으로 성장하고 있었다.9)

---

7) 이에 관해서는 김양화 "1950년대 제조업대자본의 자본축적에 관한 연구," 서울: 서울대학교, 1990 참조.

8) 위에서 언급한 1950년대 10대 대자본 중 동양과 동립을 제외하고는 모두 수입무역이 주력사업의 하나였다.

9) 물론 이 시기 공업화의 특징을 수입대체공업화라고 해도 그것은 단지 기존에 수입하고 있던 상품을 국내에서 생산한다는 의미일 뿐, 국가의 전략적·

한국전쟁 직후 폐허상태에서 자본축적에 가장 중요한 물적 기초는 다름아닌 원조였다. 대자본에게 원조는 단지 원재료나 생산수단의 조달뿐만 아니라 장기저리의 재정자금(대충자금) 등 화폐자본의 조달에 있어서도 가장 결정적인 축적의 기초였다.

그런데 이러한 원조물자의 배정뿐만 아니라 수입에 필요한 외환배정은 물론, 대충자금의 지원 등은 기본적으로 국가권력에 의해 좌우되었다. 따라서 자본축적을 위한 자금이나 생산수단의 조달에 있어 국가권력과의 유착 정도는 매우 중요했다. 결국 원조물자를 매개로 하는 국가권력과 대자본간의 연관이 형성된 것이라 할 수 있다.

그런데 1950년대 후반에 이르면서, 이러한 대자본의 축적기반 혹은 국가권력과 대자본의 연관이 서서히 와해되기 시작했다. 그 가장 결정적인 계기는 당연히 원조의 감축이었는데,[10] 이러한 연관 내지 축적기

의도적인 공업화정책에 따른 것으로 해석하기는 어렵다. 이러한 점에서도 1960년대의 시멘트, 비료 등 수입대체공업화와는 그 성격을 달리한다.

10) 그렇지만 이 시기 경제위기가 단지 원조감축에 의한 것이라고만 보기는 어렵다. 다음과 같은 사실이 이를 간접적으로 증명해 주는 것들이다. 첫째, 원조가 피크에 달한 1957년에 국민총생산 증가율 또한 8.7%로 최고치를 기록하고, 이후 원조감축과 국민총생산증가율의 저하는 같은 궤적을 나타낸다. 하지만 이는 주로 농림수산업부문의 성장률 저하에 기인한 것이다. 1959년의 경우 광공업부문의 성장률은 오히려 매우 높았다. 물론 1960년에 3.7%로 급격히 하락했지만, 지류, 고무, 화학, 전기기기부문 등은 빠르게 성장했으며, 제조업 중 생산지수가 하락한 것은 금속제품, 수송용기계, 식료품부문 등이었다. 또 투자율을 보면 1957년을 고비로 하여 1958년에 저하하지만 1959년에는 오히려 상승하고 있다. 이것 역시 1960년이 되어서야 확연히 떨어진다. 한편 산업별로 편차가 있긴 하지만, 이 시기 주요 성장산업이었던 3백산업 중에서 면방직업, 제당업의 이윤율은 이미 원조감축 이전인 1955~56년부터 저하하기 시작한다. 예컨대 면방직공업 중 대자본이 주로 생산하고 있었던 면사의 경우를 보면, 그 순이익률이 1953년(1월) 193%, 1954년(2월) 48%, 1955

반이 외부환경의 변화로 쉽게 붕괴할 수밖에 없었다는 점이 이 글의 논점과 관련하여 중요하다고 하겠다.

한국전쟁 이후 줄곧 증가하던 원조물자 도입이 1958년부터 줄어들고 경제가 불황기에 접어들자 산업자본의 축적은 매우 곤란하게 되었다. 특히 원조물자를 독점적으로 배정받아 그 의존도가 컸던 대자본의 경우, 우선 주요 성장부문이었던 소비재 경공업부문(특히 3백산업)의 확대재생산이 곤란하게 되었다. 또한 원조감축 이전부터 나타난 과당경쟁 및 과잉설비의 문제가 이 시기에 더욱 현재화됨으로써 조업단축의 정도도 극심해졌다. 예컨대 1958~60년간 주요 소비재산업의 가동률을 보면, 면방직공업이 약 65% 내외로서 다른 산업에 비해 높은 편이었을 뿐, 제분공업은 25~40% 정도, 제당공업은 25% 내외에 불과했다.[11] 실제로 제당공업의 경우 1957년 현재 가동업체수는 제일제당 등 총 7개였는데, 전체 생산규모는 국내수요의 약 3배 정도였다고 한다.

이렇게 과당경쟁 및 원조감축으로 인해 소비재 경공업부문에서 축적위기를 맞게 되면서, 대자본들은 크게 두 방향으로 위기극복 전략을 세웠다. 우선 한편으로는 과잉설비 조정 및 시장확대 등을 통해 위기를 극복하고자 했다. 예컨대 수출(군납) 등 새로운 시장을 확보하고, 또 원가절감이나 조업단축 등을 통해 가격의 폭락을 방지하고자 했다. 그러면서 다른 한편으로는 서서히 다른 부문으로의 진출을 모색하게 되었는데, 삼성의 경우 제당업의 과당경쟁으로 인한 경영위기를 타개하

년(6월) 3%로 급락했다. 그리고 주요공업의 조업도를 보면, 제분공업은 1956년 이후부터, 면방직공업은 1955년부터 떨어지고 있다. 이것은 원조감축에 의해 조업도가 저하한 것이라기보다는 시장의 확대에 비해 새로이 진입한 자본의 규모가 상대적으로 컸기 때문, 즉 과잉설비와 과당경쟁 때문이라고 할 수 있다.

11) 한국산업은행, 『한국의 산업』, 1962.

기 위해 제분공업에 진출, 사업다각화를 도모한 것이 그 좋은 예이다.

여기서 우리는 특히 후자, 즉 사업다각화에 주목할 필요가 있다. 새로운 산업으로 진출하기 위해서는 우선 자금과 생산수단 및 기술의 도입이 필요했다. 하지만 원조의존적인 축적구조하에서 그것은 거의 불가능했다. 즉 원조경제는 자본축적의 원천적 애로요인을 그 안에 내포하고 있었던 것이다. 예컨대 1950년대의 주요산업은 원조물자에 기초한 (국내용) 소비재경공업이었을 뿐만 아니라, 원조당국에 의해 수출이 제한되고 있었다. 따라서 원조가 감축되면서 수입을 위한 재원마련은 거의 불가능했다. 비록 1959년 동양시멘트의 시설확장을 위한 DLF 차관(214만달러)이 도입되면서 '원조의 차관으로의 전환' 모습이 나타나기는 했지만, 기존의 원조수입을 대체할 수 있는 것은 아니었으며, 따라서 자본축적을 활성화시킬 정도는 아니었던 것이다.

또한 여기에 국가권력의 공업화 의지나 원조경제 내지 원조감축에 대한 대응능력이 결여된 것도 자본축적의 확대를 저해한 중요한 한 원인으로 작용했다. 사실 이는 원조감축이라는 외적 조건의 변화보다 더 중요하다고 할 수 있다. 예컨대 1957년 이후 국가는 인플레이션을 저지할 목적(궁극적으로는 저환율을 유지할 목적)으로 재정안정계획을 실시하고 저곡가정책을 단행했다. 이 두 조치는 생산의 상대적 위축을 초래하고 또한 수요확대를 억제하는 효과를 가져왔다. 즉 불황의 극복과는 어울리지 않는 정책을 구사한 것이다. 물론 자본운동의 위축을 완화하기 위하여 수출지원책을 도모(1958년의 수출진흥을 위한 당면시책 수립 등)한다든가, 조세감면 등을 통해 생산원가를 낮추어 준다든가(물품세 인하, 법인세 경감조치 등) 하는 정책도 실시했지만, 당시 국가권력은 자본의 축적욕을 수용하기에는 너무 취약한 권력이었다. 그리고 정치적 이유로 인한 한일분쟁(교역금지령) 등 정치적 사건은 경제위기의 극복을 더욱 곤란하게 만들었다.

결국 1950년대 후반의 경제위기, 좁게 말하면 대자본의 축적위기를 해소할 만한 정책적 환경이나 메커니즘이 원조의존적 경제구조에서는 형성될 수 없었다고 볼 수 있다. 다시 말하면 재벌형성의 환경 또는 여건이 갖추어지지 않은 것이다. 또한 자본주의의 전일적 지배가 형성되지도 않았고, 자본주의부문 내에서조차 불안정한 축적구조 속에서 대자본들이 국민경제에 대한 지배력을 획득하기는 어려웠다.

이상과 같은 점에서 이 시기 대자본은 비록 오늘날 재벌의 현상적인 모습을 띠고는 있었으나, 재벌이라고 규정하기는 어렵다고 할 수 있다. 어쨌든 1950년대 말의 축적위기 속에서 대자본들은 그 성격 내지 구조를 변화시킬 동인을 갖게 되었는데, 이를 촉발시키고 유도한 것은 바로 5·16정권에 의해서였다.

3. 1960년대 재벌형성 메커니즘의 구축

이 절에서는 재벌형성의 메커니즘이 1960년대에 어떻게 구축되어 갔는가를 살펴본다. 이 메커니즘의 형성과정에서 가장 결정적인 역할을 담당했던 것은 국가였다. 국가는 대자본이 국민경제 내 경제적 지배력을 장악하기 이전에 '계획'적인 방식을 통해 자본주의 발전과정을 주도했는데, 이 과정에서 재벌형성의 메커니즘이 구축되었다. 따라서 아래에서는 주로 국가정책의 분석을 통해 위 메커니즘의 형성과정을 살펴보고자 한다.

앞에서 말한 바와 같이 여기에서는 재벌구조의 특징 중 부채의존적 축적구조, 사업다각화, 자본의 집중 및 집적 등을 살펴본다. 따라서 국가정책의 분석도 이러한 재벌구조를 야기한 것을 중심으로 이루어질 것이다. 그것은 1960년대 초의 국가에 의한 금융권 장악, 그리고 1960년대 중반 이후의 산업(구조)정책 등이다.

구체적으로 국가의 정책을 분석하기 이전에 일반적으로 상정되고 있는 1960년대의 자본축적구조와 재벌의 동향을 간략히 살펴보기로 하자.

〈표 2〉 1960년대 대자본의 축적 구조

축적 요소	주요 내용
화폐자본의 조달	국유화된 은행을 통한 장기저리의 금융자금, 재정자금, 차관자금(현물 및 현금차관)
생산수단의 조달	차관, 수입
노동력 조달	저임금, 풍부한 노동력
생산과정 및 노동통제방식	절대적 잉여가치 중심
가치실현 과정	국내수요 및 수출
공업화정책	수출지향적 공업화, 수입대체공업화, 경제개발계획
자본집중의 계기	부실기업정리, 민영화

비록 경제에서 차지하는 대기업의 비중은 점차 증가하지만,[12] 1970년대의 그것에 비할 때 1960년대 재벌의 성장 혹은 구조의 확립이 눈에 띄는 것은 아니다. 그렇지만 1960년대 중반 이후 차관도입이 상대적으로 수월해지고 또 수출지향적 공업화가 본격적으로 추진되면서

---

12) 제조업부문의 경우 1960년대 대기업(종업원 200인 이상)과 중소기업의 비중 추이를 보면 대기업의 비중이 점차 증가하고 있음을 알 수 있다. 예컨대 1966년과 70년을 비교해 보면 기업수, 종업원수, 부가가치 등의 면에서 대기업의 비중(%)은 각각 1.8에서 2.9, 42.4에서 49.9, 58.7에서 71.5로 증가하고 있다. 대한상의, 『한국경제 20년의 회고와 반성』, 1982, p.246.

재벌은 급속도로 성장하며, 오늘날의 구조와 유사한 형태를 취하게 된다. 1960년대 중반에 오늘날 '공정거래법'의 효시라고 할 수 있는 독과점 규제법안이 제출되는 것은 그 하나의 반증이라 할 수 있다.[13]

이들 대자본 혹은 재벌들은 <표 2>에서 나타나 있는 환경 내지 조건 속에서 자본축적을 이루었다. 그런데 이를 앞서의 <표 1>에서 나타난 바와 비교하면, 대자본의 축적구조에 있어 1950년대와 60년대를 차별화시키는 가장 중요한 요인은 국유화된 은행을 통한 장기저리의 금융자금 융자, 산업정책(특히 공업화 방식의 변화), 그리고 생산수단의 조달에 있어 원조물자에서 차관 및 수입으로의 변화 등임을 알 수 있다.

이제 재벌의 특징적 구조를 낳게 되는 정책적 환경을 살펴보자.

1) 국가 - 은행 - 재벌의 금융적 연관: 부채의존적 축적구조

1960년대 초의 부정축재처리 등 일련의 조치를 통해, 이후 한국자본주의의 발전 및 재벌의 형성과정에서 가장 특징적인 모습이 구축되었다. 그것은 바로 국가주도적 금융체계가 법적·제도적으로 마련됨으로써 한국자본주의의 고성장기에 특징적인 국가 - 은행 - 재벌의 금융적 연관이 형성된 것이다. 이는 다른 요인과 함께 재벌의 부채의존적 축적구조를 낳은 제도적 여건에 다름 아니다.

아래에서는 이 과정을 살펴보자. 5·16쿠데타 직후 국가는 '금융기관에 대한 임시조치법'(1961. 6. 20)과 같은 법적 장치와 부정축재처리와 같은 행정 강제적 조치 등을 통해 은행을 국유화시켰다.

---

[13] 그러나 이것은 독과점 내지 부정한 경제행위에 대한 규제였을 뿐, 기업집단 혹은 재벌구조에 대한 규제는 아니었다는 점에서 오늘날의 공정거래정책과는 차이가 있다.

우선 '금융기관에 대한 임시조치법'을 통해 대주주의 의결권을 제한했다. '금융기관에 대한 임시조치법' 제1조는 "본 법은 금융기관의 독점을 배제하고 대주주의 횡포를 방지함으로써 금융의 정상화를 기하기 위하여 상법, 은행법과 한국은행법의 규정에 불구하고 대주주의 의결권의 행사 제한, 주식의 양도 등에 관하여 임시조치를 함을 목적으로 한다"고 규정되어 있다.

이와 더불어 부정축재처리를 통해 사적 대자본이 소유하고 있던 은행주식을 몰수했다. 즉 국가는 당시 '부정축재 환수절차법' 제10조 1항에서 "부정축재자가 소유 또는 지배하고 있는 은행주식은 처리법 제20조 제1항 단서의 규정에 의하여 단기 4294년 8월 13일로 국고에 귀속된 것으로 간주한다"고 규정함으로써 사적 대자본이 소유하고 있던 은행주식을 국유화한 것이다. 당시 실제 은행주식 환수상황을 보면, 경성방직(700천원), 제일모직(112,691천원), 삼호방직(93,279천원), 대한제분(54,118천원), 전남방직(5,122천원), 동양방직(166천원), 화신산업(280천원), 한국교과서(275천원), 한국유리(7,398천원), 대한양회(29,449천원), 조선견직(5,263천원), 동양시멘트(2,236천원), 대한방직(5,672천원), 금성방직(1,290천원), 삼양사(1,400천원) 등이었다.

이러한 일련의 과정을 통해 국가는 1950년대 중반 이후 귀속재산 처리의 일환으로 민영화되어 한때 대자본의 사금고(私金庫)로 기능하고 있었던 시중은행을 국유화했다. 그렇다면 시중은행의 국유화 및 대주주의 의결권 제한이 갖는 의미는 무엇인가.

우선 당시 국가가 권고하는 사업을 담당하거나 혹은 이후 공업화에 따라 요구되는 자금수요는 사적 자본의 경제력을 훨씬 뛰어넘는 것이었다. 또한 주식시장 등 직접금융시장은 물론 은행 이외의 간접금융기관은 거의 발달해 있지 못했으며, 오히려 사채시장의 규모가 매우 컸다. 결국 자본주의적 금융시장이 매우 취약한 상황에서 만성적인 자금

초과수요는 국유화된 은행을 매개로 해소될 수밖에 없었다. 결국 국가가 사적 자본의 축적에 필요한 자금의 동원 및 배분권을 장악, 자본의 축적 여부를 통제할 수 있게 되었다는 것을 의미한다.

한편 이를 달리 말하면, 사적 자본의 축적이 이제 국가소유 은행의 금융자금을 기초로 전개될 수밖에 없게 되었다는 것을 의미한다. 물론 이는 국가의 고성장정책과 맞물려 진행된 것이었지만, 국가의 계획적이고 의도적인 공업화방식에 부응하면서 고축적을 달성하기 위해서 사적 자본은 금융기관(은행)의 부채에 의존할 수밖에 없게 되었으며, 또 실제로 그것이 가장 유리한 자금조달원이기도 했다.

한편 국가는 단순히 시중은행의 국유화조치로 끝나지 않고 적극적으로 금융자금의 흐름을 완전히 통제하기 위한 일련의 조치를 시행했다. 즉 1962년 5월에 은행법 및 한국은행법을 개정한 것이다. 그것은 금융통화위원회의 권한축소와 금융권에 대한 행정권의 강화로 특징지어진다.

먼저 국가는 한국은행법 개정을 통해 1950년대에 금융통화위원회(금융통화운영위원회로 개칭)의 금융통제기능을 축소시켰다. 이는 1950년대의 그 위상과 기능과 비교하면 쉽게 알 수 있다. 1950년대에 금융통화위원회는 통화신용정책, 금융기관 감독, 금융행정, 외환관리 등에 걸쳐 광범한 권한을 보유하고 있었으며, 금융 및 외환정책의 면에서 행정부의 제약을 거의 받지 않았다. 또한 한국은행 총재를 제외한 모든 임원에 대한 인사권도 갖고 있었다.

그런데 한국은행법의 개정을 통해 금융통화위원회가 가졌던 금융통제기능은 거의 유명무실하게 되었다. 우선 위원 전원을 실질적으로 국가가 선출할 수 있도록 했다. 그리고 금융통화위원회의 의결사항에 대해 재무부장관이 재의를 요청할 수 있게 되었으며, 또 그 최종결정권은 각의(대통령)에 위임되었다. 한편 한국은행의 예산은 우선 재무부의 심사를 받으며, 국무회의의 의결을 거쳐 대통령의 재가가 난 다음에 금융통화운영위위원회가 형식적으로 승인하는 절차로 되었다. 또 법개정 이전에 한국은행은 대외지급준비를 관리했으나, 법개정을 통해 재무부장관의 인가를 받아 일정한 범위 내에서 외환업무를 취급하게 되었으며, 국제통화기구와의 사무 교섭 및 거래에 있어서 정부의 지시를 받도록 되었다. 이러한 조치는 결국 금융정책에 대한 최종적인 결정권 및 책임소재를 국가(행정부)에 귀속시킨 것에 다름 아니다.

다음 은행법의 개정(1962. 5. 24)을 통해서도 금융기관에 대한 국가의 감독기능은 강화되었다. 예컨대 다음과 같은 규정들이 그것이다. 첫째, 금융기관은 이자율이나 대출한도 등에 관하여 금융통화운영위원회의 결정 또는 규제에 따르고, 예금채무에 대한 지불준비금을 지정률 이상으로 보유해야 한다. 둘째, 금융기관의 감독은 금융통화운영위원회의 지시 및 규정에 의해 한국은행·은행감독원장이 행하며, 또 은행감독원장은 한국은행법에 의거하여 금융기관의 정기검사를 실시한다는 것 등이다. 국가는 시중은행의 임원 인사나 예산 및 결산의 승인권을 장악했고, 또 금융통화운영위원회도 장악했기 때문에 위와 같은 규정은 결국 국가의 시중은행 감독기능을 강화시킨 것이라 할 수 있다. 이로써 일반 시중은행은 통화정책당국인 한국은행(그리고 금융통화운영위원회, 은행감독원)의 통화정책상의 통제, 그리고 (1963년 이후에는) 재정안정계획상의 양적 통제 외에도 정부의 직접적인 경영통제를 받게 되었다.

이상과 같은 일련의 조치를 통하여 국가는 통화신용정책의 수립과 집행과정에서 그 최종 책임을 국가(행정부)에 귀속시켰으며, 일반 시중은행의 경영에 직접 참여하는 등 금융권을 장악,[14] 국가주도적 발전을

---

14) 특수은행의 신설도 금융권 장악의 일환이라 할 수 있다. 특수은행은 국민은행, 중소기업은행, 농업협동조합 등을 제외하면, 1960년대 중반 이후에 본격적으로 신설된다.

위한 금융제도적 기반을 형성했다. 국가는 이제 단순히 통화량 조절 또는 가격기구를 통한 화폐의 관리자로서뿐만 아니라 자본축적에 필요한 화폐자본의 흐름을 직접적으로 통제·조정할 수 있게 되었다.15)

이로써 국가는 자본축적에 있어서의 혈맥을 장악할 수 있었다. 즉 국가는 금융부문에 대한 실질적인 지배권을 장악함으로써 사적 자본에 대한 금융적인 통제 및 지원수단을 확보했던 것이다. 한편 은행에게는 국가의 산업정책을 지원하는 대리인의 역할이 한층 강조되게 되었다. 물론 그 반대급부로 은행의 도덕적 해이현상은 더욱 심화될 수밖에 없었다.

그것은 이후 재벌형성의 핵심적 메커니즘인 국가 - 금융기관(은행) - 재벌, 이 세 경제주체의 유착관계의 형성에 다름 아니다.

한편 이것은 재벌의 입장에서는 국가의 보호 및 규제 속에서 금융기관(은행)을 이용한 화폐자본 조달, 다시 말하면 부채의존적 축적구조를 갖게 되는 계기였다. 직접금융시장 등 다른 자금조달시장이 발달하지 못하고 정부의 정책금융 등 저리의 금융자금을 사용할 수 있는 상황, 그리고 국가의 고성장정책하에서 재벌의 자본구조는 점차 금융기관(은행)에 대한 부채에 의존하게 된 것이다.

실제로 1960년대 초 기업의 자금조달 상황을 보면, 외부자금 중 은행이 차지하는 비중은 상대적으로 컸지만, 내부자금이 거의 50% 정도를 차지하고 있었다(1963~65년 중 내부자금의 비중은 47.7%였으며, 외부자금 중 은행이 차지하는 비중은 33.5%였다). 그런데 1960년대 후반에 이르면 외부자금의 비중은 74.6%로 급격히 증대하며(외부자금 중 은행이 차지하는 비중은 32.8%) 이후 거의 70% 정도를 유지했다.16)

---

15) 그 결과, 예컨대 예금은행과 산업은행의 대출총액에서 국가의 정책금융이 차지하는 비중은 65년 75.2%, 66년 76.2% 등이었으며, 이후 약 45~60% 정도였다.

그런데 금융기관 총대출금 중 대기업이 차지하는 비중이 1960년대 말 70% 이상이었음을 감안할 때, 금융자금의 많은 부분이 대기업에게 배분되었음은 두말할 나위도 없다. 또한 금리수준을 보면 금리현실화가 단행된 이후 1965년부터 70년까지 일반은행 대출금리는 일반자금이 24~26% 정도, 수출자금은 6.0~6.5% 정도였다. 이에 비해 물가상승률은 동 기간중 연평균 거의 12%대였으며, 사채금리는 50~60%대였다. 이처럼 금융자금, 특히 정책금융의 금리가 상대적으로 매우 낮은 수준이었던 것이다.

결국 정책금융의 비중 혹은 조건으로 보거나 은행의 소유 주체로 보거나 금융자금의 배분과정에서 국가의 역할은 매우 크고 중요한 것이었으며, 자연히 재벌과 국가권력의 유착은 심화될 수밖에 없었다.

이러한 국가 - 은행 - 재벌의 메커니즘은 기업지배구조의 면에서도 매우 특정적인 모습을 나타냈다. 직접금융시장이 발달하지 못하고 요소 및 생산물시장이 경쟁적이지 못한 상황에서 기업경영의 사활을 결정할 수 있는 것은 국가권력이었다. 즉 시장이 아닌 국가가 기업지배구조에 있어 가장 중요한 역할을 담당하게 된 것이다. 이러한 국가의 역할은 재정자금의 운용을 통해서도 관철되었다.

국가는 재정투융자를 통해 특정 전략산업의 육성을 위한 정책적 수요를 제공(국가시장의 형성)한다든가, 혹은 사적 자본에 융자하는 경우(이 역시 대개는 조선공업 등 주요 기간산업과 사회간접자본의 확충에 치중되었다) 그 대출금리를 금융기관의 일반금융금리나 사채금리보다 낮게 책정함으로써 특정 개별자본을 육성시켰던 것이다.

이상과 같은 일련의 과정을 통해 재벌의 부채의존적 축적구조를 낳

---

16) 물론 주식시장의 발달 등으로 직접금융시장에서의 자금조달 비중이 증대하지만, 1980년 정도까지 기업의 외부자금 중 은행이 차지하는 비중은 30% 이상이었다.

는 제도적 장치가 마련되었다. 그런데 위의 메커니즘이 반드시 재벌의 부채의존적 축적구조를 낳은 것이라는 보장은 없다. 재벌의 부채의존적 축적구조는 위 메커니즘과 함께 다른 요인과 결합되어 발생한 것이다. 그 요인이란 다음과 같다.

국가는 당시 불균형성장론에 입각, 고성장을 위해 특정 전략산업을 선정하고 이 부문에 자원을 집중하는 전략을 세웠다. 산업의 경쟁체제가 불비한 상태에서 특정산업 육성전략은 곧 특정기업 육성전략과 다름이 없었는데, 자기자본이 미약하고 직접금융시장이 발달하지 못한 상황에서 기업은 금융자금(혹은 재정자금)에 의존할 수밖에 없었다. 물론 사채시장이 있기는 했지만, 국가의 인플레적 성장전략 및 상대적 저금리정책하에서 기업, 특히 재벌은 금융자금을 이용한 축적전략을 세울 수 있었던 것이다. 그리고 국가의 보호주의적 정책, 기업 혹은 수출 등의 규모확대를 지향한 고성장정책 등은 재벌의 규모를 확대시키는 유인으로 작용했으며, 재벌은 규모를 확대시키기 위해 가능한 한 최대한 금융자금을 획득하려고 했다. 은행 또한 국가소유였고 경영의 책임을 국가가 갖고 있었기 때문에 상대적으로 퇴출 가능성이 적은 재벌에 금융자금을 지원하려 했다. 결국 이러한 3자의 관계 속에서 재벌의 부채의존적 경영구조가 탄생한 것이다.

2) 산업구조정책: 자본의 집중 및 다각화

(1) 부정축재처리와 중화학공업 건설

① 부정축재처리

5·16쿠데타 직후 국가는 부정축재 처리과정을 통해 1950년대 사적

대자본의 소유를 국가소유로 전환시키고자 했다. 사실상 그러한 방침이었는지는 확인되기 어렵지만, 일단 형식적으로 표방된 바만을 놓고 보면 그렇게 판단할 수 있다. 즉 국가는 구속(연금)중에 있던 부정축재자들을 풀어 주는 대신 그 전 재산을 일단 '자진헌납 형식으로 국가소유로 환원'할 방침이었던 것이다.

국가는 당시 구속중에 있던 부정축재자들 중 전 재산을 국가에 반환하겠다는 각서를 제출한 자는 구속을 해제하되(1961년 6월 30일, 부정축재처리위원회), 환원된 재산의 관리를 본인에게 위탁관리시키고, 책임생산제로 일정한 벌과금을 물리게 한 다음 차차 돌려주며, 여기에 정부는 감독관을 파견하는 것으로 할 방침이었다.17) 그렇지만 결과적으로 사적 소유에서 국가적 소유라는 소유구조의 전반적 전환은 일어나지 않았다.18)

그 대신 부정축재자에게는 재건에 필요한 혹은 경제개발계획에서 구상된 사업을 건설하도록 강요되었으며, 이후 부분적으로는 부정축재자의 재산이 국유화되기도 했다. 즉 1961년 8월 '부정축재특별처리법(개정)' 제18조 2항에서 "(부정이득자로서) 국가재건에 필요한 공장을 건설하여 그 주식을 납부코자 하는 자는 각의의 심의를 거쳐 내각 수반이 승인하는 기한, 기타 조건에 의하여 1964년 12월 31일 이내에 공

---

17) 자세한 것은 김진현, "부정축재처리 전말서," 『신동아』, 1964년 12월, p.170 참조.
18) 그 원인으로 다양한 논의가 있지만, 가장 중요한 것은 5·16정권은 경제성장(그것이 정치적으로 5·16쿠데타 및 정권을 합리화시키기 위한 것이었든, 아니면 사후적으로 그렇게 되었든)을 최대의 과제로 삼고 있었으며, 성장을 위해서는 기존의 가용(인적 및 물적)자원을 이용하지 않을 수 없었다는 점이다. 원조물자의 감축, 차관도입의 부진 등 외적 조건이 매우 열악한 상황에서 5·16정권은 국내자원을 총가동시키려 했고, 그 결과 부정축재처리 대상자들 및 그 기업의 대부분이 그대로 건재할 수 있었던 것이다.

장을 건설하여 그 주식 중 부정축재 통고액에 해당하는 부분을 정부에 납부함으로써 부정축재 통고액에 대(代)할 수 있다"고 규정했으며, 이후 1962년 4월 '부정축재환수를 위한 회사설립임시특례법'을 제정하여 경제개발계획에서 구상한 사업들을 부정축재자, 즉 1950년대의 사적 대자본으로 하여금 건설하게 하고 이 중 부정축재 통고액에 해당하는 주식을 국가소유로 할 계획이었다.

〈표 3〉 부정축재 환수를 위한 회사설립

부정축재자	기업명	신규 공장	소요자금 내자(100만환)	소요자금 외자(달러)
김상홍	삼양사	전기기기공장	1,411	889,500
		냉동냉장공장	444	258,333
김철호	기아산업	주물공장	230	582,000
조성철	중앙산업	시멘트공장	3,000	7,400,000
이한원	대한제분	전기기기공장	2,560	2,135,000
홍재선	금성방직	시멘트공장	2,177	
		특수섬유공장	4,586	5,015,000
구인회	락희화학	아세테이트 인견사	4,940	4,082,000
		전기기기공장	6,000	9,769,000
김지태	조선견직	비스코스인견사공장		1,229,373
이광우	한국강업	제철공장	500	
김연규	대한중기	공작기계제작소	350	800,000
김진만	북삼화학	염화비닐공장		
이병철	제일모직			
정재호	삼호방직			
백남일	태창방직	비료공장공동출자	23,343	83,500(천불)
이용범	대동공장			
이정림	대한양회			
이양구	동양시멘트			
남궁련	극동해운	종합제철공장	12,317	134,000(천불)
설경동	대한산업	공동출자		
김영주	전주방직			

이렇게 하여 공장건설이 승인된 부정축재자는 모두 18명이었다.[19] 그렇지만 사적 대자본의 자금동원능력의 결핍, 외자동원능력의 한계 등으로 인해 실제 공장건설은 거의 이루어지지 못했다. 그 구체적인 내용은 다음과 같다(<표 3> 참조). 국가는 백남일(태창방직), 이용범(대왕건설), 김영주(전주방직), 김진만(북삼화학공업) 등이 제1차 불입년도 1회 불입금을 납부하지 못했기 때문에 이들에 대한 공장건설을 취소하고 부정축재 통고액을 강제 징수했다. 또 이정림(대한양회공업), 남궁련(극동해운), 이양구(동양시멘트공업), 설경동(대한방직) 등으로 하여금 한국종합제철주식회사를 건설하려 했으나 1962년 12월 13일 공장건설을 취소했다. 조성철(중앙산업)은 중앙시멘트공업주식회사를 건설하려 했으나 자본금 1차 불입년도 2회 불입금을 납부하지 못해 공장건설이 취소되었다. 또 이병철(제일모직), 김지태(조선견직), 정재호(삼호방직) 등은 울산비료공업주식회사를 건설하려 했으나 1963년 12월 14일 공장건설이 취소되었으며, 이한원(대한제분)의 한영공업주식회사, 김상홍(삼양사)의 삼양수산주식회사, 구인회(락희화학)의 한국케이블공업주식회사, 김연규(대한중기)의 한국정기공업주식회사, 홍재선(금성방직)의 쌍용양회공업주식회사, 이광우(한국강업)의 신한제철주식회사 건설도 순탄하지는 않았다.

그런데 여기서 중요한 사실은, 당시 부정축재자에게 설립 강요된 공장이 주로 비료, 전기, 제철, 화학섬유, 시멘트 등 대규모 중화학공업 부문이었다는 점이다. 비록 제대로 건설된 공장은 거의 없었지만, 이 두 가지 사실, 즉 1950년대 대자본의 실체 및 그 소유권을 인정하고 중화학공업 중심의 공장을 건설하도록 한 국가정책은 이후 자본주의 발전 및 재벌형성에 있어 매우 중요한 의미를 갖는다.

---

19) 부정축재자 중 김성룡(대한중앙산업주식회사), 함창희(동립산업진흥주식회사)는 공장건설 해당자로 되지 않아 부정축재 통고액이 강제 징수되었다.

우선 1950년대의 대자본이 그대로 1960년대 발전과정에서도 축적의 실질적 주체로 될 수 있었다는 점을 들 수 있다. 물론 이 과정에서 일정 정도 자본의 재편이 일어나기는 했다. 예컨대 당시 경제적 기반이 상대적으로 취약했던 백남일, 함창희, 조성철, 이용범 등(이른바 알라스카파라 불리던 대자본가들)은 대자본의 대열에서 탈락한 것이다. 하지만 대부분의 경우, 1950년대의 대자본가들은 자신들의 물적 및 인적 자원을 그대로 유지한 채 새로운 사업부문으로의 진출이 가능하게 되었다.

둘째는 대자본의 사업영역이 확대될 수 있는 기반이 조성될 수 있었다는 점이다. 국가는 정권 초기부터 1950년대에는 상대적으로 소홀히 다루었던 중화학공업 등 중요산업을 육성하고자 했다. 따라서 1950년대의 사적 대자본들은 이 부문에 대한 투자를 확대할 수 있게 된 것이다. 비록 국가권력의 강권에 의한 것이긴 했지만, 이는 사적 대자본들이 규모의 확대 및 다각화를 할 수 있는 계기로 작용했고, 그것은 1960년대 자본주의적 공업화과정에서 점차 현실로 나타나게 되었다.

② 중화학공업 건설

부정축재 처리과정에서도 일부 나타났지만, 5·16정권은 초기부터 중화학공업을 건설하고자 했다. 이제 1960년대 국가의 중화학공업 건설계획에 관해 살펴보자.

중화학공업이 일국 경제의 지배력을 행사하는 데 가장 중요한 생산력의 기반을 형성한다고 할 때, 중화학공업이 본격적으로 건설되는 것은 1970년대이며 따라서 재벌이 국민경제 내에서 경제적 지배력을 획득하고 그 지배구조를 확립하는 것은 1970년대라 할 수 있다. 그렇지만 국가는, 비록 1970년대의 그것과는 성격을 달리하지만, 1960년대 초반부터 이른바 '자립경제의 확립'이라는 이름으로 중화학공업(기간산업)을 건설하고자 했다. 그리고 실제로 1960년대 후반에 이르면, 이른바 전략산업이라 불리는 특정 중화학공업을 육성하고자 하는 법적 장치도 마련했다.

이러한 일련의 과정에서, 비록 전면적이라고 할 수는 없지만, 1960년대 초중반에는 비료·시멘트공업, 후반에는 전자·제철공업 등 중화학공업이 건설되기도 한다. 이것은 재벌의 형성 및 그 축적방향과 관련할 때 매우 중요한 의미를 갖는다고 할 수 있다. 즉 소비재경공업 중심에서 점차 중화학공업으로의 진출을 모색하도록 한 것이다. 물론 본격적인 중화학공업의 건설은 1960년대 후반 이후 소비재경공업 부문의 축적이 여의치 않게 되면서 이루어지지만, 여기에서 중요한 것은 국가가 끊임없이 중화학공업을 건설하고자 했다는 점, 국가가 재정·금융권을 통해 사적 자본의 축적을 좌우할 수 있었다는 점, 따라서 재벌이 살아남기 위해서는 국가의 정책의도에 부응하지 않을 수 없었다는 점 등이다.

<표 4>는 1960년대 초 국가의 중화학공업 건설계획을 나타낸 것이다. 여기서 알 수 있는 바와 같이, 국가는 당시의 경제여건으로는 가능성이 별로 없는 제철, 기계, 시멘트, 자동차 등 중화학공업을 대대적으로 육성한다는 계획을 세웠다. 물론 여기에는 아래에서 살펴볼 제1차 경제개발5개년계획에서의 계획사업도 포함되어 있지만, 그렇지 않은 사업들도 대거 포함되어 있으며, 실제로 매우 구체적인 자금소요액, 차관선까지 계획되어 있고 또 추진되기도 했다. 이것만 보더라도 1960년대 초반부터 국가는 중화학공업을 건설하고자 했음을 알 수 있는데, 부정축재 처리과정에서의 중화학공업 건설의도와 더불어 이러한 계획들은 당시의 사적 대자본에게 있어 새로운 투자원천을 모색하도록 하는 것이었다. 물론 사적 대자본의 취약한 경제력이나 차관도입의 애로 등 요인에 의해 많은 부분 실패로 끝났지만, 이러한 국가의 의도는 재벌의 축적 방향에 큰 변화를 야기할 수 있는 것이었다.

〈표 4〉 1960년대 초 중화학공업 건설 계획

사업명	투자 및 소유주체	소요자금 내자 (100만원)	소요자금 외자 (천달러)	차관선	참고
종합제철	한국종합제철(주)	4,905.0	117,892.0	美 B-K 합작회사	계획사업
디젤엔진	한국기계공업(주)	1,254.0	1,420.0	日 ISUZU	정부관리
방직기 가공기	한국정기공장(주)	11.3	500.0	獨 C. Illis(63.1)	
전기계기	금성사	152.0	1,250.0	獨 F-M Co.(62.2)	비계획사업
전기기기		283.0	3,000.0		
급속냉동	삼양수산(주)	35.8	280.0	스위스(62.4)	
소형자동차	새나라자동차(주)	340.8	5,100.0	日 닛산(62, 63)	
나주비료	나주비료	1,000.0	27,000.0	獨(58)	
제3비료	울산비료공업(주)	1,915.0	55,000.0	日(63)	울산비료 공동투자
충주비료		5,041.0	19,795.0		
정유공장	대한석유공사	1,152.0	18,193.0	美(62.10)	
제3시멘트	현대건설	160.0	4,250.0	AID, 美, 加(62~63)	계획사업
제4시멘트	한일시멘트공업	492.0	6,387.0	獨(62.5)	계획사업
제5시멘트	중앙시멘트공업	300.0	5,619.5	加(62.8)	계획사업
제6시멘트	쌍용양회공업(주)	707.0	6,495.9	獨(62.8)	
소다회	동양화학공업(주)	250.0	5,600.0	DLF 및 日	
PVC	대한프라스틱공업	240.0	3,600.0		
세미케미칼펄프	삼양지업(주)	42.2	616.7	獨	계획사업
나일론사	한국나일론(주)	150.0	3,200.0	DLF	
텍판공장	텍판산업(주)			AID	
비스코스 인견사	홍한화섬(주)	840.0	10,618.0	獨(62.5), 日	
자동차	시발자동차공업	120.0	1,600.0	日(62.4)	
케이블제작	한국케이블공업	100.0	2,950.0	獨(62.4)	

자료: 황병준, 『한국의 공업경제』, 고대 아세아문제연구소, 1966, pp.126-128; 한국생산성본부, 『외자도입과 외자도입기업체의 경영실태』, 1966 등에서 작성.

한편 재벌구조의 형성에 있어 국가의 정책이 중대한 의미를 갖는다고 할 때, 우리는 경제개발계획을 통해 그 기조나 방식을 알 수 있다. 물론 계획대로 모든 정책이 실현된 것은 아니지만, 그 기본 골조는 이 계획을 통해 확인될 수 있다. 여기에서는 제1차 경제개발5개년계획 및 그 보완계획을 중심으로 당시 그 내용을 확인하고자 한다. 1960년대에는 비록 1, 2차 두 차례의 5개년계획이 실행되었지만, 재벌형성 메커니즘과 관련하여 제2차 경제개발5개년계획이 제1차 경제개발5개년계획 및 그 보완계획에 비해 특별한 의미를 갖고 있다고 보기는 어렵기 때문이다. 사실 제2차 경제개발5개년계획은 제1차 경제개발5개년계획에서 구상되었으나 지연된 종합제철, 기계공업, 석유화학공업 등 중화학공업에 대한 투자의 확대, 수출지향적 공업화의 본격적 추진, 정부보다는 민간기업에 의한 투자의 확대 등이 특징적이다. 그런 점에서 사실상 재벌의 형성과 더 밀접한 관련을 갖는 것이지만, 기본적인 정책방향은 제1차 경제개발5개년계획, 특히 그 보완계획에서 드러난다고 볼 수 있다.

제1차 경제개발계획(이하 '계획')은 주로 기간산업 및 중화학공업 중심으로 구성되어 있다. 국가는 계획기간(1962~66) 중 국내총자본형성에서 2차산업(건설업 포함)이 차지하는 비중을 약 34%로 설정하고, 제조업 중 시멘트, 철강, 정유 등 이른바 기간산업을 중점적으로 육성하고자 했다. 이것은 경제성장을 위한 에너지수요의 증대, 개발수요의 증대에 따른 시멘트 수요의 급증, 그리고 비료 수입에 의한 (농가부담의 압박과) 외환사용의 증대 등 1950년대 말~1960년대 초의 경제적 상황을 그대로 반영하는 것이었다.

'계획'에서 건설하고자 했던 중화학공업 및 기간산업은 주로 수입대체적 성격을 띠고 있었다.[20] 그러한 점에서 1960년대 후반부터 구상되어 1970년대에 본격적으로 추진된 수출지향적 중화학공업화와는 그 내용과 성격이 다르다. 그런데 이 글의 주제와 관련해 볼 때, 중요한 것은 이러한 사업을 누가 담당하도록 되었는가 하는 문제이다.

〈표 5〉 제조업부문 투자계획   (단위: 1961년 가격, 10억환)

	투자주체	외자원천	정부	민간	계
계획사업			503.8	300.9	804.8
1. 식품공업			30.4	-	30.4
전매사업	정부	KFX	30.4	-	30.4
2. 섬유공업			4.8	46.0	50.8
제1비스코스인견사	민간	차관	1.0	12.9	13.9
제2비스코스인견사	민간	차관	1.0	12.9	13.9
아세테이트인견사	민간	차관	2.1	8.7	10.8
아세테이트섬유	민간	차관	0.7	2.9	3.6
나일론사	민간	차관	-	8.6	8.6
3. 화학공업			131.9	66.3	198.2
정유	정부	KFX	42.7	-	42.7
호남비료	정부	KFX	12.4	-	12.4
제3비료	민간	차관	5.0	44.0	49.0
제4비료	정부	차관	45.0	-	45.0
제5비료	정부	차관	22.5	-	22.5
소다회	민간	차관	0.9	8.7	9.6
PVC.	민간	차관	0.5	4.9	5.4
산화치탄	민간	차관	0.6	1.5	2.1
가성소다 및 스트로우펄프	민간	차관	0.7	4.2	4.9
유기합성	민간	KFX	1.6	0.5	2.1
텍판	민간	차관	-	2.5	2.5
4. 요업			5.1	38.8	43.9
제3시멘트	민간	차관	1.0	6.3	7.3
제4시멘트	민간	차관	2.5	13.2	15.7
제5시멘트	민간	차관	1.4	5.2	6.6
기존 시멘트NO.1	민간	차관	-	8.4	8.4
기존 시멘트NO.2	민간	차관	-	5.7	5.7
콘크리트침목공장	정부	-	0.2	-	0.2

20) 물론 이 모두가 5·16정권에 의해 추진된 것은 아니다. 그 중 비료나 시멘트산업 등 일부(예컨대 동양시멘트, 동양화학, 텍판산업, 한국나일론 등)는 1950년대 말부터 주로 DLF차관에 의해 건설이 추진되었다.

	투자주체	외자원천	정부	민간	계
5. 금속공장	정부	KFX 및 차관	73.5	0.3	73.8
종합제철	민간	KFX	71.9	-	71.9
철강업(정부직할, 기존)	정부	-	1.1	0.3	1.4
제련업(〃)			0.5	-	0.5
6. 기계공장	정부	KFX	134.1	23.3	157.4
교통공작창설비 등	정부	KFX	27.8	-	27.8
화차신조	정부	KFX	25.3	-	25.3
종합기계제작	정,민	차관	18.0	-	18.0
조선업(정부직할, 기존)	민간	-	8.0	11.0	19.0
조선사업	민간	KFX	46.0	5.0	51.0
기계제작(〃)	민간	KFX	3.1	0.8	3.9
디젤엔진 및 자동차	민간	KFX	5.5	2.9	8.4
정밀기계	민간	차관	0.4	3.6	4.0
7. 인쇄공장			3.0	-	3.0
인쇄업(정부직할, 기존)	정부	KFX	3.0	-	3.0
8. 중소기업			5.3	9.2	14.5
중소기업육성	민간	차관	5.3	9.2	14.5
9. 기존시설활용			36.4	11.4	47.8
기존시설활용사업 I	민간	KFX	11.8	3.4	15.2
기존시설활용사업 II	민간	-	24.6	8.0	32.6
10. 기 타 계 획 사 업	민간	KFX	79.4	105.6	185.0
비계획사업	민간	-		89.7	89.7
합 계			503.8	390.6	894.4

자료: 대한민국 정부, 『제1차 경제개발5개년계획』, 1962, pp.176-179.

<표 5>에서 보는 바와 같이 사회간접자본과 정유, 비료, 기계, 금속 등 일부 기간산업과 중공업부문은 국가가 투자주체로 되어 있다. 그런데 나머지 화학공업, 시멘트 등 기간산업 건설은 1950년대에 소비재경공업 중심으로 성장한 사적 대자본에게 맡겨졌다.

이는 곧 '계획'이 1950년대의 대자본이 적극적으로 재편될 수 있게 되는 계기로 되었음을 의미한다. 그것은 비록 실제로 건설된 부문은

많지 않았지만 대자본의 새로운 투자방향을 규정하는 것이었다. 그리고 대자본의 입장에서는 금융자금 및 차관을 이용한 새로운 부문으로의 진출을 의미하는 것이었다.

한편 사적 대자본이 영위하는 사업이라 하더라도 '계획'사업(주로 중화학공업 및 기간산업)과 그렇지 않은 사업에 대한 국가의 규제는 달랐다.

먼저 '계획'사업의 경우, 국가는 자본간 경쟁의 조정·통제라는 국가적 규제(경쟁 그 자체의 규제)를 통해 신설될 중화학공업이 수입대체적 성격을 띠게 했다. 즉 국가는 특정산업에 대해 사적 (대)자본간의 경쟁을 미리 조정하고, 일단 특정 개별자본이 담당주체로 선정되면 경쟁을 억제(대체로 행정적 강제에 의한 진입장벽의 형성)하여 그 자본이 해당 산업을 독점적으로 장악할 수 있게 했다. 이는 결국 사적 대자본들이 외국자본과의 경쟁은 물론 국내자본과의 경쟁도 거의 없는 '규제된 경쟁'(국내 대자본들간 어떤 사업을 획득할 수 있느냐의 경쟁 정도만이 의미가 있을 뿐이었다) 속에서 해당 부문의 독점력을 쉽게 가질 수 있었음을 의미한다.

반면 소비재경공업 부문의 경우, 국가는 경쟁 유도의 국가적 규제(경쟁의 내용 규제)를 통해 소비재경공업 부문을 수출지향적으로 육성하고자 했다. 예컨대 '계획'에서의 상품수출계획을 보면, 식료품이나 비식용원재료 등 1차산품의 비중은 감소하고 화학제품, 잡제품 등의 수출비중이 커지게 되어 있으며, 특히 수출에서 보세가공품이 차지하는 비중이 매우 크게 책정되어 있다. 물론 보세가공품의 대부분은 소비재경공업 부문의 생산물이었다.[21]

이상과 같은 국가 지원 및 규제 속에서 대자본은 경공업부문은 물

---

21) 대한민국 정부, 『제1차 경제개발5개년계획』, 서울, 1962, p.32.

론 중화학공업부문까지 장악할 수 있는 기반을 구축해 갔다. 중화학공업화율을 시기별로 보면, 중화학공업 대 경공업의 비율이 1957년 14.3 : 85.7, 1961년 26.3 : 73.7, 1963년 27.0 : 73.0, 1966년 30.7 : 69.3, 1969년 37.7 : 62.3, 1970년 37.8 : 62.2(1976년 38.5 : 61.5)였다. 여기서 알 수 있듯이 1960년대 말에 중화학공업의 비중이 급속히 증대한다. 한편 여기서 중화학공업이란 화학 및 화학제품제조업, 석유 및 석탄제품제조업, 토석 및 유리제품제조업, 제1차금속제조업, 금속제품제조업, 기계제조업, 전기기계제조업, 수송용기계제조업 등을 말한다.

결국 비록 수입대체적 성격이 강하지만, 1950년대의 사적 대자본은 대규모의 자본이 소요되는 기간산업(장치산업)으로 다각화할 수 있는 길이 열린 것이다. 그렇지만 이때까지만 해도 <표 4>에서 보듯이 관련사업을 중심으로 사업규모를 확대하는 것이 주류였고 비관련 다각화의 모습은 그리 많지 않았다.

한편 1960년대 초 '계획'이 제대로 이루어지지 않고 경제가 다시 불황의 늪에 빠지자 국가는 '보완계획'을 작성하게 된다. '보완계획'은 단순히 무모했던 '계획'의 양적 수정에 그치는 것만이 아니라, 이후 경제발전 방향의 대강을 함축하는 것이었다.

우선 '보완계획'에서는 축적주체로서의 재벌의 경제적 지위를 더욱 강화시킨다는 방침이었다. 예컨대 재벌이 담당할 수 있는 사업은 재벌에 이관하는 것을 원칙으로 했다. 이와 관련하여 국가소유 재산을 최대한 빨리 매각한다는 방침이 명시되었다. 즉 "정부주식의 보유비율을 재검토함으로써 23개나 되는 정부투자기업체의 민영화와 국유재산의 매각을 과감하게 촉진해야 할 것"이라고 했는데,[22] 이것은 물론 일차적으로는 원화자금의 조달을 위한 것이었지만, 궁극적으로는 재벌의

---

22) 경제기획원, 『제1차경제개발계획 보완계획』, 1964, p.29.

축적영역이 그만큼 확대될 수 있었다는 것을 의미한다.

한편 재정투융자는, "민간이 자발적으로 그의 사업을 확장하고 새로운 투자사업이나 기업활동을 의도하는 것을 조장하는 방향으로 투융자하여야 하며 정부관리기업체에 대한 신규출자도 억제하도록 할 것"이라 하여,23) 재벌의 축적을 간접적으로 지원하는 방향으로 그 내용을 강화시켰다. 결국 축적주체로서의 재벌의 지위를 강화시키고 한정된 자원을 집중적으로 배분하고자 했던 것이다.

다음으로 공업화정책의 성격에 관해 살펴보자. 이것은 제조업정책의 기본방향에서 잘 드러난다. 즉 "시멘트, 비료, 산업기계, 정유 등 기간산업을 비롯한 기계공업 및 중화학공업의 조속한 확충·강화에 주력하고 또한 연관산업의 개발조성책을 강구하는 한편 국제수지의 개선을 위한 신규 수출산업과 수입대체산업의 보호·육성을 도모함으로써 산업의 근대화와 대외경쟁력을 강화하는 데 핵심을 둔다"는 것이다.24) 여기서 알 수 있는 공업화정책의 특징은 중화학공업 건설의 지속과 수출을 증대시킬 수 있는 사업 및 수입대체효과가 큰 사업에 중점적으로 투자한다는 것이다. 예컨대 섬유공업의 경우는 국민 일반의 기본적 수요를 충족하도록 하고 과잉시설 현상을 반영하여 신규 시설투자는 수출용에 한정했다. 이러한 공업화정책은 당시 외환부족 사정을 반영하여 소극적으로는 외환사용의 절약을 위해, 적극적으로는 외환을 확보하기 위한 것이었다. 물론 중화학공업 및 대규모 기간산업의 건설은 '계획'에 비해 크게 축소되었다. 앞에서도 말한 바와 같이 이것은 이 시기 재벌의 축적력이 이러한 산업을 담당할 수 있을 정도로 크지는 않았기 때문이다.

어쨌든 정권 초기부터 국가는 중화학공업 육성정책을 추진했는데,

---

23) 위의 책, p.31.
24) 위의 책, p.85.

당시 대자본에게 있어 이것은 두 가지의 의미를 갖는 것이었다. 하나는 중화학공업 분야로의 진출의 길이 열리게 된 것이며, 다른 하나는 중화학공업부문으로 진출함으로써만 국가정책과 부합할 수 있었고, 따라서 자본축적을 확대시킬 수 있었다는 것이다.

(2) 공기업 민영화와 부실기업 정리

① 공기업 민영화

앞에서 살펴본 것처럼, 1960년대 초 부정축재처리를 통한 대규모 중화학공업 건설계획과 제1차 경제개발5개년계획이 계획대로 이루어지지 못하고, 오히려 경제사정이 악화되자 국가는 기존의 경제운용기조를 일정하게 변화시키게 된다. 이 변화의 특징 중 하나는 축적주체로서의 재벌의 경제적 지위를 강화시키는 것이었다. 그것은 경제에 대한 국가의 직접적 개입영역(또는 계획의 영역)의 상대적 축소, 다시 말하면 시장기능의 상대적 확대로 나타났다. 그리고 이 과정에서 재벌의 축적영역은 확대되었는데, 그 하나가 바로 공기업의 민영화였다.

5·16정권은 정권을 장악하자마자 기존의 공기업을 설립·재편하기 시작했다. 여기에는 법률의 개정을 통해(산업은행, 시중은행 등) 또는 기존 공기업의 합병을 통해(한국전력, 국민은행 등) 개편된 경우도 있고, 단순히 명칭만을 개칭한 경우(대한주택공사)도 있다.

우선 귀속 기업체를 개편·개칭한 것으로는 대한통운(1961), 광업제련공사(1961), 한국기계공업(1963), 인천중공업(1962) 등이고, 신설된 것으로는 대한항공공사(1962), 효성중공업(1962), 인천제철(1964), 대한석유공사(1962), 호남비료(1962), 영남화학(1965), 진해화학(1965), 수산개발공사(1963), 대한무역진흥공사(1962), 대한재보험공사(1963), 한국종합기술개발공사(1963), 성업공사(1962) 등이다. 이들은 정부투자기관들이었으며, 기타 정부출자기관으로는 조흥은행, 제일은행, 한일은행, 서울은행, 한국외환은행, 한국신탁은행, 한국감정원 등이 있었다.

그런데 1960년대 중반 국가 경제운용기조의 변화로 공기업의 민영화가 단행된다. 먼저 공기업 민영화에 관한 논의는 1964년경부터 본격적으로 이루어졌다. 제1차 경제개발5개년계획의 수정계획(즉 '보완계획')에서는, "계획수행상 지장이 없는 정부소유재산을 조속히 민간에 매각하여 투자자원을 조성하고 국민경제 면에서 비추어 본 효용도에 따라 정부주식의 보유비율을 재검토함으로써 23개나 되는 정부투자기업체의 민영화와 국유재산의 매각을 과감하게 촉진해야 할 것"이며,[25] "(재정투융자는) 민간이 자발적으로 그의 사업을 확장하고 새로운 투자사업이나 기업활동을 의도하는 것을 조장하는 방향으로 투융자하여야 하며 정부관리기업체에 대한 신규출자도 억제하도록 할 것"이라고 하고 있다. 이렇게 사적 자본의 활동영역을 확대시킴과 동시에, 국가는 자본규모나 성질로 보아 사적 자본이 착수하거나 담당해 낼 수 없는 비료, 석탄, 전기 등 이른바 기간산업이나 철도, 운수, 통신사업 등과 같은 사회간접자본을 형성하는 데만 출자도 하고 융자도 할 것이라고 말하고 있다.[26]

이렇게 국가와 재벌의 축적영역이 구분·확정되는 과정에서 공기업 민영화는 본격적으로 추진되었다. 그런데 민영화가 본격화된 직접적인 이유는 경제개발계획을 수행하기 위한 자금동원이었다. 즉 제1차 경제개발계획이 주로 내·외자동원의 실패로 인해 원래의 계획대로 실현되지 못하고, 더구나 1963년부터는 재정안정계획이 다시 실시되는 등 (상대적인 의미에서) 긴축재정으로 재정정책의 방향이 바뀜에 따라 민영화가 요구되었던 것이다.

---

25) 경제기획원, 앞의 책, p.29.
26) 이러한 방침은 제2차 경제개발5개년계획에서 더욱 강화된다.

⟨표 6⟩ 1960년대 개편 및 신설 공기업(정부투자기관)과 민영화

	기업명	재편 및 설립연도	구기업	민영화	
				연도	인수자
재편	한국광업제련공사	1961	삼성광업사	1971	럭키
	대한통운(주)	1961	한국운수, 한국미곡창고	1968	동아
	한국전력	1962	조선전업, 경성전기, 남선전기		
	인천중공업(주)	1962	대한중공업공사	1968	인천제철
	한국기계공업(주)	1963	조선기계제작소	1968	신진
	중소기업은행	1962	농업은행		
	국민은행	1963	무진회사(한국, 중앙, 대구, 신흥)		
	한국증권거래소	1963	대한증권거래소		
	대한염업(주)	1963	국유염전	1971	
	국제관광공사	1962	대한여행사 등		
	대한주택공사	1962	한국주택영단		
	대한철광개발(주)	1955	삼화광업회사	1968	삼미사
	대한해운공사	1950	조선우선	1968	한양
	대한조선공사	1950	조선중공업	1968	극동해운
	대한중석공사	1952			
신설	대한항공공사	1962		1969	한진
	대한석유공사	1962			
	대한무역진흥공사	1962			
	호남비료(주)	1963			
	한국수산개발공사	1963			
	대한재보험공사	1963			
	한국증권금융(주)	1965			
	한국수자원개발공사	1966			
	대한준설공사	1966			
	한국광업진흥공사	1967			
	한국주택은행	1967			
	농어촌개발공사	1967			
	한국외환은행	1967			
	한국투자개발공사	1968			
	포항종합제철(주)	1968			
	한국신탁은행	1968			
	한국도로공사	1969			
	한국감정원	1969			

민영화는 자금동원이라는 측면 이외에도, 국가가 자본시장을 육성함으로써 사적 자본의 자금확보 통로를 마련해 준다는 의미도 가졌다. 즉 국가의 민영화계획은 자본시장육성에 관한 법률의 제정, 투자개발공사의 설립, 신탁은행의 발족, 증권회사의 개편과 거래제도의 개선 등 자본시장 육성계획과 맞물려 있었던 것이다.

　　그러나 다른 한편 국가가 직접 공기업을 형성한다는 방침도 지속되었다. 즉 "국가재정자금으로 선도적인 기간산업을 육성하고 이것이 일정수준 발달한 후에는 이를 민영화하는 한편 새로운 신규 기간산업을 재정자금으로 육성한다"고 한 것이다. 결국 국가는 사회간접자본 등의 공기업은 공기업형태로 계속 유지하고, 기간산업 등의 공기업은 한시적으로 공기업형태로 유지하되 곧 매각하여 재벌의 축적영역을 확대시킨다는 방침이었던 것이다.

　　민영화 논의는 1965년 3월 '주식분산 및 내자동원안', 7월의 정부출자관리법안,[27] 8월의 민영화 대상기업 주식의 상장방침(재무부),[28] 19

---

[27] 정부출자관리법안은 "민영화 대상기업체의 각 설립법을 폐지하는 한편 상법상의 일반회사로 전환하게 하여 민영화의 준비를 갖추는 것"이라는 내용을 담고 있다. 한편 1968년 '정부출자기업체의 관리개선방안'에서는 공기업의 사업적 성격에 따라 완전공기업, 혼합공기업, 과도적 혼합공기업, 사기업 등으로 구분하여, 사기업으로 분류된 것(인천중공업, 대한철광, 호남비료, 대한해운공사, 대한통운, 대한염업 등 6개사)을 민영화하기로 했다. 여기서 완전공기업은 중소기업은행, 산업은행, 조폐공사, 석탄공사, 주택공사, 무역진흥공사 등이었으며, 혼합공기업은 국민은행, 손해재보험공사, 한국전력, 국정교과서, 석유공사, 증권거래소 등이었다. 그리고 과도적 혼합공기업은 조선공사, 항공공사, 관광공사, 수산개발공사, 충주비료, 광업제련공사, 대한중석, 5개 시중은행 등이었다.

[28] 국가는 1965년 8월 9개 공기업(인천중공업, 대한염업, 대한철광개발, 대한항공, 충주비료, 국제관광공사, 호남비료, 한국기계공업, 국정교과서 등)의 주식을 증권시장에 상장하고자 했다.

66년 3월 '정부관리기업체의 경영합리화를 위한 조사보고서' 등으로 구체화되었다. 또 1966년 8월 예산회계법이 개정되는 등 국가가 보유하고 있는 주식을 제도적으로 매각할 제도가 마련되어, 한국기계, 인천중공업, 대한항공, 대한철광 등과 같은 주요 중공업부문 공기업의 정부보유주식 일부가 매각되었다.

그런데 1966~67년에는 민영화가 잘 이루어지지 않았다. 그 이유는 첫째, 국가의 민영화방식이 '주식시장을 통한 매각방식'이었는데, 매각대상 규모가 작아 재벌이 그 지배권을 쉽게 장악할 수 없었기 때문이다. 둘째, 재벌이 중공업부문에 진출할 수 있는 조건들이 마련되지 않았기 때문이라 할 수 있다. 하지만 그럼에도 불구하고 "수차에 걸친 공매에서 6개 기업주식은 자산가 이하로 특정인에게 매점되어 갔다. 이에 대한 비난이 빗발쳤지만 책임당국자인 황종율 재무장관은 자산가 이하라는 것은 현재의 시장여건에서 그 이상의 값이 형성되기를 기대할 수도 없으며, 1인에게 또는 특정인에게 매점되든지 안 되든지에는 관심이 없다고 태도를 밝혔다"(扈英珍, 1968)는 것에서 국가의 방침은 잘 드러난다.

어쨌든 재벌들이 진출할 수 있는 조건들이 제2차 경제개발계획이나 각종 중화학공업 육성법 등으로 서서히 마련되기 시작했다. 즉 당시 재벌의 주요 축적영역은 섬유 등 경공업부문이었으며, 민영화의 주요 대상은 중공업부문이었다. 재벌은 제2차 경제개발계획부터 중화학공업 건설계획이 다시 대두되고(3대 전략부문으로 철강, 석유화학, 기계공업 등이 선정되었다) 1967년을 전후하여 철강, 기계, 조선, 자동차 등 중공업부문에 대한 법적 지원장치가 마련되자 본격적으로 중화학공업부문으로 진출하려 했고, 중화학공업부문으로 진출함에 있어 공기업 인수는 가장 좋은 계기였다. 물론 주식시장의 성숙도 등 부차적인 문제가 전혀 없었던 것은 아니지만 이 시기가 당시 재벌에 의한 새로운 부문으로의 진출이 가시화되는 시점이었던 것 같다.

또 정부보유주식의 대부분을 시중은행에 현물출자하는 방식이 지배적으로 되면서 재벌의 진출이 본격화되었다. 공기업 민영화의 주요 방식은 주식매각과 시중은행에 대한 현물출자를 병행한 경우(한국기계, 대한철광, 조선공사 등)와 다른 공기업, 예컨대 산업은행이나 시중은행에 현물출자한 경우(인천중공업, 대한항공, 광업제련공사 등) 등이었다. 그런데 현물출자방식이 지배적이어서 민영화를 통해 주식의 많은 부분을 금융기관이 소유하게 되었지만, 실질적인 지배권은 재벌에게 있었다.

한편 국가는 공기업의 경영부실을 이유로 사적 자본에게 매각한다고 했지만, 정부보유주식은 통상 수익성과 인기 정도가 높은 주식부터 선택적으로 매각되었다(<표 7> 참조).[29]

1960년대 후반 민영화된 공기업은 대개 귀속기업체가 재편된 것으로서, 산업의 범주로는 광업, 운수, 중공업 등과 같은 부문이었다. 이 시기 중공업부문에 있어서의 사적 자본은 대체로 소규모 영세기업들이었다. 이러한 상황에서 이들 공기업은 국가의 재정투(융)자와 외국자본의 도입[30]을 통해 거대기업화했고, 대체로 해당 산업부문에서 독점력을 갖는 것들이었다. 이러한 공기업의 민영화는 당연히 재벌에게 새로운 축적기반을 제공하는 것이었으며 다각화를 촉진시키는 것이었다.

공기업 민영화는 당시 섬유 등 경공업부문에서 지배력을 갖고 있던 재벌이 중공업부문까지 장악할 수 있도록 하는 계기였다. 물론 경공업

---

29) 대표적인 적자 공기업이었던 수산개발공사의 경우 민간불하가 몇 차례 시도되었으나 응하는 기업이 없었다.

30) 정부투자기관은 장기저리의 공공차관뿐만 아니라, 내자조달용 현금차관의 도입이 사적 자본에게 허용되지 않았을 때도 예외로서 공공기업체가 주요산업을 위해 도입하는 경우에는 허용되는 등 차관을 도입하는 데 유리한 위치였다.

부문에서 지배력을 갖고 있던 개별 사적 자본이 동시에 중공업부문을 장악했다는 의미는 아니다. 민영화된 공기업을 인수한 사적 자본을 보면, 대한철광을 인수한 삼미사(주력업종은 무역업이었다)만 전혀 무관한 분야로의 자본진출이었을 뿐, 대개는 중공업부문에 이미 진출해 있던 사적 자본들이었다. 그런 점에서 공기업 민영화를 통해 비관련 다각화가 촉진되었다고 하기는 어렵다.

〈표 7〉 1960년대 주요 민영화기업

기업체	연도	방식	규모 및 순이익(1966)	실질적 인수자	합리화 방향	민영화 후 국가 지원
대한 철광	1966~1968	공매, 현물 출자	자본금 47,320만 2천원, 순이익 1,0915만원	삼미사 (김두식)	감원(약 20%), 기계화 추진, 사무실·차량 축소 등	
인천 중공업	1966~1968	현물 출자	최대 제강공장(연간 8만톤의 제강능력, 10만톤의 압연시설, 1.8만톤의 박판 생산능력 등) 순이익 28,085만원	인천제철 (이동준)	감원(약 20%)	
한국 기계	1966~1968	공매, 현물 출자	자본금 7억원(67) 순이익 1,100만원	신진 자동차 (김창원)	감원(20% 이상)	기계공업 육성시책
대한 통운	1968	현물 출자	자본금 24억원 매출액 70억원 순이익 10,488만원	동아건설 (최준문)		10개 정기 화물 노선 인가 등
조선 공사	1968	공매, 현물 출자	연간 선박 신조능력 2만여톤, 최대 8천톤급 수리능력 등, 순이익 1,370만원	극동해운 (남궁련)		조선공업 육성시책
해운 공사	1968	현물 출자	순이익 26,300만원	한양		
대한 항공	1969			한진		

그렇지만 어쨌든 이것은 당연히 경제력집중을 초래하는 것이었다. 해당 산업부문에서 독점력을 갖고 있던 공기업을 단일의 재벌이 소유 및 지배할 수 있게 되었다는 점에서 개별 재벌의 규모가 거대화되었다. 예컨대 민영화 직후 매출액 순위에서 당시 최대 대자본의 하나였던 삼성은 신진자동차나 동아 등 공기업을 인수한 재벌에게 뒤지게 되었고, 자산 면에서는 해운공사를 인수한 한양이 급부상하게 되었다.

국가는 애초에 공기업 민영화를 추진하면서 민영화의 목적을 주식 대중화를 통한 자본시장의 육성, 증권시장을 통한 민간 유휴자본의 동원, 그리고 소유와 경영의 분리 등에 두었다. 그러나 이후 이루어진 과정은 주식대중화 또는 증권시장 육성에 크게 기여하지 못했으며, 소유와 경영의 분리와도 거리가 먼 것이었다. 예컨대 대한철광의 경우 주식의 57.19%를 삼미사가, 41.43%를 시중은행이, 0.13%를 증권회사가 보유하고, 개인은 1.25%를 보유하는 데 그쳤다. 그런 점에서 이 시기의 민영화는 재벌형성을 촉진하는 한 계기로 되었음을 알 수 있다. 물론 이 시기에 공기업을 불하받은 재벌이 이후 계속 재벌로 존속했느냐의 여부는 다른 문제이다.

② 부실기업정리

부실기업정리는 국가에 의해 직접적으로 자본의 재편성=집중 및 다각화가 이루어지는 계기의 하나였다. 1960년대 말부터 70년대 초까지 이루어진 부실기업정리는 크게 3단계에 걸쳐 진행되었는데 그 내용은 대략 다음과 같다.

먼저 1단계 부실기업정리에서는 차관기업을 중심으로 그 대부분이 은행관리기업체로 된 후 혹은 은행을 매개로 하여 다른 기업체로 합병되거나 계열기업화되었다. 2단계에서는 주로 전력, 석탄, 조선, 철강, 기타 중요산업에 대해 산업은행이 시중은행의 차관지급 보증채무를 인수함으로써 시중은행 및 외국자본의 손실을 모면하게 하는 방향으로 이루어졌다. 3단계에서는 보다 체계적이고 포괄적인 국가의 부실기업정리가 행해졌는데, 그 내용은 1, 2단계와 거의 유사한 것이었다.

이 글에서는 대상 시기를 감안하여 1단계 부실기업정리를 중점적으로 다루고자 한다.

1967년경부터 차관기업의 대불현상을 계기로 부실기업문제가 대두하자 국가는 금융자금조정법안(1969. 3), 외자도입법 개정(1969. 9) 등을 통해 이 문제를 해결하고자 했다. 우선 금융자금조정법안에서는 "필요한 경우 정부가 가려서 금융을 조정하여 거액의 연체업체, 외화대불업체, 생산규모의 국제단위 미달업체 등에 대해 과감한 업종전환, 동업기업의 합병, 대출금의 투자화 등을 촉진"한다고 하여 사후적으로 부실기업을 처리하고자 했으며, 외자도입법 개정을 통해서는 외자도입 제한규정 신설 및 지불보증 강화 등을 통해 사전적으로 외자도입에 대한 규제를 강화하고자 했다. 그러나 해결의 기미는 보이지 않았다.

부실기업에는 물론 산업자본의 축적과정에서 필연적으로 발생하는 사양산업도 포함된다. 하지만 그 대부분이 1960년대 축적구조가 낳은 산물이었다. 즉 개별자본의 생산력적 내실 혹은 신용력과 크게 상관없이 지원된(정부 혹은 시중은행의 지불보증하에서) 대량의 외자와 특혜적인 재정금융정책이 기업부실화의 주요 내용이었던 것이다. 따라서 일시적인 조치로는 해결할 수 없는 것이었다. 오히려 문제 기업체의 부실규모가 점점 커지고 그 내용도 무시할 수 없는 것이었기 때문에, 국가는 1969년 5월부터 부실기업정리를 단행했다.[31]

---

31) 외자 부실기업정리의 법적 근거 중 하나로 외자도입법 제30조가 있다. 즉 "정부 또는 정부가 지정하는 자는 정부지불보증에 따른 구상채권의 보전과 당해 정부지불보증 기업의 사업목적 달성을 위하여 필요하다고 인정되는 때에는 당해 기업의 경영상태와 재산을 감독할 수 있으며 필요한 조치를 취할

1969년 5월부터 8월에 걸쳐 단행된 1단계 부실기업정리는 총 7차에 걸쳐 이루어졌다. 국가는 우선 1969년 5월 13일 청와대 내에 부실기업정리반을 설치하여 차관업체, 금융기관관리업체, 5,000만원 이상 연체업체 등 200여개 기업체를 조사, 7차에 걸쳐 30여개의 기업체를 정리했다. 그 대상은 69년 6월 27일을 기준으로, 첫째로 외자도입기업체로서 차관원리금의 상환에 있어서 대불이 발생했거나 대불 발생이 명백히 예견되는 기업체, 둘째로 외자도입기업체이든 아니든 금융기관의 차입금상환에 있어서 1억원 이상의 거액이 연체되어 있는 기업체, 셋째로 금융기관의 전면관리기업체 중에서 전면관리가 없었다면 대불이 발생했거나 1억원 이상의 연체가 발생했을 기업체 등이었다.

　이에 대한 정비대책으로는 크게 산업별과 기업별로 구분된다. 먼저 산업별로는 산업육성정책에 관하여 정부 정책에 미흡한 점이 있는 것은 국산화 촉진, 자금지원, 무역정책, 시설투자의 확대 등 산업지원정책을 뚜렷이 확립하도록 하는 원칙이 정해졌다. 그리하여 철강, 합판, 피혁, PVC, 자동차, 조선, 섬유, 제분, 제당, 제지, 수산업 등 총 18개 업종을 분석한 결과 6개 업종에 대한 정책방향이 제시되었다.

　그 주요 내용은 다음과 같다. 철강은 철강공업육성법 제정 제시, 종합제철공장(100만M/T 규모) 건설 등, PVC는 과잉공급규제, 수출 및 내수용 수요개발 증대(석유화학공업육성법) 등, 합판은 특수합판 등 신제품개발 목적 외의 시설확대 억제, 신시장 개척 등, 피혁은 합성피혁의 수입을 제한하고 소수의 유망한 피혁제품제조업체를 외화획득사업으로 집중 지원, 자동차는 신진, 현대, 아세아의 3원화 정책, 조선은 조

　수 있다"는 것이다. 또한 상업차관 중 정부가 지불보증한 업체에 대해서는 외자도입법 제28조 및 30조 규정에 의거, 담보물의 강제처분 및 행정지도를 포함한 조치를 취할 수 있다. 그리고 시중은행 지불보증기업의 경우 민법이나 경매법 등 일반법상의 채권보전조치가 가능했다.

선공업 육성책 등이다.

한편 기업별로는 첫째, 국제경쟁력, 부가가치, 고용증대 및 산업연관 효과 등을 감안하여 육성해야 할 기업체는 자금지원 및 시설확장 승인 등을 통해 계속 육성한다. 둘째, 정비대상에 해당하는 기업체로서 당해기업이 속하는 업종이 사양산업에 속하거나 산업구조상 기여도가 적은 것은 정리한다. 셋째, 수년래의 손익 사정으로 보아 장래에는 결손이 명백히 예견되고 당해기업의 대외부채가 과다할 때는 이를 과감히 정리하며, 장래성 있는 기업체는 다른 경로를 통한 재원조달, 예컨대 증자 등을 통해 기업을 계속 육성한다.

이러한 방침하에서 정리된 기업체는 <표 8>과 같다.

〈표 8〉 1단계 주요 부실기업정리 내용(1969년 8월 15일 현재)   (단위: 백만원)

순서	기업체명	자기자본	타인자본			비고
			차관	기타부채	계	
1차	대한프라스틱	83	718	1,428	2,146	신동아보험 인수(대한프라스틱은 72년 동양화학, 우풍화학, 한국화성 등과 함께 한국프라스틱으로 정리)
	공영화학	-131	1,017	1,278	2,295	
2차	인천제철	559	2,715	5,845	8,560	인천중공업 합병
	한국전기야금	-54	244	356	600	인천제철의 계열화(→현대)
	삼화제철	-309	-	545	545	동국제강에 공매
3차	대성목재	502	2,932	7,370	10,302	조흥은행 인수
	천우사	254	-	1,701	1,701	
	조선피혁	19	-	1,341	1,341	
	신진완구	-211	-	226	226	
	삼익선박	-15	238	377	615	조양상사에 매각
	한국축산	-70	-	392	392	
4차	아세아자동차	828	4,125	35	4,160	
	한국철강	-44	816	2,859	3,675	산은의 출자전환, 관리
	한국제강	-538	435	1,120	1,550	상은의 출자전환, 관리

순서	기업체명	자기자본	타인자본			비고
			차관	기타부채	계	
5차	삼양수산	-431	-	2,276	2,276	태양어업으로 흡수
	삼양관광	15	-	478	478	
	삼양개발	57	-	49	49	
	삼양선박	1,008	5,456	191	5,647	
	천양상사	75	-	347	347	
	천양수산	4	-	32	32	
	대영수산	5	285	176	461	진양수산 인수
	삼해수산	-	-	228	228	
6차	홍한화섬	1,852	1,845	4,234	6,079	산은의 특수관리
	내외방적	-199	391	1,558	1,949	한일은행 부분관리
7차	대한조선공사	791	1,211	4,079	5,290	
	동립산업	11	1,364	2,586	3,950	
	동양화학	1,295	1,313	2,677	3,990	
	신흥개발	-619	-	1,535	1,535	
	신흥수산	-292	1,379	1,016	2,395	수산개발공사 인수(71년)
	신흥냉동	21	27	411	438	
	계	4,466	26,486	46,766	73,252	

한편 이들 기업체들은 9개로 구분되어 정비되었다. 첫째, 다른 기업체와의 합병, 자본금 충실을 위한 조치, 업무량 확보 등으로 계속 육성 지원하기로 한 기업체(인천제철, 조선공사), 둘째, 자본금납입을 실질적으로 시정시키는 등 자산상태를 충실히 하는 데 중점을 둔 기업체(아세아자동차, 홍한화섬, 동립산업), 셋째, 은행 등 기타 기관(보험회사)이 인수하거나 증자불입하여 경영을 정상화하도록 한 기업체(대성목재, 한국철강, 공영화학, 대한프라스틱), 넷째, 공매처분하여 신규 인수자로 하여금 정상화하도록 하고 계속 지원하기로 한 기업체(삼화제철, 한국제강, 삼양수산, 신흥수산, 신흥냉동), 다섯째, 관련 대기업과 계열화하기로 한 기업체(한국전기야금), 여섯째, 기존 동일자본 계열의 다른 기업체와 분리하여 육성하기로 한 기업체(천우사, 삼양선박), 일곱째, 사채를 자본금으로 전환

하도록 한 기업체(내외방적), 여덟째, 주공장 이외의 모든 담보물과 개인재산을 공매처분하도록 한 기업체(동양화학), 아홉째, 해산하여 청산하거나 다른 기업체에 합병 혹은 공매처분하여 원칙적으로 소멸시키기로 한 기업체(조선피혁, 신진완구, 삼익선박, 한국축산, 삼양관광, 삼양개발, 천양상사, 천양수산, 대영수산, 삼해수산, 신흥개발) 등이 그것이다.[32]

이러한 부실기업정리는 개별기업의 다각화, 자본의 집중 등 경제력집중 심화의 계기로 작용했다. 물론 이 과정에서 특정 기업의 도산 및 해체가 발생하기도 했지만, 부실기업 인수과정에서의 개별기업 규모의 증대, 다각화, 그리하여 경제력집중 심화 등과 같은 현상이 나타나게 된 것이다. 즉 국가가 부실기업 인수업체에 대해 부채탕감, 조세지원 등을 행함으로써 인수업체는 일반적으로 설립비용보다 값싸게 기업을 인수할 수 있었고, 따라서 집중 혹은 다각화를 촉진시키는 방향으로 이루어졌던 것이다.

그런데 이 과정에서 매우 특징적인 사실을 발견할 수 있다. 그것은 이미 다각화가 진전되어 있는 기업보다는 전문화된 기업, 즉 다각화를 진전시키지 않은 기업들의 몰락이 상대적으로 더 눈에 띈다는 점이다. 예컨대 삼성이나 락희 등 1950년대 이후 계속 다각화를 진전시킨 재벌들은 오히려 건재했던 것이다. 이러한 현상은 사실 1970년대에도 지속된다.

---

32) 2단계 부실기업정리(69. 9. 17~71. 6. 8)에서는 '한국산업은행법' 제18조 제1호의 범주에 속하는 산업(전력, 석탄, 조선, 철강, 기타 대통령령으로 정하는 중요산업)으로서 정부투자기관, 시중은행, 차관지급보증업체 중 차관규모가 천만불 혹은 상환기간 10년 이상의 업체를 대상으로 했다. 그리고 3단계 부실기업정리(71 .6. 11~11. 19)는 '기업합리화위원회'가 설립되어 체계적·포괄적으로 이루어졌다. 그렇지만 이러한 부실기업정리에도 불구하고 8·3조치가 이루어진다.

이상과 같은 일련의 과정에서 재벌의 부침도 눈에 띄게 나타났다. 1965년 매출액 기준 10대 대기업은 삼성, 럭키, 금성(쌍용), 판본, 삼호, 삼양사, 동양, 대한, 개풍, 화신 등이었는데, 1975년에는 삼성, 럭키, 현대, 한진, 효성, 쌍용, 대우, 두산, 동아건설, 신동아 등이었다. 여기서 알 수 있듯이 1960년대 초중반의 대기업이 주로 섬유공업 등을 중심으로 하고 있는 데 반해, 1970년대 초중반의 재벌은 건설이나 수송, 그리고 중화학공업부문 중심이었다.

　재벌 대열에서 이탈한 사례를 몇 가지 들어보면, 우선 삼호는 5·16 이후 기초산업 건설에 참여하지 않고 있다가 뒤늦게 무리한 공장확장(500만불 규모의 종합섬유 가공시설을 도입·완공했으나 환율이 130원에서 272원으로 급등했고 또 면방업계가 불황에 직면함)과 방만한 경영으로 산은 관리체제로 들어갔다. 개풍은 종합제철공장을 추진하다 좌절하면서 사양화의 길을 걸었고, 천우사는 계열기업군의 부채누적으로 사양화되었다.

　이러한 재벌의 부침은 물론 국가의 정책방향에의 순응 여부에 의해서도 이루어졌지만, 급속히 변화하는 환경 속에서 투자리스크를 분산시킬 수 있는 다각화된 기업들의 생존 가능성이 훨씬 컸다는 것을 반영하는 것이라 하겠다.

3) 차관도입과 수출지향적 공업화: 자본의 집적

　자본순환의 여러 계기 중 화폐자본의 조달, 생산수단의 조달, 노동과정, 생산물가치의 실현 등을 중심으로 하여 1960년대 자본축적과정을 살펴보면 <표 2>와 같다. 아래에서는 생산수단의 조달, 생산물가치의 실현 등과 관련한 국가의 역할을 자세히 살펴보고자 한다. 단 앞에서의 분석과 마찬가지로 여기에서는 자본의 집적을 가능하게 한 메커니즘을 중심으로 분석한다.

1970년대도 그랬지만, 1960년대 축적자금의 원천은 국가의 재정투융자 및 국가소유 은행을 매개로 한 금융자금 등이었다. 그리고 핵심적인 생산수단은 주로 차관형식으로 조달되었으며, 생산물 가치실현의 특징은 수출주도형 공업화 속에서의 수출이었다고 할 수 있다. 물론 이러한 메커니즘은 재벌뿐만 아니라 모든 개별자본에 대해서도 마찬가지였다. 하지만 국가의 공업화 및 고성장정책에 부응할 수 있는 자본은 대자본들이었고, 실제 대자본들이 중심이 되어 고성장을 유지했다는 점을 감안하면, 이러한 메커니즘의 최대 수혜자는 대자본이었음을 쉽게 짐작할 수 있다.

(1) 차관도입: 생산력 이식

1960년대 제조업투자액 중 외자도입액은 거의 40~60% 정도로 큰 것이었다. 물론 이 외자에는 원조물자도 포함되어 있는 것이지만, 60년대 원조물자가 주로 PL480 등 곡물원조 중심이었다는 점, 또 60년대 후반으로 갈수록 원조물자의 비중이 줄어드는 대신 차관의 비중이 커졌다는 점 등을 감안하면, 제조업투자에 소요된 외자는 주로 차관이었음을 쉽게 짐작할 수 있다.

실제로 제조업의 투자액 중 외자가 차지하는 비중을 보면, 1962년 10.3%, 64년 37.0% 등 그리 크지 않았지만, 60년대 후반에 가면 1966년 52.1%, 68년 69.1% 등 매우 커지고 있다. 특히 고정자본형성 중에서 외자가 차지하는 비중을 보면 제조업의 경우 1965년까지는 20% 내외였는데, 66년 이후에는 50%를 훨씬 상회한다. 이는 곧 1960년대 후반에 생산력 이식이 가능한 형태의 외자가 대거 도입되고 있었다는 것을 반영한다.

그렇다면 차관 중심의 외자도입을 위해 국가는 어떠한 제도적 장치를 마련했는가.

1960년대 초 국가는 '차관에 대한 지불보증법'(1962), '장기결제방식에 의한 자본재도입에 관한 특별조치법'(1962) 등으로 차관도입을 확대하고자 했으나, 본격적으로 그 획기를 이루는 것은 '외자도입법'(1966)의 제정을 통해서였다.

〈표 9〉 1960년대 주요 외자도입정책

연도	내용
1961. 8	- 외자도입촉진법(1960) 개정
12	- 외자도입촉진위원회 구성
1962. 6	- 차관에 대한 지불보증에 관한 법률
	- 장기결제방식에 의한 자본재도입에 관한 특별조치법
12	- 차관에 대한 지불보증에 관한 법률에 의한 지불보증업무 절차
1965. 2	- 외자도입 지급보증절차 간소화
7	- 외자도입법 성안
1966. 8	- 대한국제차관단(IECOK) 발족
1967. 11	- 외자도입 합리화를 위한 종합시책
1968. 2	- 외자도입정책 현금차관의 사후관리를 한은에 전담시키고 예금에 대한 부리(附利)도 하지 않기로 결정
4	- 외자도입법 시행령 개정(차관업체 주식을 담보로 취득하는 대불방지 강화)
6	- 외자도입업체 실태조사
1969. 9	- 민간기업의 내자조달용 현금차관 불허 방침
12	- 외국인투자기업의 노동쟁의조정에 관한 임시조치법안
1970. 2	- 외국인투자에 관한 창구 일원화 규정

그런데 차관은 대개 현물 형태여서 선진자본주의국의 생산력 이식이 가능하다. 국내자본의 생산력적 기반이 취약한 상태에서 차관도입은 곧 생산력기반을 확보하는 것이며, 또한 보호주의적 정책하에서 그

것은 국내시장에서의 독과점적 지위를 획득할 수 있게 하는 것이었다. 따라서 차관도입을 위한 자본간 경쟁은 매우 치열했다. 시멘트공장을 둘러싼 중앙산업과 쌍용의 대립, 냉간압연공장 건설을 둘러싼 한국철강과 연합철강의 대립, 대한전선과 금성사의 대립 등이 그 전형적인 예이다.

이 과정에서 국가는 차관승인 혹은 지불보증 등을 통해 차관도입업체를 선정할 수 있었다. 그것은 곧 국가의 선택에 의해 개별자본간 경쟁의 성패가 결정된다는 것을 의미하기도 했다.

1960년대에 국가는 차관의 도입 및 배분권을 장악하고 있었다. 그것은 곧 생산력 이식에 있어서 가장 중요한 수단을 국가가 관리·통제하고 있었다는 것을 의미한다. 그런데 중소자본보다는 대자본이 차관을 훨씬 수월하게 도입할 수 있었다. 차관 공여자의 입장에서는 물론이고 또 지불보증제도하에서 담보조건이 매우 까다로웠기 때문에 상대적으로 대자본, 즉 재벌이 유리할 수밖에 없었다. 실제 지불보증을 받기 위해서는 보증원금의 100% 해당액 이상을 담보로 해야 했고, 또 선취담보를 우선으로 했다. 한편 일단 차관도입이 실현되면 국가는 이미 지불보증을 했기 때문에 기업이 도산하지 않도록 재정금융지원을 할 수밖에 없었다.

이러한 일련의 메커니즘 속에서 재벌은 상대적으로 쉽게 생산력 이식은 물론 축적에 필요한 화폐자본을 배분받을 수 있었으며, 중소자본과의 격차를 점점 벌리면서 경제적 지배력을 획득해 나갈 수 있었다.

1960년대 중반 이후 차관사업으로 그 규모를 확대한 기업은 럭키화학(화학, 전선, 정유 등 8개사, 74년 12개사), 쌍용시멘트(시멘트 등 6개사), 신진자동차(자동차 등 8개사), 삼양사, 한국나일론, 대한산업(전선 등 5개사), 인천중공업, 동양시멘트, 연합철강, 현대건설(건설, 자동차 등 6개사) 등이었다. 여기서 괄호 안의 업종은 주요 독과점 품목이며 숫자는

1972년의 계열기업 수이다. 이외에도 삼성은 식품과 의류부문(74년 14 개사), 한진은 수송부문(8개사), 한국화약은 화학 및 정유부문(7개사), 극동은 조선부문(8개사), 대농은 곡물수입 및 의류부문(8개사) 등이 주요 대기업의 독과점 지배부문이었다.

한편 차관도입 및 생산력 이식, 그리고 그것을 통한 재벌의 자본집적과 관련하여 가장 중요한 역사적 사실은 바로 한일국교정상화와 청구권자금, 그리고 이후의 일본자본 도입이었다. 그 평가가 어떠하든 한일국교정상화와 그에 따른 일본자본의 도입은 재벌의 생산력 이식에 있어 가장 결정적인 기초를 형성했다고 해도 과언이 아니다. 실제 일본자본은 소비재경공업제품을 생산하는 데 필요한 생산수단(섬유기계 등)이나 중화학공업 건설에 필요한 생산수단 및 기술(제철, 제강시설 등) 등 주로 생산수단 형태로 도입되었다.

(2) 수출지향적 공업화

1960년대 초 사적 자본의 수출을 지원하기 위한 법적·제도적 조치로는 다음과 같은 것들이 있었다. 즉 외화획득 및 고용증대를 목적으로 보세가공무역을 추진하기 위한 '보세가공무역의 허가절차 운영에 관한 요강'(1961. 6), 군납을 촉진하기 위한 '군납 촉진에 관한 임시조치법'(1962. 1), 수출용원자재 수입에 대한 외화의 우선적 배정, 수입허가의 제한, 연대보증에 의한 무역자금 대출 등을 규정한 '수출진흥법'(1962. 3), 그리고 대한무역진흥공사의 설립(1962. 4), 수출검사법의 제정(1962. 10) 등이다. 그러나 전체적으로 보면 수출을 증대시킨다는 거시적 방침 이외에 특기할 만한 것은 없다고 할 수 있다.[33]

---

33) 그런데 이것 역시 1960년대 중반 이후 수출주도적 공업화체계 아래 육성된 수출산업과는 그 성격이 다른 것이었다. 왜냐하면 그것은 정책적 지원 체계

5·16정권 초기의 공업화정책을 수입대체공업화 정책으로 특징짓는 것은 곤란하다. 오히려 수출진흥정책과 수입대체정책은 착종되어 있었다. 다만 이 시기의 사적 대자본의 축적력, 특히 국제경쟁력이 수출을 할 수 있을 정도는 아니었으며, 또 정책적으로도 초기에 소비재경공업 부문의 사적 대자본을 수출지향으로 적극적으로 재편하려는 시도가 부족했다는 점 등에서 상대적으로 중화학공업 중심의 수입대체공업 육성에 기울어져 있었을 뿐이었다고 할 수 있다.

1960년대 중반에 이르면 수출지향적 공업화 및 '준개방체제로의 이행'이 본격적으로 추진된다. 이는 '보완계획', 그리고 한일국교정상화, 환율인상 및 단일변동환율제의 채택(1964~65), 금리현실화(1965. 9), 외자도입법(1966. 7), GATT 가입(1967. 3), 무역(수입)에 있어 네거티브 시스템(Negative System)의 도입(1967. 7), 관세개혁(1967. 11) 등을 통해 이루어진다.

'보완계획'에서 상정된 수출증대를 위한 정책방향은 어떤 것이었는가. 우선 수출산업 육성방침으로는 주로 노동집약적인 경공업이나 수공업 등 가공산업부문을 수출산업으로 육성하며, 기존 국내산업 중 국제경쟁력이 강한 산업을 선정하여 이를 수출산업으로 육성한다는 것을 들 수 있다(1960년대 중반 이후처럼 신규산업의 수출산업화는 아님). 그리고 중소기업 역시 주로 수출산업을 육성한다는 방침이었다.[34] 한편

나 국제경쟁력 강화조치 등이 아직 마련되지 않았고, 이 산업들이 처음부터 수출시장을 대상으로 하지 않았기 때문이다. 이 산업들은 대체로 과잉설비와 과잉생산에 따른 시장창출의 일환으로 수출시장에 주목하게 되었다. 그러한 점에서 1960년대 중반 이후 전자산업의 경우처럼 직접적으로 수출을 위한 생산과는 전혀 달랐다.

34) 중소기업에 관한 이러한 내용이 '보완계획'에서 구체적으로 언급되지는 않는다. 그런데 1963년 정도까지 중소기업정책은 주로 전반적으로 보호·육성하는 것이었으나 1964년 이후에는 중점적인 성장육성정책으로, 특히 중소기

수출장려보장제도의 확충 및 기타 수출지원책들이 강구되었다.35) 어쨌든 1960년대 중반에 이르면 수출지향적 공업화체계가 본격적으로 형성된다. 수출지향적 공업화정책의 추진은 국내자본의 축적조건을 변화시키는 것이었는데, 예컨대 수출시장에서의 자본간 경쟁이라는 새로운 경쟁요소가 도입된 것이다. 그런데 이 글의 대상과 관련하여 보면, 수출경쟁력을 확보하기 위한 대규모 투자가 본격화된다는 것이며, 이는 다시 말하면 기업의 규모가 이전과는 달리 급속히 확대될 수 있게 했다는 점이 더욱 중요하다 하겠다. 하지만 이 시기에 이러한 모습이 눈에 띄게 드러나지는 않는다.

5·16정권은 1960년대 중반에 수출지원체계를 확립함으로써, 국내자본이 해외시장에서 (가격)경쟁력을 확보하고 또 그것을 통해 국내의

업의 수출산업화정책으로 변화했다. 1964년부터 중소기업에 대한 국가의 정책은 수출산업화, 전문화·계열화 추진으로 특징지어진다. 이 중 수출산업화에 한정하여 보면 구체적인 내용은 다음과 같다. 1964년부터 중소기업의 수출 가능성, 외화가득률, 투자재원의 회수기간, 기존시설의 활용도 등 4개 항목을 평가기준으로 하여 수출가능 품목을 생산할 수 있는 중소기업을 선정, 시설자금의 융자, 원자재도입의 원활화, 기술 및 경영지도 등의 지원을 하여 내수산업에서 수출산업으로 전환시킨다는 것이었다. 그리고 중소기업 3단계 육성계획에서는 단계별로 수출산업 전환업체 150개씩 450개 업체를 선정하여 중점적으로 육성시켜 1965년 말 가동률을 74.2%까지 증대시키고자 했다. 그리고 1966년부터는 중소기업 수출특화산업을 선정하고 또 수출공업단지를 형성하여 중소기업의 수출률을 증대시키고자 했다. 자세한 내용은 중소기업은행(1966), pp.56, 67-75를 참조.

35) '보완계획'에서 언급된 내용은 수출장려보상제도를 확충하고 무역금융을 확대·개선하며 해외시장 개척에 주력한다는 것 등이다(경제기획원, 앞의 책, p.46). 결국 수출지원정책의 핵심은 주로 가격지지정책이었다고 할 수 있다. 물론 이러한 가격지지정책을 통하여 (경쟁을 매개로) 수출산업의 생산성 증대를 도모했다.

경제적 지배력을 강화하는 방향으로 나아갈 수 있게 했다. 또한 법제도적 지원체계뿐만 아니라 대통령 주재하의 수출진흥확대회의(1965~), 수출진흥종합시책(1964~) 등을 통해 수출을 장려했다. 특히 1960년대 후반 전략산업(철강, 기계, 조선, 전자, 석유화학, 비철금속)을 육성함에 있어서 "중화학공장을 짓되 국제경쟁력을 갖도록 최신·최대규모(국제규모)로 짓는 것을 원칙으로 하되, 국내시장이 협소하여 판로가 없을 것이므로 이를 국가가 뒷받침하여 전략적으로 수출공업으로 육성한다"는 것에서 알 수 있듯이 중화학공업도 이미 이때부터 수출산업으로 육성하고자 했던 것이다.

1960년대 중반 이후 국가권력의 이러한 방침은 당시 IMF 및 GATT 체제 아래 국제교역이 확대 일로에 있었던 해외경제 여건에 부합됨으로써 급속한 자본축적을 가능하게 했다.

4. 맺음말

지금까지 논의한 바를 정리하면 다음과 같다.

1950년대의 사적 대자본은 1950년대 말의 축적위기를 겪으면서, 그리고 4·19와 5·16이라는 정치적 변동을 겪으면서 자칫 몰락의 길로 치달을 뻔했다. 그렇지만 실제 역사상으로는 그러기는커녕 오히려 5·16정권하에서 재벌로 변신할 기회를 갖게 된다.

자본주의적 발전수준이 극히 미약한 상태에서 그 가장 중요한 조건 및 계기는 국가의 정책에 의해 주어졌다. 우선 부정축재 처리과정 등에서 사적 대자본은 일정하게 재편되기는 하지만 자본축적(경제성장)의 주역으로 재등장할 수 있었다. 둘째, 국가의 산업정책을 통해 대자본은 다양한 사업부문에 진출할 수 있었으며, 또한 '규제된 경쟁'하에서 해당부문에서 독점력을 가질 수 있었다. 그리고 국가의 금융권 장악으로 마련된 국가 - 은행 - 재벌의 금융적 메커니즘 속에서 재벌은 국가라는 강대한 보험장치를 마련한 채 축적을 가속화할 수 있었다.

이러한 계기를 통해 1950년대의 사적 대자본은 상업자본적 성격, 또 소비재경공업부문 중심의 사업구조 등을 탈피하고, 은행차입을 통한 규모확장을 할 수 있게 되었다. 그리고 1960년대 후반부터 수출산업과 중화학공업 시설을 중심으로 한 경쟁력 강화수단으로 단위규모의 대형화(규모의 경제)가 본격적으로 추진되면서 집중도를 증대시킬 수 있었으며, 또한 기업의 다각화(범위의 경제)도 본격적으로 이룰 수 있게 되었다.[36] 즉 재벌구조의 기본적 형태를 갖추기 시작한 것이다.

한국자본주의가 1960년대 중반 준개방체제로 이행하고 또 국가의 정책적 지원장치가 마련되면서 이른바 고도성장체제는 본격적으로 가동되기 시작했다. 그리하여 1960년대 후반 산업자본의 축적이 확대되면서, 자본의 운동 그 자체의 논리에 의해 중화학공업에 대한 투자욕구가 강해졌다. 그러나 아직 개별자본의 축적력이 중화학공업을 담당할 수 있는 수준은 아니었다. 국가는 비록 초기부터 중화학공업의 필요성을 인정하여 일정하게 추진하고 있었으며, 특히 1960년대 후반에

---

36) 1960년대에 재벌(구조)에 대한 특별한 법제도적 규제조치는 없었다. 이는 국가의 정책이 기본적으로 불균형성장전략하에서 재벌육성정책에 경사되어 있었으며(특정 재벌을 육성하고자 한 것이라기보다는 대규모 자본을 육성하고자 한 것임), 또한 당시 재벌과 국가권력의 역학관계로 보건대 국가는 재정·금융권 및 행정적 강제 등을 통해 언제든지 특정 재벌을 해체시킬 수도 있었기 때문이다. 다만 독과점에 대한 규제는 1963년 이른바 '3분폭리사건'을 계기로 논의되기 시작, 1966년에 공정거래법안, 1969년에 독점규제법안, 1971년에 공정거래법안 등이 국회에 제출된 바 있다.

전략산업을 선정하고 제도적 지원장치까지 마련했지만, 중화학공업을 본격적으로 시도하려 하지는 않았다. 결국 국가의 재정금융적 지원은 여전히 고도성장의 견인차로서 수출지향적 소비재경공업부문에 집중되고 있었던 것이다.

그런데 1960년대 말에 이르면, 주요한 축적의 기초였던 차관을 통한 생산력 이식, 국가의 재정금융적 지원, 풍부하고 저렴한 노동력, 소비재경공업제품에 대한 국내외의 수요 등에 몇 가지 차질이 발생한다.

우선 1960년대에 비록 국가의 일정한 규제와 조정 속에서 산업자본이 고도축적을 이루기는 했지만, 그럼에도 불구하고 자본간 경쟁으로 인하여 몇몇 부문에서 과잉투자가 발생했다. 이것은 호황기에는 잘 나타나지 않았지만, 1960년대 말 차관기업의 부실화 등과 같은 다른 요인들과 결부되어 불황을 심화시키는 요인으로 작용했다. 둘째, 섬유산업과 같은 부문에서 중국 등 저개발국이 국제시장으로 진출하고 또 선진자본주의국의 보호주의장벽이 강화됨에 따라 수출시장이 상대적으로 축소되었다. 셋째, 이를 부채질한 것으로는 당시 수출시장에서의 가격경쟁력을 유지하고 있던 중요한 이유 중 하나가 저임금이었는데, 1960년대 말부터 임금상승요구가 강해지고 더욱이 전태일 분신 등으로 노동자의 조직적 저항이 강화될 소지가 발생하면서 노동운동이 활성화되고 실질임금 상승현상이 나타나기 시작했다. 넷째, 수출시장이 상대적으로 축소되자 많은 (대)자본이 내수시장으로 전환했는데, 그에 따라 내수시장을 대상으로 축적하고 있던 중소자본과의 마찰이 발생했으며 또 내수시장 자체의 한계로 상품가치의 실현문제를 해결할 수 없었다. 마지막으로 1960년대 중반 이후 대거 도입된 외자의 원리금상환 압박과 중간재·자본재 수입수요의 증대에 따른 외채 증가, 그리고 국제수지문제의 대두를 들 수 있다.

이상과 같은 원인으로 1960년대 중반 이후 급속히 확대된 자본축적은 둔화될 수밖에 없었다. 결국 1960년대 중반 이후 고도성장을 지탱해 온 주요한 요인이 재벌의 실질적인(기술 등의 측면에서) 국제경쟁력 강화라기보다는 국내의 저임금과 국가에 의한 가격지지였기 때문에, 이러한 요인들에 장애가 발생하자마자 재벌의 축적은 타격을 받게 된 것이라 할 수 있다. 이러한 위기는 1970년대 중화학공업화를 통해 일단 해소되는데, 이 과정 속에서 재벌은 그 산업적 기반을 확고히 구축하고 그 특징적 구조를 더욱 확대시킨다.

참고문헌

<자료>

경제기획원, 『제1차경제개발계획 보완계획』, 서울, 1964.
_____, 『광공업통계조사보고서』, 서울, 1971.
_____, 『공기업백서』, 서울, 1988.
_____, 기획조정실, 『제1차 경제개발5개년계획 평가보고서』, 서울, 1967.
대한민국 정부, 『제1차 경제개발5개년계획』, 서울, 1962.
_____, 『제2차 경제개발5개년계획 1967~1971』, 서울, 1966.
대한상공회의소, 『한국경제 20년의 회고와 반성』, 서울, 1982.
_____, 『한국기업의 성장전략과 경영구조』, 서울, 1987.
상공부, 『상공정책10년사』, 서울, 1969.
재무부, 『재정금융30년사』, 서울, 1978.
_____, 『재정투융자백서』, 서울, 1982.
전국경제인연합회, 『전경련20년사』, 서울, 1983.
_____, 『한국경제정책40년사』, 서울, 1986.

＿＿＿＿＿＿,『한국경제연감』, 서울, 1968, 1969.
한국무역연구소,『외자도입기업의 국민경제발전상의 기여도 및 국제수지효과 분석』, 서울, 1971.
한국무역협회,『수출주도형 경제개발의 전개과정』, 서울, 1974.
한국산업은행,『우리나라 공업의 발전과 과제』, 서울, 1968.
한국산업은행 조사부,『한국의 산업』, 서울, 1960, 1966.
한국생산성본부,『외자도입과 외자도입기업체의 경영실태』, 서울, 1966.
한국외환은행,『우리나라 수출지원 금융제도의 현황』, 서울, 1970.
한국은행,『한국의 외환관리』, 서울, 1970.
＿＿＿＿＿＿,『한국산업구조의 재편성』, 서울, 1971.

<단행본>
가지무라 외,『한국경제의 구조』(우대형 옮김), 서울: 학민사, 1985.
김광석·래리 E. 웨스트팔,『한국의 외환·무역정책』, 서울: 한국개발연구원, 1976.
김정렴,『한국경제정책30년사』, 서울: 중앙일보사, 1990.
김찬진,『외자도입론』, 서울: 일조각, 1976.
박영철·콜,『한국의 금융발전: 1945~1980』, 서울: 한국개발연구원, 1984.
박희범,『한국경제성장론』, 서울: 고대 아세아문제연구소, 1968.
사공일·존스,『경제개발과 정부 및 기업가의 역할』, 서울: 한국개발연구원, 1981.
최광 편,『재정통계자료집』, 서울: 한국개발연구원, 1983.
한규훈,『실록 한국은행』, 서울: 매일경제신문사, 1986.
홍성유,『한국경제의 자본축적과정』, 서울: 고대 아세아문제연구소, 1963.
황병준,『한국의 공업경제』, 서울: 고대 아세아문제연구소, 1966.

<논문>
김승석, "한국에 있어서 국가자본의 역할에 관한 연구," 서울: 서울대학교, 1992.
김양화, "1950년대 제조업대자본의 자본축적에 관한 연구," 서울: 서울대학교, 1990.
김진현, "부정축재처리 전말서," 서울:『신동아』, 1964년 12월.

김진현·지동욱, "한국 장기개발계획의 내막," 서울:『신동아』, 1966년 9월.
박동철, "한국에 있어서 국가주도적 자본주의 발전방식의 형성에 관한 연구," 서울: 서울대학교, 1993.
박종철, "한국의 산업화정책과 국가의 역할," 서울: 고려대학교, 1988.
박현채, "한국자본주의 전개의 제단계와 그 경제적 귀결,"『한국사회의 재인식』, 서울: 한울, 1992.
이정순, "대기업 성장의 재무론적 연구," 서울: 고려대학교, 1968.
최진배, "수출지향적 공업화과정에서의 은행의 역할," 서울: 서울대학교, 1989.

1960년대 한국의 노동정책과 노사관계

김 삼 수

1. 머리말

　5·16쿠데타로 권력을 장악한 군사정부는 곧바로 파업을 금지하고 노동조합을 해산하는 정책을 시행했다. 그리고 실제로 노동조합조직에 직접 개입하여 소위 '산업별조합체제'의 한국노동조합총연맹(한국노총)체제를 만들고 63년에는 제1차 경제개발계획의 시행에 맞춰 집단적 노동관계법을 개정했다. 그러한 의미에서 실태로서 전개된 노동조합체제의 재편성은 경제개발계획의 수립에 선행하여 경제사회체제의 개편 방향을 보여주는 중요한 소재가 된다.
　그러나 개발경제시대로 불리는 박정희정권 시대에 1960년대의 노동정책이 그대로 유지되었던 것은 아니다. 주지하다시피 70년 1월의 '외국인투자기업의 노동조합 및 노동쟁의에 관한 임시특례법'('외국인투자기업 임시특례법')을 개시로 71년 12월 6일의 '국가보위에 관한 특별조치법'('보위법'), 73년의 노동법개정이라는 계기적 절차를 거쳐 형성되는 1970년대의 노동정책은 그 정책수단에 있어서 60년대의 그것과 연속성과 동시에 단절성을 갖는 것이었다. 유일한 노동조합으로서 한국노총 체제를 법적으로 강제한 점에서는 연속적이다. 그러나 단체교섭권과 쟁의권을 유보하고 행정조정제도를 채택한 점, 그리고 산업별노동조합에 대한 법적인 태도의 측면에서는 1960년대와는 질적으로 다르다.

1970년대의 이와 같은 노동정책의 전환은 한국노총을 정점으로 한 산업별조합체제로 노사관계의 안정을 꾀하려고 했던 1960년대의 노동정책 수단이 소기의 목적을 달성하지 못했다는 점을 시사해 준다. 특히 1965년 이후 경제개발계획이 외자도입(대일청구권자금과 차관)을 자금원으로 하는 수출주도형 경제성장전략으로 바뀌고 또 60년대 말 국내기업의 부실상태에 직면하여 외국인직접투자 유치가 더욱 절실해진 상황에서 노사관계의 안정은 경제성장에 절대적으로 필요한 조건으로 인식되었다.

박정희시대의 노동정책과 노동운동에 대해서는 그다지 많지는 않지만 몇 가지 소중한 연구가 축적되어 왔다. 대표적으로는 최장집, 시미즈(淸水敏行), 김준 등의 연구가 있다.[1] 그러나 이들 연구는 어느 쪽이냐 하면 1970년대의 분석에 중점이 두어져 있다. 때문에 '국가주도의

---

1) 최장집, 『한국의 노동운동과 국가』(서울: 열음사. 1988). 淸水敏行, "朴正熙維新體制と勞動統制の展開(一)~(三)," 北海道大學, 『北大法學』第36卷 第5·6號, 第37卷 第4號, 第38卷 第2號, 1987~88. 김준, "아시아 권위주의국가의 노동정치와 노동운동 : 한국과 대만의 비교," 서울대 사회학과 박사학위논문, 1993.

권위주의적 조합주의(corporatism)'(최장집)나 '권위주의적 노동통제정책'(淸水敏行, 김준)과 같은 측면이 중시되었다. 세부적인 논점은 별도로 하고 결론을 먼저 말하면, 60년대와 70년대를 전체적으로 보면 이와 같은 연구결과에 대해서 수긍할 수 있는 측면이 많이 있는 것은 사실이다. 그러나 60년대와 70년대의 노동정책은 상당히 다르기 때문에 일단 그것을 구별하여 연구할 필요가 있는 것으로 여겨진다.[2] 그리고 본론에서 자세하게 논하는 것처럼 권위주의적 노동정책의 측면에서는 1950년대와의 연속성이 오히려 강조되어야 할 것이라고 생각된다.[3]

본고는 이러한 한국 노동정책에 대한 문제인식과 연구상황을 배경으로 1960년대 노동정책의 체계 및 특징과 노사관계의 실태를 밝히는 것을 과제로 한다. 경제개발 초기의 목적을 달성하기 위해 군사정부가 노동조합을 어떻게 위치짓고 어떠한 노사관계를 구상했는가를 주로 국가의 단결정책 체계와 수단 분석을 통해 구명한다(3절). 다음으로 실태 면에서 한국노총체제의 형성과정과 조직·기능을 분석하여 소위 산업별조합체제의 성격을 밝힌다(4절). 이와 같은 노동정책과 노동조합체제하에서 60년대 노사관계의 실태가 어떻게 전개되고 어떠한 문제

---

2) 1960년대의 노동쟁의에 관한 연구로는 박기호, "한국의 노동쟁의 Ⅰ," 이은진, "한국의 노동쟁의 Ⅱ," 편집부 엮음, 『한국자본주의와 임금노동』(서울: 화다, 1984)이 있다. 그리고 60년대를 포함하는 노동정책과 노동조합조직에 관한 연구로는 신인령, 『노동기본권 연구』(서울: 미래사, 1985); 한국산업사회연구회 편, 『산별노조론』(서울: 미래사, 1994) 등이 있다. 그리고 60년대까지 포괄하는 노동운동의 전개에 관한 서술로는 한국노동조합총연맹, 『한국노동조합운동사』(서울: 한국노총, 1979)가 있다. 특히 한국노동조합총연맹의 서술은 1차자료까지 포함하여 매우 귀중한 정보를 제공해 주고 있다.

3) 50년대의 노동정책을 '권위주의=疑似國民國家' 체제로 파악하는 견해에 관해서는 金三洙, 『韓國資本主義國家の成立過程』(東京: 東京大學出版會, 1993)을 참조.

에 부딪혔는가를 노동조합의 조직세, 단체교섭 및 노사협의, 노동쟁의, 임금변동에 대한 분석을 통해 밝힌다(5절). 그리고 이러한 60년대 노사관계의 변화를 보기 위한 전제로서 1950년대의 대한노동총연맹(대한노총)의 노동조합체제와 노사관계 및 4·19혁명하의 노사관계를 살펴본다(2절).

2. 대한노총체제의 붕괴와 4·19혁명기의 노동운동

1) 1950년대의 후반의 공업화와 대한노총체제

1957년에는 국민총생산이 49년 수준으로 회복되었다. 50년대의 경제성장은 그 주도산업이 '3백산업'이라 불리는 것처럼 전반적으로 소비재산업이 주도했다. 그렇지만 성장의 주도산업에는 57년을 경계로 그 전기에는 식료품, 섬유 등의 소비재공업이, 후기에는 비료, 고무, 펄프, 시멘트, 전기기기, 유리 등 중간재·자본재공업이 주도하는 약간의 차이가 있었던 것도 사실이다. 50년대 후반의 이러한 경제성장의 퍼포먼스는 긴축정책과 원조삭감 때문에 56년과 60년에 경기후퇴를 기록하지만 기본적으로 한국경제가 해방 이래의 생산감축과 인플레의 악순환에서 벗어나 확대재생산과정에 돌입한 것을 의미한다.

이러한 경제성장에 있어서 자금조달원으로 거액의 원조가 중요한 역할을 한 것은 물론이다. 그러나 그러한 원조는 원조공여국인 미국의 정책에 의해 제약되면서도 한국정부가 취한 재정금융정책의 매개에 의해 화폐자본적으로 운용(代充資金: 외국원조의 國內販賣代錢)된 것이 자본축적의 중요한 계기였던 점에도 유의할 필요가 있다.4) 이러한 계기가 당시 광범하게 존재하는 산업예비군을 기반으로 하는 '저임금'노동력과 결합하여 경제성장을 가능하게 했던 것이다. 원조공여국측은 시장메커니즘의 확립, 즉 '자유기업주의'와 '기업합리화'에 의한 국민경제운영의 효율화를 요구하는 소위 '안정정책'을 요구했다. 이에 대해 한국정부가 취한 정책은 중공업발전이 매우 낮은 생산력수준에서 소수의 소비재공업부문에 중점적으로 투자하고, 그후에 중간·생산재부문을 중심으로 수입대체공업화를 꾀하는 '성장우선정책'이었다.5)

이러한 의미에서 50년대 공업화에 있어서 정부가 행한 역할은 결코 작지 않다. 50년대의 공업화에 있어서 국가가 행한 역할 가운데 중요한 것은 국가가 여러 가지 정책에 의해 사적 자본(경영)의 창출·육성을 꾀했다는 점에 있다. 그 대표적인 수단은, ① 귀속자본의 민간불하, ② 원조물자의 특혜적 배분과 그 구입을 위한 특혜적인 융자, ③ 사적자본의 축적을 조성하기 위한 정부관리사업체의 경영적자정책이었다. 이러한 정책에 의해 '3백산업'과 그것을 기반으로 하는 독점적인 재벌이 형성되었던 것인데, ③에 대해서는 약간의 설명이 필요하다. 1950년대에 정부는 '국가자본'의 민간불하에도 불구하고, 전매사업, 석탄 등의 광업, 전력업체(발·송전 및 배전) 3사, 철도운수, 대한조선공사(교통부 부산조선창) 등 광범한 독점체를 소유·운영했다. 그런데 이와 같은 사업체의 생산물가격(특히 석탄 - 전력 - 철도운수의 가격연쇄)은 시장가격보

---

4) 이 점에 대해서는 특히 김재훈, "1950년대 미국의 한국원조와 한국의 재정금융," 한국사회연구회, 『경제와 사회』 창간호(서울: 까치, 1988)를 참조.
5) 이상 1950년대의 공업화 및 정책에 대해서는 다음을 참조. 홍성유, 『한국경제의 자본축적과정』, 서울: 고려대학교 아세아문제연구소, 1965; 이대근, "한국전쟁과 1950년대 자본축적," 서울대 경제학과 박사학위논문, 1987; 李鍾元, 『東アジア冷戰と韓米日關係』, 東京: 東京大學出版會, 1995.

다도 매우 낮은 수준에서 결정되었던 것이다. 저수준의 '통제가격'에 의한 생산물의 공급이 민간부문의 자본축적에 유리하게 작용했던 것이다. 그리고 이러한 상황에서 1958년 이후 미국의 원조방식이 '유상차관방식'으로 전환되자 정부관리기업체의 '경영합리화' 문제가 크게 발생하지 않을 수 없었다. 사업체관리방식, 자금관리, 가격결정, 잉여인원과 임금체계를 포함한 인사관리와 같은 경영 전반에 걸친 '합리화' 정책의 추진이 차관공여의 조건으로 제시되었다. 예컨대 전력산업의 경영합리화 조치와 관련하여 1958년경부터 한미합동경제위원회는 전원개발을 위한 차관공여의 조건으로 '전력요금의 정상화'를 요구했다. 그것은 자산재평가를 실시하여 원료원가에 감가상각비와 적정한 투자보수를 계상하여 공급종별로 공급원가를 반영하는 가격설정이 필요하다는 것이었다. 그리고 대한조선공사의 경우 경영적자가 계속되는 상황에서 58년 4월에는 산업은행의 기술단과 파견원에 의해 '운영합리화 대책요강'이 마련되었는데 그것은 새로운 기구 및 정원표에 의거한 대규모 감원을 비롯하여, 자금 및 전기 확보 등에 걸친 경영합리화를 요구하는 것이었다. 이러한 합리화정책은 당시는 약간의 인원정리에 머무는 정도로밖에 실행되지 않고 5·16 이후에 실시되는데, 여기에서 중요한 것은 이미 50년대 말에 이와 같은 조치가 강구되기 시작했다는 점이다.[6]

  이와 같은 1950년대의 자본축적은 새로운 기업경영을 창출하고, 다른 한편으로는 정부관리사업체의 낡은 경영체질을 온존시키면서 진행되었다. 전자의 사적 자본가는 그 출발부터 국가의 강력한 보호를 받

---

    6) 정부관리기업체의 경영정책에 관한 서술은 각사의 會社史 등에 의거한 필자의 가설이다. 한국전력주식회사, 『韓國電力二十年史(上·下)』(서울: 한국전력주식회사, 1981); 대한조선공사, 『대한조선공사 삼십년사』(부산: 대한조선공사, 1967) 등.

았기 때문에 그것을 배경으로 노동조합을 승인하지 않으려 했다. 후자의 경우는 만성적인 경영적자, 가격통제와 이를 위한 임금통제 때문에 임금 미지불과 임금인상이 쟁의의 원인이 되었다. 특히 50년대 후반에는 '경영합리화'가 문제가 됨에 따라 잉여인원의 해고문제가 쟁점이 되었다. 50년대 쟁의의 중요 특징은 정부관리기업체(국영, 공영, 공사 등의 형태)가 지배적인 철도, 전력, 탄광산, 조선 등의 각 사업부문에서 쟁의가 많이 발생한 것인데, 이것은 이와 같은 경영상황을 반영한 것이다. 그리고 전자의 대표적인 산업인 섬유산업(방직)은 당시로서는 가장 근대적인 설비를 갖는 기업이었지만, 경영자의 사적인 이윤획득동기가 노조활동을 인정하지 않고 경우에 따라서는 적극적으로 어용노조를 기업 내에 설치하여 종업원을 장악하려고 했다. 1952년의 조선방직쟁의와 56년의 대한방직쟁의가 대표적인 사례이다. 그리고 50년대 당시 가장 부패한 노동조합으로 지적되는 부두노조는 십장제도 등에 의한 노임의 중간착취 기능이 구조화되어 있었다. 노동조합의 기능을 살펴볼 수 있는 지표 가운데 하나인 단체협약체결률을 보면, 58년의 시점에서 400여개의 노동조합 가운데 68개에 불과했다.[7]

50년대 노동조합의 기본구조는 기업의 종업원으로 구성되는 기업 내 단위노조를 중심으로 한 기업별조합체제였다. 당시 노동조합의 조직형태가 기업별조합 형태를 취하게 된 데는 53년 노동조합법상의 기업 내 협약체결이라는 강제조항(제35조)이 어느 정도 영향을 미쳤을 것이지만 직업별조합의 전통이 없는 한국의 노동조합운동사의 전개에서

---

7) 中尾美知子, "1950~60年代勞使關係と勞働爭議の展開," 小林謙一・川上忠雄 編, 『韓國の經濟開發と勞使關係 ── 計畵と政策 ──』, 東京: 法政大學出版局, 1991, p.262. 구체적인 사례는 한국노동조합총연맹, 앞의 책, pp.398-413, 435, 440-444과 김낙중, 『한국노동운동사 ── 해방후편』, 서울: 청사, 1982, 제5장을 참조.

보았을 때는 극히 자연스러운 진행이었다.8) 그 위에 산업별(업종별) 및 지역별연합체가 존재하고 전국적인 정상조직으로서 대한노총이 존재하는 조직체계였다. 그러나 1951, 52년의 자유당결성과 조선방직쟁의를 통해서 성립된 대한노총체제는 1950년대 내내 노동자를 통제하는 운동체로서의 성격을 불식하지 못했다. 특히 이승만정권과 자유당의 왜소화된 '외곽단체'로서의 성격은 더욱 강화되고, 이 때문에 노총 내부의 리더십 문제는 더욱 증폭되었다. 1956년 대통령선거시에 이승만의 대통령출마를 요구한 '우마차'(牛馬車)데모는 그 정점이었다.9) 한편 대한노총 중앙지도부의 내분은 파벌을 안배하는 3인최고위원제 등의 집단지도체제 방식으로 미봉되어 왔으나, 1958년의 제11차 전국대의원대회에서 집단지도체제에서 위원장제로 규약을 변경한 후 위원장에 당선된 김기옥(전국부두노조 및 자유노련 위원장)체제가 성립함으로써 결정적인 것이 되었다. 그러나 이러한 대한노총체제가 그대로 유지될 수는 없었다. 대한노총의 주류파에 반대하여 1959년에는 전국노동조합협의회(전국노협)가 결성되고, 이 조직은 4·19혁명에 의한 지배체제의 붕괴상황을 이용하여 그 조직세를 강화해 나가게 되었다.10)

---

8) 1953년 법의 공장, 사업장, 기타 직장의 기업 내 협약체결 단위에 대해서는 金三洙, 앞의 책, pp.268-269 참조.

9) 그리고 1959년 7월에 자유당 조직위원회가 만든 '사회단체 정비강화책'도 각급 노조 및 연합체 책임자에게 자유당의 강령을 주입함과 더불어 "노동조직이 있는 지역에 있어서는 각급 지방당 사회부장을 대한노총 지방조직체에서 선임하"도록 되어 있어 동일한 성격의 것이었다. 한국노동조합총연맹, 앞의 책, pp.448-449.

10) 한국노동조합총연맹, 앞의 책, pp.436-437, 445-448.

2) 4·19혁명기의 노동운동

1960년 4·19혁명에 의해 이승만정권이 붕괴하자 노동운동이 상당 정도 활성화되었다. 보건사회부의 공식통계에 의하면 60년에는 노동조합의 수도 203개 증가하여 총 914개가 되었으며, 조합원수도 전년대비 4만여명이 증가하여 32만 1,000여명을 기록했다. 노동쟁의도 증가하여 59년의 95건에서 227건으로 증가하고 참가인원은 49,813명에서 64,335명으로 증가했다.[11]

4·19혁명 후의 노동운동 가운데 특징적인 것은 그간 교육공무원법과 사립학교법에 의해 단결이 금지되어 왔던 교원들의 노조운동(한국교원노조연합회)이 활성화되었다는 점이다. 교원노조운동은 1958년 이후 대구지방을 중심으로 전개된 운동의 연장선상에 있는 것이었다. 당시부터 교원과 일반공무원의 단결권을 금지한 해당 법률에 대한 위헌소송이 전개되었던 것인데, 장면정권하에서도 여전히 합법화되지 않고 5·16을 맞게 된다.[12]

---

11) 보건사회부, 『보건사회통계연보』, 1960년; 한국노동조합총연맹, 앞의 책, pp. 495-497에서 재인용.

12) 교원노조의 합법화문제는 이미 1950년대 후반부터 노동법상의 중요한 쟁점이 되었다. 1953년 노동법체제하에서 교원만이 아니라 일반공무원의 노조결성권에 대해서는 한때 법무부의 해석에 의해서 인정하는 방향의 통첩(53년 6월 8일의 법무 제200호, 57년 12월 2일의 체신부장관에 대한 법무부장관의 질의 회답)이 발해진 적이 있었다. 그러나 이는 현실화되지 않았고 최종적으로 59년 3월 16일의 법무부장관과 보사부장관 공동명의의 지시에 의해 교원의 노조결성권마저도 부인되었다. 당시 법학계의 논의는 노조결성권 부인론(李炯鎬, 金鎭雄 등)과 용인론(吳貞根, 李恒寧, 朴德培 등)으로 양분되어 있었

그리고 그간 자유당의 외곽단체로 기능해 왔던 대한노총체제의 어용성이 크게 비판되었다. 그러나 대한노총은 혁명 후 그 조직세를 강화하던 전국노협과 60년 11월 통합대회를 치러 그 체제를 한국노동조합총연맹(한국노련)으로 개편하게 되었다. 그러나 통합에도 불구하고 여전히 조직 내의 분규를 불식하지 못하는 한계가 있었다.[13]

3. 노동정책의 전환 —— 위로부터의 유일·유사산업별 = 기업별조합체제의 법적 강제=사실상의 설립허가주의

1) 과도기의 노동정책: 쟁의금지와 노조조직의 재편

1961년 5·16군사쿠데타에 의해 성립된 군사정부의 정책은 63년 11월 말의 총선에 의해 국회가 구성되기까지 국가재건최고회의 포고와 법률, 령, (의장)지시각서 등의 형태로 입안·시행되었다. 노동정책과 관련해 중요한 것을 정리하면 다음과 같다(일자는 공포일).[14]

다. 이형호, "공무원과 교원의 단결권," 『사상계』 제7권 6호, 1959년 6월; 오정근, "공무원과 교원의 단결권을 위요한 제문제—부정론에 대한 시비—," 『사상계』 제7권 9호, 1959년 9월. 1963년의 노동법개정에 중요한 영향을 미쳤다고 판단되는 오정근 등은 교원과 공무원의 단결권보장에 대해서 이러한 주장을 유지하고 있지 않았던 것으로 생각된다.

13) 한국노동조합총연맹, 앞의 책, pp.498-500.
14) 이하 정리는 다음을 참조. 한국군사혁명사편찬위원회, 『한국군사혁명사 제1집 (下)』(서울: 국가재건최고회의, 1963); 한국법제연구원, 『대한민국법령연혁집』 제28권, 서울: 한국법제연구원; 한국노동조합총연맹, 앞의 책, pp.569, 586-589.

- 61. 5. 16. 군사혁명위원회 포고 제1호: 직장의 무단 방기와 파괴·태업의 금지.
- 61. 5. 18. 계엄사령부 발표 ⑤ '경제의 질서회복에 관한 특별 성명서'(제8항): "노임은 5월 15일의 수준으로 유지하고 노동쟁의는 일체 엄금한다."
- 61. 5. 21. 국가재건최고회의 포고 제6호 '정당·사회단체 해체령': 모든 정당 및 사회단체는 5월 23일부로 해체(예외적으로 '정치성이 없는 구호단체·학술단체·종교단체' 등은 5월 31일까지 재등록하도록 함→ '사회단체 등록에 관한 법률' [6. 12]에 의해 등록).
- 61. 8. 3. '사회단체 등록에 관한 법률'의 개정: '근로단체'를 비정치적인 사회단체로 규정하여 등록할 수 있도록 함.

  '근로자의 단체활동에 관한 임시조치법' (63 .4. 17. 폐지): 기존의 노조를 포함하여 모든 노조는 설립신고와 신고증교부에 의해 노조가 설립됨. 이외에 '근로자의 단체활동'은 본법이 특별히 규정하는 사항 이외에는 노동조합법 규정을 적용받음.
- 61. 12. 4. 근로기준법 개정(→62. 3. 10. 근로기준법 시행령 개정).
- 62. 12. 26. 개정헌법 제29조: 노동3권 보장(공무원 제외).
- 63. 4. 17. 집단적 노동관계 3법 전문 개정(→63. 8. 26. 관련법 시행령 개정).
- 63. 12. 7. 집단적 노동관계 3법 개정.
- 63. 12. 16. 노동쟁의조정법, 노동위원회법 개정(내용상의 개정은 없음: 내각수반→대통령, 국가재건최고회의→국회).

위의 간단한 정리에서 알 수 있듯이 1963년 개정노동법이 시행되기까지 과도기의 노동정책은 크게 두 시기로 나누어 볼 수 있다. 제1기는 5월 16일——정확하게는 5월 21일부터 8월 3일까지로 쟁의나 교섭이 금지되었을 뿐만 아니라 노동조합 자체가 강제적으로 해체되던 시기이다. 61년 5월 23일에서 8월 3일까지의 83일간은 노동조합을 결성하

것 자체가 금지되던 시기이다. 한국자본주의 역사상 이와 같이 노동조합 자체가 직접적으로 부인된 시기는 이외에는 존재하지 않았다.

제2기는 8월 3일에 공포된 두 가지 법률에 의해 바로 노동조합 자체가 인정되는 시기였다. '사회단체 등록에 관한 법률'의 개정과 '근로자의 단체활동에 관한 임시조치법'(이하 '단체활동임시조치법')이 그것이다. 이 가운데 후자는 63년 4월 17일에 개정 공포된 노동조합법에 의해서 대체되기까지 존속했다. 이 법률하에서 신고에 의한 재등록 형태나 신규로 설립되는 노동조합은 종래 노동조합법의 적용을 받게 되었다고 해석할 수 있다.

그러나 이 시기에 파업 등의 쟁의권 보장은 어떠했는가? 필자는 파업 등의 쟁의행위는 이 임시조치법에 의해서도 보장되지 않고 여전히 군사위원회 포고 제1호 제5항에 의해 금지되었다고 해석한다. 왜냐하면 허용되는 '단체활동'에는 파업 등의 쟁의행위는 제외된다고 했기 때문이다. 63년 4월에 공포된 개정노동법에 의해 쟁의권이 부활하기까지 노동자는 전적으로 쟁의권을 박탈당하는 정책체계였다. 노동조합은 완전히 정부에 의해서 '국가재건과업 완수'에 적극 기여하도록 '지도·보장'되어야 할 존재로 인식되고 있었다.

이를 위해 사용한 정책수단이 노조의 해체와 재등록 정책이었다. 실제로 군사적인 정치권력은 강압적으로 '노조 재조직'을 감행했다. 사실 이 임시조치법은 노동조합조직의 재편을 위해 제정되었다고 해도 과언이 아니다. 8월 4일 보사부장관(정희섭)의 담화('근로자의 단체활동에 관한 임시조치법 공포에 際하여')[15]는 "'노조의 재조직'이 노조의 혁신, 정화를 기함에 있어서 '최선의 길'이라는 신념을"을 가지고 이 법을 제정했음을 밝혀, 이 법의 제정 목적이 다름 아닌 '노조조직의 재편'에 있었음

---

15) 한국노동조합총연맹, 앞의 책, pp.587-588에 수록.

을 천명하고 있다. 그는 이 담화에서 "종래의 노조의 폐단인 노조 상호간의 반목, 마찰, 분파작용 등을 피하고 대동단결하기 위해서는 군소노조의 난립보다는 전국단일 산별노조가 필요"하다고 하여 산별노조를 노조조직의 재편방향으로 제시하고 있다. 또 노조간부 부적격자를 유형별로 제시하여 노조 재편운동의 추진주체까지도 제시했다.

이와 같은 점에서 보아 이 임시조치법은 노동자의 쟁의권을 박탈한 상태에서 정치권력이 이미 준비한 안에 따라 노동조합조직을 재편하기 위해 제정되었다고 할 수 있다.

2) 노동법의 개정내용

(1) 노동3권

먼저 62년 12월 26일에 헌법 전면개정에 수반하여 헌법상의 노동3권 조항에 변화가 초래되었다. 48년 제헌헌법에서 특징적이었던 이익균점권 조항은 그간 관련법률이 제정되지 않았기 때문에 사실상 사문화되어 있었던 것이 폐지되었다. 그리고 종래 공무원은 헌법상의 명문규정이 아니라 관련법률에 의해서 노동3권이 부인되어 왔는데, 개정헌법에서는 '법률로 인정된 자'를 제외하고 헌법상의 규정에 의해 노동3권이 부인되었다.

그후 노동관계법, 공무원법 등의 관련법률에 의해서 구체화된 60년대의 단결권 보장상황은 <표 1>에서 보는 바와 같이 1950년대와 다르지 않으며, 민간부문에 한해 단결권을 보장하는 데 머물렀다. 민간부문의 경우도 사립학교 교원은 단결권이 전적으로 부인되었고, 공익사업체 노동자는 강제중재제도에 의해 사실상 파업권이 부인되었다.

〈표 1〉 현행 법률하의 단결권 금지·제한

구분	단결권	단체교섭권	단체행동권	관련 법규
일반공무원	X	X	X	헌법, 국가공무원법, 지방공무원법
현업 기능직공무원	O	O	X	동상, 공무원복무규정
교원	X	X	X	국가공무원법, 사립학교교원법
공익사업체 노동자	O	O	△	노동쟁의조정법

주: 1) O: 승인, X: 부인, △: 제한(사실상의 부인).
    2) 현업 기능직공무원이란 '공무원복무규정'(1963. 6. 1)상의 '사실상의 노무에 종사하는 공무원'을 말한다. 구체적으로 현업기관(교통부, 체신부, 전매청, 국립의료원)의 작업현장에서 근무하는 자를 말한다(단 서무, 인사, 물품출납, 경리, 기밀 또는 노무자의 감독사무에 종사하는 자는 제외).

(2) 집단적 노사관계

    <표 2>에서 보는 바와 같이 60년대 전반에 이루어진 노동관계법의 개정은 광범한 것이었다. 집단적 노사관계에 관련하여 변화한 중요한 정책수단을 보면 다음과 같다.16)

---

16) 개정내용에 대한 자세한 설명은 신인령, 앞의 글, pp.68-74 참조. 그리고 개정안의 구체적인 입법과정은 현재 자료의 제약상 알 수가 없다. 노동법 개정과정에 '주동적으로' 참가했다고 하는 노동법학자 오정근 교수는 개정 전후로 『고시계』 등의 잡지에 많은 글을 기고하고 있으나, 그의 초기의 구상은 다음의 논문을 통해 엿볼 수 있을 뿐이다. "개정되어야 할 노동관계의 중요 문제점과 그 방향"(『고시계』 제7권 제11호, 1962. 11). 단결권(파업권 포함) 보장에 관한 그의 주장은——실제로 그가 이러한 주장을 견지했는지는 알 수 없지만——전혀 반영되지 않고, 단지 부당노동행위에 대한 원상복구의 구제주의, 노동쟁의 조정기능의 강화 정도가 반영된 것으로 판단된다. 그리고 그는 후술하는 바와 같이 그후에는 제2노조의 결성금지와 규정에 대해서 찬성하는 입장을 보였다.

〈표 2〉 60년대 주요 노동관계법의 개정내용(집단적 노사관계: 전문 개정)

구분		1953년 법	63년 4월 17일 개정	63년 12월 7일 개정
1)단결의 요건 (1)자격요건	경쟁적 조합설립	-	경쟁적 조합설립 금지	
	조직형태	(자유)	전국적인 규모의 단일조직 형태를 지향 또는 전제('傘下支部'라는 용어)	'산하지부'를 '산하노동단체'로 변경 *73년 완전 삭제
	설립신고제	신고시 설립됨. 신고증교부	신고시 설립된다는 조항을 삭제. 준칙주의에 의거한 신고증교부	
(2)노조의 기구 및 운영	노조의 임원	단위노조 임원은 조합원 중에서	노조임원은 그 조합원 중에서 선임	
	노조 임시총회 소집권자	-	유사시 행정관청의 지명권	
	회계감사	3개월에 1회	6개월에 1회	
	조합비	기본임금의 2% 초과 불가	임금의 2% 초과 불가	
	행정관청의 규약취소 변경 명령권	'공익을 해할 경우' 명령 가능	'공익을 해할 염려가 있을 때' 명령 가능	
2) 단결 법인의 내용 (1)단결 法認	권리주체의 예외	노조가입의 예외가 되는 공무원 열거(현역군인 등)	공무원에 대해서는 따로 법률로 정한다	
	면책 등	형사면책의 명문 규정 없음	형사면책 규정의 명문화 ('정당행위')	
	사용자의 부당노동행위	-2개조(노조활동 간섭, 불이익행위) -처벌주의	-4개조로 확대강화(불이익행위, 황견계약, 단체교섭 거부·해태, 지배개입) -원상회복주의(구제명령)	구제신청기한 단축
	정치활동	정치자금 징수 및 유용 금지	정치활동금지 추가	
(2) 단체 교섭 및 협약	교섭권한의 주체	1)노조대표 또는 위임자, 사용자 또는 단체	1)좌동 2)전국규모 노조의 산하지부 3)노사협의회의 대표자는 교섭권이 위임된 것으로 여김	
	단체협약의 단위	공장, 사업장, 기타 직장단위	삭제	
	협약의 여후효	신협약 체결시까지 인정	3개월만 인정	

구분		1953년법	63년 4월 17일 개정	63년 12월 7일 개정
(3)노조보호	유니온숍	-	유니온숍 인정(노조가 당해사업장 근로자의 2/3 이상, 협약에 의해)	
3)쟁의권 및 제한 (1)쟁의권	권리주체의 예외	노동법상 현업 공무원은 예외로 규정(공무원, 교원과 함께 금지)	노동법상 규정 없음(그러나 좌동)	
	쟁의행위의 요건	-	직접 무기명투표에 의한 과반수의 찬성	
(2)쟁의행위의제한, 금지	상부노조 사전승인제	-	전국규모 노조지부는 소속노조의 승인 필요	
	쟁의행위의 적법판정제	-	-	노동위원회의 사전 판정
	조정전치주의 및 냉각기간	알선·조정전치주의(냉각기간 내)	전치조항 삭제(냉각기간: 신고 후 일반 20일, 공익 30일)	노동위의 적법판정 후 냉각기간 기산
	중재개시 후 쟁의금지	-	냉각기간 종료 후에도 중재개시 후 20일간 쟁의행위 금지	
	폭력 등에 의한 쟁의행위 중지명령권	행정관청이 노동위의 결의를 얻어	좌동	사태 긴박시, 노동위의 사후승인제
(3)공익사업	사업범위	운수, 통신, 수도, 전기, 가스공급, 의료, 공중위생	확대(체신, 전매 및 조폐, 유류, 증권거래소, 은행)	
	중재위원회 구성	당해 노동위원회 전체(노, 사, 공)	중재재정행위에는 공익위원만 참가	
4)쟁의조정	재심신청 또는 행정소송시 중재재정의 효력	-	재심신청 또는 행정소송에 의해 그 효력이 정지되지 아니함	
	긴급조정제도	(없음)	보건사회부장관의 긴급조정권 및 긴급조정제도 신설	
5)노사협의회	노사협의회 규정	없음	노사는 노사협의회를 설치해야 함	
6)노동위원회	노, 사, 공 3자 구성비율	3인 : 3인 : 3인	3인 : 3인 : 3~5인	

첫째, 단결의 요건과 관련하여 '전국적 규모를 가진 노동조합' 및 '산하지부'(63년 12월 개정에서는 '산하노동단체')라는 법률 규정상의 표현에 의해 노동조합의 단일형태를 전제하거나 지향하는 노동조합의 설립 등에 관한 제조항(예컨대 노조법 제13조 등)을 신설했다. 이와 아울러 노조의 정의를 규정한 노조법 제3조에서 노조의 결격사항의 하나로 "조직이 기존 노동조합의 정상적인 운영을 방해하는 것을 목적으로 하는 경우"를 설치했다(동 제3조 5호). 또 노조는 신고를 했을 때 성립한다고 하는 노조의 설립시기에 관한 기존 명문조항의 삭제조치는 행정관청의 신고증 발부에 의해서만 노조가 인정된다고 하는 사실상의 '설립허가주의'를 지향하는 것이었다(동 제13조). 그리고 산하 노동조합(지부 또는 분회)의 쟁의시에는 전국적 규모의 노동조합의 사전승인을 의무화했다(노동쟁의조정법 제12조 2항).

둘째, 단체교섭 권한의 주체와 관련해서는 연맹체가 아닌 전국 규모의 노조의 경우 그 산하의 지부 대표자도 인정하고, 또 노사협의회의 대표자는 "단체교섭의 대표권을 위임받은 것으로 본다"는 규정을 설치했다(노조법 제33조). 구법에서 협약의 단위를 기업 내의 단위로 한정했던 규정은 삭제되었다. 그리고 구법에서 신협약의 체결시까지만 인정되었던 '여후효'(餘後效)는 협약종료 후 3개월까지만 인정되게 되었다(동 35조 3항).

셋째, 단결권의 보호와 관련하여 사용자의 부당노동행위를 확대와 처벌주의에서 원상회복주의로 전환이 이루어지고, 협약에 의거한 유니온숍이 인정되었다(노조법 제4장). 그리고 구법에서 노동자의 단결행위에 대한 형사면책의 명문규정이 없었던 데 비해, 개정법에서는 그것을 '정당행위'로 명문화했다(동 제2조).[17] 다른 한편 구법에서 노조의 정치자금 징수 및

---

17) 구법에서 단체교섭 등 정당한 단결행위에 형법 제20조의 규정을 적용하는 이 규정이 없다고 하여 단결권 법안의 핵심이 되는 형사면책이 이루어지지

유용금지만이 이루어지고 정치활동 자체는 방임되었던 데 비해, 개정법에서는 정치활동 자체도 추가로 금지되었다(동 제12조).

넷째, 쟁의행위를 제한하는 여러 가지 제도가 도입되었다. 쟁의행위의 요건으로—전국 규모의 노조의 경우도—조합원의 직접무기명 투표에 의한 과반수의 찬성을 의무화하고, 상부노조의 사전승인제를 도입했다(노동쟁의조정법 제12조). 또 63년 12월의 재개정에 의해 냉각기간의 기산시점이 쟁의발생 신고시점이 아니라 노동위원회의 적법판정 후로 새로 규정됨으로써 사실상 쟁의에 대한 노동위원회의 적법판정제가 도입되었다(제14조). 알선·조정 전치제도는 폐지되었지만 핵심적인 냉각기간 제도는 그대로 유지되었다. 중재가 개시된 경우 냉각기간 종료 후에도 또 다시 20일간 쟁의행위가 금지되었다(동 제31조). 또 강제중재가 적용되어 사실상 쟁의행위가 금지될 수 있는 공익사업의 범위가 크게 확대되었다(동 제4조). 그리고 보건사회부장관의 긴급조정권을 인정하고 이를 제도화하는 긴급조정제도가 새로이 도입되었다(동 제6장).

다섯째, 노조의 기구나 운영에 관해서도 행정관청의 개입권이 유지되고 경우에 따라서는 더 강화되었다. 조합비 상한규정은 존치되었으며, 행정관청의 노조임시총회 소집권자 지명권이 신설되고, 규약취소 변경 명령권이 강화되었다(노조법 제24조, 제26조 3항, 제21조).

여섯째, 단지 1개의 조항에 불과하지만 노사협의회 설치를 의무화했다(노조법 제6조). 그리고 전술한 바와 같이 이 노사협의회의 대표자에게 교섭권한을 부여했다.

> 않았다는 것은 아니다. 50년대의 한국 노동법의 다수설은 노동법상의 그것은 확인규정('주의적 규정')에 불과하며, 헌법상의 단결권보장에 의해 쟁의행위는 형벌법규의 구성요건에 해당하지 않는다는 '구성요건 해당성 부정설'을 취했다. 자세하게는 金三洙, 앞의 책, p.328; 오정근, 『개정증보 노동법—이론과 실제—』(서울: 三耕出版社, 1969), pp.66-67을 참조.

(3) 개별적 노동관계

개별적 노동관계에 관한 근로기준법의 주요 개정내용은 <표 3>과 같다. 근로계약 및 취업규칙의 비치, 법정노동시간 및 휴일, 연소자와 여자의 보호 등 노동기준의 골격은 그대로 유지되면서도 몇 가지 개정이 이루어졌다.

개정내용 가운데서 노동자측에 직접적으로 유리한 규정은 할증임금이 적용되는 시간외근로 등에 (유급)휴일의 노동도 포함되도록 한 것뿐이다(제46조). 그 밖에 평균임금의 정의(제19조), 휴업수당(제38조), 월차유급휴일의 적치사용(제47조), 연차유급휴가의 대체노동(제48조) 등에 있어서는 노동자측에 불리하게 개정되었다. 그리고 근속 1년마다에 30일분 이상의 평균임금을 지급하도록 법정화한 '퇴직금제도'가 신설되었지만(제28조), 그것은 구법에 비해 노동자에게 유리하게 개정된 것은 아니다. 표에서 보는 것처럼 이 조항은 구법의 '해고자에 대한 지급' 규정(제28조)을 내용적으로 계승하는 것인데, 그 지급기준은 오히려 노동자에게 더 불리하게 개정되었다고 할 수 있기 때문이다.[18]

---

18) 이와 같이 1961년 근로기준법의 개정은 법조문상으로 보면 명백히 노동자측에 불리한 것이기는 하지만 그것이 1953년 법의 노동기준을 특별히 크게 저하시킨 것은 아니었다. 당시 상공회의소 등의 사용자단체는 개정법 확정 이후에도 계속하여 노동기준의 인하(퇴직금 규정의 개정, 여자노동자에 대한 잔업시간 규제의 완화, 월차유급휴가의 폐지, 산전·산후 휴가기간의 단축 등)를 요구했으나 법개정으로까지 연결되지는 않았다. "근로기준법에 관한 건의"(대한상공회의소, 『상의뉴스』 제1호, 62. 3. 21) 등. 그리고 김준, 앞의 글, pp.287-289 참조. 50년대와 60년대에 걸쳐 노동기준 법정화의 가장 큰 문제는 그것이 최저의 기준이 아니라 많은 경우 달성되어야 할 목표가 된 점에 있다. 그 법제도적인 원인은 1957년에야 비로소 설치된 근로감독제도가 제대로 기능하지 않았던 데 있었다.

⟨표 3⟩ 60년대 주요 노동관계법의 개정내용(개별적 노동관계)

구분	1953년 법	1961년 12월 4일 개정
평균임금의 정의	3개월간 임금총액/총근로일수	3개월간 임금총액/총일수

해고 제한 및 해고자에 대한 지급	1)정당한 이유 없는 해고 등 금지
	2)해고시 30일분 이상의 평균임금 지급
	3)2년 이상 근속자의 경우는, 1년에 30일분 이상의 평균임금 지급(10년 초과시에는 10년 초과 1년마다 60일분 이상의 평균임금)
		1)좌동
		2)해고예고제도 신설
		  -30일 전의 해고의무
		  -해고예고를 하지 않는 경우는 30일분 이상의 통상임금 지급
		3)좌의 2), 3)은 삭제

퇴직금 제도	-	계속근로 1년에 대해 30일분 이상의 평균임금 지급 의무화
휴업수당	사용자 귀책사유시 평균임금의 60/100 이상의 수당 지급	부득이할 경우 노동위의 승인으로 지급하지 않을 수 있음
시간근로수당의 할증	연장시간근로, 심야시간근로(통상임금의 50%)	휴일근로에도 할증률 적용(통상임금의 50%)
월차유급휴일의 적치 사용	자유의사로 적치하여 사용 가능	1년에 한하여 적치하여 사용
연차유급휴가의 대체	20일을 초과하는 경우, 초과일에 대해 평균임금의 50% 가산임금을 지급하고 대체노동 가능	20일 초과일수에 대해 통상임금을 지급하고 대체노동 가능

3) 60년대 노동정책의 특징

 이와 같이 개정된 60년대 노동법의 경우도 역시 53년 법의 중요한 특징을 기본적으로 그대로 유지하고 있다. 즉 단결권이 허용되는 주체의 범위가 좁은 점, 단결에 관한 국가적 규제=통제적 성격이 강한 점, 쟁의 억제적 성격이 강한 점 등이 그것이다. 다만 단체협약 체결단위를 기업 내에 한정한 기업 내적 봉쇄성이라는 성격은 개정법에서는 불식되었다.19) 쟁의 억제적 성격, 그리고 노조의 자격요건이나 기구 및 운영 등 단결에 관한 국가적 규제는 더욱 강화되었다. 다른 한편 사용자의 부당노동행위의 확대나 유니온숍 규정 등과 같이 노조 보호를 확대한 측면이 있다. 또 국가적 보호에 관해서는 개정법에서도 '쟁의기간중의 현행범 이외의 자유구속의 금지' 규정이나 '쟁의기간중의 대체노동의 금지'와 같이 시민법체계를 훨씬 넘어서는 조항이 그대로 유지되고 있다.

이러한 단결에 관한 '국가적 보호'는 '국가적 규제'와 사실상 표리일체를 이루는 것으로 본질적으로 동질의 것이다. 시민사회에서의 단결의 양상이 결코 국가적 규제와 보호로부터 자유롭지 못한 것을 반영한 것으로 양자 모두 똑같이 국가의 개입이다. 보호와 규제 모두 단결 법인정책 일반에서 볼 수 있는 정도를 훨씬 넘어서는 측면을 갖고 있는 데 그 특징이 있다.

이와 같은 기본적인 특징을 포함하여 1953년 법과 비교한 개정법의 무엇보다도 중요한 특징은 '전국적 규모를 가진 노동조합'이나 '산하 노동단체'(←'산하 지부')와 같은 표현에 의해 상징되듯이, 산업별조합체제를 전제하거나 지향하는 것과 같은 자세이다. 물론 이 규정에 의해서 산업별조합체제가 법적으로 강제되는 것은 아니다. 그러나 이것은 '단체활동임시조치법' 하에서 당시의 노동조합체제의 재편, 즉 정치권력이 '폭력적'으로 정한 한국노총의 '산업별조합체제'를 전제로 하는 것이었다는 데 중요한 의미가 있다. 그리고 경쟁적 조합설립 금지규정, 설립신고제의 강화규정은 이러한 한국노총체제를 유일한 노조로 인정하여 노동조합의 독점적인 대표체제를 권력적·법률적 차원에서

---

19) 1953년 법의 특징에 대해서는 金三洙, 앞의 책, pp.264-272 참조.

담보하는 역할을 하는 것이었다. 또 후술하는 바와 같이 노사협의회도 그것에 의해 단체교섭을 대체하는 길을 열어 주는 것이라고 판단된다.

그리고 법률 차원은 아니지만 노동청의 예규에도 주목할 필요가 있다. 1969년 대한조선공사 쟁의(후술)에 대한 정부의 긴급조정 결정 2개월 후에 통달된 노동청 예규 제79호('노동쟁의 등 당사자 한계에 관한 통첩', 1969년 12월 26일)는 노동조합의 조직형태와 관련하여 매우 중요한 의미를 갖는 것이었다. 동 예규는 우선 노동조합의 '산하단체'라 함은 "그 산하 노동단체가 조직되어 있는 사업이 독립된 사업인 경우의 노동단체"로 한정된다고 하여 노동조합법 시행령상의 당해 규정(제10조)을 확인하고 있다. 기업 레벨에 사실상 독립적인 노동조합조직을 두고 있는 산업별단일조합 체제임을 확인하고 있다. 그리고 노동조합법 제33조 제2항(교섭권한) 및 노동쟁의조정법 제16조('노동쟁의의 보고')에 규정한 단체교섭과 노동쟁의 당사자는 "반드시 당해 사업장의 사용자와 직접 사용종속 관계하에 있는 근로자로 구성된 노동단체의 대표자"이어야 한다. 따라서 "군소 단일사업장에 조직된 노동단체(특히 분회)를 구성단위로 하여 지역적으로 조직된 지역 지부의 대표자는 해당 사업장을 상대로 하는 노동쟁의의 신고와 당사자가 될 수 없으므로 단체협약의 체결 및 노동쟁의의 신고는 반드시 분회장 명의로 하여야 함"이라고 해석하고 있다. 우리는 여기에서 이미 노조법 시행령에 의해 산업별 단일노동조합 체제가 노동부의 정책에 의해 강요되고 있을 뿐만 아니라 단체교섭 및 협약체결, 쟁의행위의 당사자가 어디까지나 기업별 지부 또는 분회라는 것을 확인할 수 있다. 지역별 지부 또는 산업별조합(본부)은 그 명칭과는 어울리지 않게 그 당사자로부터 배제하는 정책의 지향성을 확인할 수 있다. 이미 행정부와 노동청의 정책에 의해 사실상 '기업별조합' 체제가 행정적으로 강제되고 있는 것이다. 71년의 보위법, 73년의 개정노동법에서의 당사자 한정이라는 방침은 이와 같은 노동조합 정책의 연장선상에 있는 것이었다. 이 예규는 직접적으로는 산업별노동조합이 단체교섭과 노동쟁의에 깊숙하게 개입한 69년의 대표적인 쟁의, 즉 면방쟁의와 조선공사쟁의에 대한 사후대책으로 통달된 것이지만 이러한 기업별조합주의가 노동조합법 제정 이후 줄곧 노동청의 정책이었던 사실은 예규 제21호('노동쟁의 종결에 관한 질의에 대한 회답', 1965년 7월 14일)이나 예규 제53호('노동쟁의 사건사무취급')에서도 확인할 수 있다.[20]

1960년대 노동정책은 후술하는 바와 같이 산업별로 질서정연하게 구분된 산업별노동조합(연합노조 포함)으로 구성되는 한국노총에 노동조합에 대한 권력적 독점을 부여하여, 산하 노동조합을 통제하고 노동쟁의를 억제하는 것을 핵심적인 수단으로 하는 것이었다. 그러나 이 정책에 의해서 구체화되는 노동조합체제는 서구식(독일식)의 산업별조합체제와는 다를 것이 예상된다. 경쟁조합의 금지 및 노조설립 신고제도의 강화를 핵심적 수단으로 하는 이 정책은 '반공'과 '경제발전'을 궁극적인 목표로 하는 것이었기 때문에, 민간부문에 대한 노동3권의 보장에도 불구하고 반공법이나 국가보안법 및 형법상의 제조항의 적용이나 치안 및 행정기관의 비공식적인 조정(서베일 조정)을 배제하지 못하는 것이었다.

---

20) 정동우·변영욱 공편, 『노동법령 예규총람』(서울: 홍문관, 1980), pp.591, 592, 644, 655, 674, 675 수록. 이 총람에서는 예규 제53호의 일자가 미상이나 앞뒤로 보아 67년 4월 이후 68년 3월 사이에 통달된 것으로 생각된다. 清水敏行, 앞의 글(二), p.483.

4) 개정노동법에 대한 재개정 논의

이상과 같이 개정된 노동법에 대해서 노사 관계당사자는 물론이고 국회, 법학계 등에서 이에 대한 비판과 재개정 요구가 거세게 전개되었다. 63년 12월부터 활발하게 전개된 개정요구의 구체적인 논점은 매우 광범한 것인데 그 가운데 주목되는 것은 다음과 같다.[21] 한국노총은 단결권 승인의 당연한 전제조건이 되는 노조의 자유설립주의를 근본적으로 부정한 경쟁조합의 설립금지 조항(노조법 제3조 5항)에 대해서는 전혀 문제제기를 하고 있지 않을 뿐더러, 국회 삼민회(三民會. 대표 김대중) 안의 이 조항 개정요구에 대해서 비판하는 태도를 취함으로써 자신의 권력적 독점의 지위를 유지하려고 하는 태도를 취했다. 이에 대해 사용자단체인 대한상공회의소는 계속하여 노동관계법의 개정을 요구했다.[22] 그 요구 가운데 핵심은 기업규모에 의한 '임금 및 근로조건의 격차'가 존속하고 있는 상황에서 단일산업별조합은 대기업과 '가내공업적 중소기업' 사이에 '상호간의 위화감'을 초래할 것이라고 우려한 점에 집약된다.[23] 이는 명백히 산업별조합에 의한 산업별임금

---

21) 자세한 요구안과 경과에 대해서는 한국노동조합총연맹, 앞의 책, pp.616-621 참조.

22) 대한상공회의소, 『상의뉴스』 제1호(62. 3. 21)에서 제44호(64. 4. 1)까지 거의 빠지지 않고 실린 각종 정책건의문을 참조. 예컨대 "노사관계의 정상화를 재론함"(제32호, 63. 7. 15), "노동조합법상의 문제점"(제33호, 63. 8. 15), "노동문제에 관한 여론조사를 마치고서"(제38호, 63. 10. 15), "63년도 노동문제의 회고"(제40호, 63. 12. 15), "노동법개정 건의"(제44호, 64. 4. 1) 등.

23) "노동법개정건의," 앞의 책(1964. 4. 1), p.4. 한국경제인협회의 주장도 상공회의소와 거의 동일하다. "노동법개정에 대한 의견"(한국경제인협회, 『경협』

의 평준화효과를 우려한 것으로 사용자단체가 직장이나 사업소 단위의 조직을 선호하고 있음을 보여주고 있다.

이와 같이 노사간에 개정노동법의 재개정을 둘러싼 논의가 전개되는 것을 배경으로 국회의 삼민회는 64년 2월 19일 국회에 노동관계법 개정안을 제출했다. 그 골자는, ① 자유설립주의에 따른 노조의 설립, ② 노조의 정치활동 금지조항의 삭제, ③ 쟁의의 사전 적법판정제의 폐지, ④ 노동위원회 노·사·공 3자 구성의 비율을 3인씩으로 동일하게 할 것, ⑤ 긴급조정권자를 보사부장관에서 대통령으로 할 것 등이었다. 특히 ①에 대해서는 한국노총을 제외하고는 경제단체만이 아니라 민정당도 찬성하는 입장이었다. 국회 보사위원회에서도 문제의 노조법 제3조 5호가 폐지되는 방향으로 개정안이 통과되었으나, 한국노총 등의 반발에 직면하여 본회에 상정되지도 못하고 폐기되었다.[24] 결과적으로 63년도에 개정된 노동법은 재개정되지 않고 70년대를 맞이하게 된다.

제7호, 1964. 4), "노동법개정과 그 문제점"(『경협』 제8호, 1964. 5).

[24] 임홍빈, 1969, p.81. 당시 법학계에서는 노동조합법 제3조 5호가 노조의 자유설립주의를 제한한다는 문제점이 강력하게 제기되어 김치선 교수(서울대)와 원래 노동법 전문개정에 있어서 그 심의에 '주동적으로' 참가했다고 하는 오정근 교수 사이에 논쟁이 전개되었다. 김치선, "개정 노동조합법(1963년 4월 17일자 개정) 비판—— 성장이냐 후퇴냐——"(서울대학교, 『법학』 제5권 제1·2호, 1963); 동, "현노동관계법의 病因—— 자유설립주의와 Tripartism의 확립——"(『사상계』 제12권 6호, 1964년 6월); 동, "불가침의 勞動三權—— 노동조합법 개정안에 이의가 있다——"(『사상계』 제12권 10호, 1964년 10월); 오정근, "노동관계법의 개정안과 그 문제점—— 삼민회안과 노총안을 보고——"(『고시계』 제9권 4호, 1964년 4월).

4. 한국노총체제의 형성과 성격

1) 16개 산업별조합체제로서의 한국노총의 결성

한국노총은 '단체활동임시조치법' 공포에 관한 보사부장관의 담화 (61. 8. 4)에서 '전국단일 산별노조'로의 재건방침이 제시된 데 대응하여 공공연하게 위로부터 하향식으로 결성되었다. 이 담화에 즉각적으로 대응하여 '한국노동단체재건 조직위원회'가 조직되어 정부의 방침에 부응하는 조직재건이 이루어지기 시작했던 것이다. 8월 5일의 성명서로 발표된 노동운동의 '기본정책'과 '노동단체 재건조직 요강'의 골자는 다음과 같다. 기본정책은 노조의 정치적 중립과 조합재정의 자립에 의한 '민주노동운동의 발전'을 내세우면서도, 다른 한편으로 반공체제와 자립경제의 확립, 기간산업 공유화의 방침을 제시하고 있다. 재건조직 요강은 "재건조직위원회의 지도하에 각급 노동단체를 조직하"며, "산업별노동조합의 단일조직체제를 확립하여 조직의 난맥을 지양하고 무질서한 노동쟁의를 방지한다"는 것이었다.[25]

그리고 소위 '9인위원회'라 불리는 이 재건조직위원회는 사실 사전에 정부가 인선하여 조직한 것이었다. 조직위원회 9인의 인선기준은 알 수 없으나 전국노협 또는 한국노련(임시의장 김말룡)계의 간부를 우선 제거하고, 또 구 대한노총계의 중요 간부도 일단 배제하고 있음을 알 수 있다.[26] 당시 노동조합의 재건에 있어서는 6월 10일에 설치된

---

25) 한국노동조합총연맹, 앞의 책, pp.588-589 수록의 성명서.

중앙정보부도 깊이 개입한 것으로 여겨진다.27)

당시 조직재건의 진행상황을 전국전력노조의 사례를 통해 보도록 하자.28)

"61년 7월 1일부로 전력산업은 3사체제(조선전업, 경성전기, 남조선전기)에서 '한국전력주식회사'라는 단일기업으로 통합되었다. 정부의 전력산업노동조합 재건은 조창화('조선전업' 출신)를 조직재건 책임위원으로 하고 그를 포함한 구 3사 출신 2명씩 총 6명의 조직위원을 임명하는 것에 의해 이루어졌다. 이 조직위원은 각 3사의 '서울지구'에서 '발기인' 15명씩을 지명하여 8월 22일 산업별노동조합 결성대회를 치렀다. 그러나 이 대회에서는 원래 '관계당국으로부터 대표자로 지명받은 조창화씨는 출마를 사퇴하고', 김진규씨('남조선전기' 출신)가 45명 중 40명의 지지로 위원장에 당선되어 집행부가 구성되었다. 그러나 이 노동조합은 관계당국으로부터 승인을 받지 못하고 김진규씨를 포함하여 '주동인물'로 지목된 여섯 명이 지방으로 '전출 발령' 된 후 다시 '결성준비위원회'를 조직하여 9월 22일에 다시금 결성대회를 갖게 되었다. 이 대회에서는 정부의 계획대로 조창화씨가 위원장에 당선되고 집행부가 결성되었다. 이 노동조합(한국전력노동조합)은 10월 2일 '노동조합 설립신고증'을 교부받아 소위 '합법적'인 노동조합으로 인정되게 되었다. 그

---

26) 조직위원회 9인의 인선을 보면 철도노조 출신의 이규철을 의장으로 한기수(광산), 이광조(외기), 조창화(전력), 김광수(섬유), 조규동(체신), 안강수(운수), 최재준(해상), 김준호(금융)였다. 전국노협이나 한국노련계의 중요 간부 가운데 9인위원회에 발탁된 자는 이규철(중앙위원) 이외에는 없으며, 구 대한노총계(1958년~)의 임원은 전혀 포함되어 있지 않다. 한국노동조합총연맹, 앞의 책, pp.588, 589, 921.

27) 金一哲, 『火花よこの闇を照らせ』, 新教出版社, p.32. 金一滿, "韓國勞働組合總連盟"の實體(上)," 『月刊朝鮮資料』, 1979, p.32에서 재인용.

28) 이하 전국전력노동조합, 『電勞十年史』(서울: 전국전력노조, 1972), pp.139-142.

러나 그간 9월 22일의 노조결성에 대해 '하향식 관제조직'이라는 비판과 아울러 임시대회 소집요구 등이 제기되었으나 결국 62년 5월 8일부의 보사부장관의 질의회신에 의해 집행부 구성의 정당성이 확인되는 결말이 되었다. 그 후 동년 10월 18일의 당인리화력발전소지부를 비롯하여 1년 동안에 21개의 지부와 88개의 분회를 조직하여 7,997명의 조합원을 갖게 되었다. 그리고 그 사이 62년 3월 31일에는 조합명칭이 '전국전력노동조합'으로 변경되고, 6월 1일에는 단체협약이 체결되었다."

이상 전력노동조합의 결성사례에서 보듯이 조직재건을 둘러싸고 조직 내에서는 분규가 수반되었지만, 정부의 '단체행동임시조치법'의 설립신고증 제도에 의해 법적으로 보호를 받으면서 강제적으로 진행되었다.

조직재건은 8월 8일부터 25일까지 12개의 산업별로 조합결성대회를 행하고, 정부로부터 '승인'을 받지 못한 전력노조를 제외한 11개의 산업별조합의 연맹체로 한국노동조합총연맹(의장은 철도 출신의 이규철)이 8월 30일에 결성되었다. 그후 9월 22일까지 14개 산업별노동조합체제로 확대되었으며, 70년 12월 12일까지는 3개 산업별노조가 추가 결성되어 16개의 산업별조합과 연합노조로 구성되는 17개 산업별조합으로 구성되는 한국노총체제가 형성되었다.[29]

이와 같은 한국노총의 결성은 한국노련계를 배제하는 것이었기 때문에 그들로부터 직접적인 반발에 부닥치게 되었다. 그들은 61년 8월 5일 '전국노동단체 재조직연락위원회'(책임위원 김말룡)를 구성해 산업별조직을 결성하려 했으며, 63년 1월 1일의 정치활동 재개 조처와 더불어 63년 2월 4일에는 '(한국)노총 창립대회 결의 무효확인소송'을 제기했다. 한국노련측은 63년 2월 17일 '한국노동조합총연합회'(한국노

---

29) 한국노동조합총연맹, 앞의 책, pp.576-577.

련) 결성준비대회를 개최하고, 주로 기업이나 지역단위의 조합조직에 착수하여 상당한 성과를 거두었다. 당시 이러한 한국노련계의 노조는 '제2노조'의 형태로 결성되었는데, 63년 4월 17일의 노동조합법 전문 개정으로 경쟁조합 금지규정에 의해 신고증을 교부받지 못하고 '불법화'되었다(예컨대 인천제강노조나 전국기관차노조 등). 그리고 64년 1월 7일에는 한국노총 창립대회 무효소송도 법원에서 기각되었다. 한편 이 과정에서 한국노총계의 8개 산별노조 위원장들을 중심으로 63년 1월 초에 노동자 중심의 정당(가칭 '민주노농당')의 결성이 시도되었는데 그들에 대한 한국노총의 회유와 징계조치에 의해 이것 또한 초기에 좌절되었다.30)

2) 한국노총체제의 성격

그러면 이와 같이 설립된 60년대 한국노총체제의 운동방침 및 조직상의 성격은 어떠한 것이었는가? 먼저 운동방침을 보면 61년 8월 30일과 31일에 채택된 한국노총의 강령과 결의문은 재건조직위원회의 '기본정책'(8월 5일)의 그것과 완전히 같다. 이 점에서 정부의 지시를 받거나 적어도 정부와 긴밀한 사전조율을 거쳐 정해진 것으로 여겨진다. 결의문 가운데 특징적인 것은 '5·16혁명에 대한 지지'와 더불어 '경제개발5개년계획에 대한 현실적인 재검토와 철저한 실천', '기간산업의 공유화와 확대재생산을 위'한 '과감한 재투자', '적극적인 외자도입과 산업확장으로 고용량증대'와 같은 경제적인 요구를 우선하여 제시하고 있는 점이다.31) 요컨대 운동방침으로서 정부의 경제개발정책에

---

30) 이상의 서술은 한국노동조합총연맹, 앞의 책, pp.578-586에 의함.
31) 한국노동조합총연맹, 앞의 책, pp.573-574.

대한 적극적인 코미트먼트가 눈에 띈다. 대한노총이 단순히 '반공건국'을 위해, 또 이승만정권(자유당)의 외곽단체로서 위로부터 조직되었다고 한다면, 한국노총 또한 위로부터 새로운 정부에 순응하도록 조직된 것은 동일하지만, 그 방향으로서 경제개발에 대한 코미트먼트를 하는 조직으로서 상정되고 있다는 점이 다르다.

다음으로 더욱 중요한 조직상의 특징을 보자. 한국노총의 규약에 의하면 한국노총 산하의 산업별노동조합은 당해 조직의 구성원이 개인가맹의 형식을 취하지만, 그 내부에 단위노동조합에 준하는 지부 등의 조직을 갖고 있기 때문에 '산업별단일조직'이라고 할 수 있다. 산업별조직의 산하조직으로는 대기업의 경우는 산업별조합의 지부조직이 되고 그 산하에 복수의 사업장이 있을 경우에는 분회를 둔다. 기업규모가 작을 경우는 지역별 지부조직이 있고, 그 밑에 기업별로 분회가 조직되는 구조이다. 그러나 과연 60년대 한국의 산업별노동조합이 서구에서와 같이 그 산업에 속하는 노동자들을 숙련의 정도에 관계없이 포괄적으로 조직하는 기업 횡단적인 노동조합인가?

한국의 산업별노동조합은 기업의 종업원적을 전제로 하고 있는 점에서 서구의 그것과는 근본적으로 다르다. 지부 또는 분회의 조직이 철저히 특정기업의 종업원적을 전제로 하고 있기 때문이다. 특정 기업과의 노동계약이 종료하면 자동적으로 산업별조합 또는 기업별의 산하지부·분회의 조합원자격을 상실하게 되어 있다.[32] 또 조합비 또한

---

32) 63년에 설립된 전국금속노조 금성사지부(현재 LG전자노조)의 초대 위원장에 대한 인터뷰조사(1998년 9월 10일)에 의하면, 노동자가 금속노조에 직접 가입하는 개인가맹 형식이 아니었다고 한다. 개인은 지부에 우선 가입하고 지부가 단체로서 금속노조에 가입하는 형식을 취했다는 것이다. 그러나 필자는 최초로 설립신고를 할 때는 금속노조에 개인가맹을 한 것으로 생각한다. 단 일단 설립되고 난 이후에는 그 종업원적의 변동에 따른 산업별조합

기업단위의 지부 또는 분회 레벨에서 그 지부 등의 '운영규정'에 따른 비율(액수)로 납부된다. 이 조합비를 전액 상부노조(산별노조)에 납부하고 그 중 일부를 교부금으로 받는 형태가 아니라, 조합비 가운데 일부——대체로 조합원 1인당 일정액으로 조합비의 40% 정도가 산업별노조에 '상납'된다.33) 그 상납액수가 상당히 많고 또 상납의무가 더 강하다는 점 이외에는 50년대나 80년대 이후의 기업별조합체제와 다름이 없었다. 그리고 후술하는 바와 같이 교섭권이나 협약체결권은 산업별조합이 갖는 경우도 있으나 그 경우에도 실제로는 기업 레벨에 위임되어 있는 것이 실태였다.34)

이와 같은 점에서 보면, 산업별조합은 형식상으로는 산업별단일조직이나 실제 그 본질은 기업별조합과 다를 바가 없었다. 단 법적으로 하나의 산업에는 하나의 산업별조합만이 독점적으로 존재할 수 있으며, 또 해당 산하단체의 파업에 대한 승인권을 갖고 있었다. 이러한 법규정 때문에 산업별노동조합은 산하지부 등에 대해 징계권을 갖게 된다. 이 징계권 때문에 산하단체에 대한 통제권이 유지되며 조합비의 상납이 보장되는 구조였다.

따라서 1960년대의 지배적인 조합의 조직형태는 법개정과 그 명칭에도 불구하고 본질적으로 기업별조합체제였으며, 산업별조합은 이러한 기업별조합의 연합체의 성격을 가진 것이었다. 이러한 의미에서 법

에의 가입 및 탈퇴의 절차를 밟지 않고 지부 차원에서 처리되는 것이 실태였을 것이다. 그리고 예컨대 산업에 1개 기업만이 있는 전국전력노동조합의 경우조차 조합원은 종업원적을 가진 자로 한정되며, 해고나 퇴직 등에 의해 종업원적을 상실하면 자동적으로 조합원자격을 상실하게 되어 있었다(1962년 '규약' 제4조). 전국전력노동조합, 앞의 책, pp.143-152 수록.

33) 隅谷三喜男, 『한국의 경제』, 편집부 옮김(서울: 한울, 1983), p.81.
34) 한국노총 정책본부장에 대한 인터뷰조사(1998년 9월 3일).

개정에 의해서 체계화된 1960년대의 노동조합체제는 '유일·유사산업별=기업별조합체제'라고 할 수 있다.

3) 독일 산업별조합체제와의 비교

마지막으로 독일의 산업별조합체제가 한국노총체제 및 노사관계정책의 모델이 되었다고 하는 지적이 있다.[35] 당시 최고권력자 박정희가 각종 집회에서 행한 연설 등을 보면 그의 구상에 서독의 노동조합 모델이 나름대로 있었던 것은 분명하다. '라인강변의 기적'으로 상징되는 전후 독일의 경제부흥, 그리고 노동 면에서 파업이 없는 노사관계가 이상시되었던 것으로 판단된다.[36]

노동조합체제에 대해서 보면 독일노동총동맹(DGB)이 거의 전산업을 포괄하는 16개의 단위산업별노동조합(단조)을 질서정연하게 결집한 압도적인 조직세를 보인 점에서는 한국노총과 유사하다. 그러나 유사점은 거기까지이다. 독일에는 DGB 이외에 직종별조합주의를 택한 전국

---

35) 최장집, 앞의 책, pp.41-42. 물론 그는 정당하게도 한국의 산업별조합의 하부조직이 독일과는 전혀 달리 일본식의 기업 내 조직임을 지적하고 있다.

36) 예컨대 61년 8월 30일의 노조간부에 대한 연설과 동년 10월 초의 대중집회에서의 연설. "Korean Republic"(9월 1일, 10월 8일자), D. W. コンデ, 『現代朝鮮史 3』(東京: 太平出版社, 1972), pp.229-230에서 재인용. 金一滿, 앞의 글(上), pp.32-33. 그리고 5·16 1주년 경축 근로자 총궐기대회(62. 5. 17)에서의 격려사. 한국군사혁명사편찬위원회, 앞의 책(第1輯 下), p.111, 1963. 한편 D. W. 꽁드(コンデ)에 의하면, 당시 한국노총의 결성을 돕기 위해서 국제자유노련(ICFTU)으로부터 하워드 T. 로빈슨이라는 미국인 노동고문이 파견되어 활약했고, 미대사관 문화공보원(USIS)도 노동간부에 대한 교육을 했다고 한다(p.230).

직원노동조합(DAG)과 같은 몇 개의 정상조직이 별도로 존재하고 있다. 그럼에도 불구하고 DGB가 매우 강력한 통일조직으로 형성된 것은 노동조합의 자주적인 선택에 의해서였다. 그리고 DGB가 정치적으로 특정 정당과 직접적인 연계를 갖지 않는 정책을 취한 것도 전전(戰前)의 지지정당에 의한 분열이라는 역사적 경험에 대한 반성에 따른 것이었으며, 노동조합이 정당이나 사상의 틀을 넘어서 대동단결하기 위해 스스로 선택한 노선이었다.

더욱이 중요한 것은 독일의 경우 DGB 산하에 단위조직, 즉 기업 내 조직을 두고 있지 않다는 사실이다. 원칙적으로 기업별노동단체는 노동조합이 아니라고 여겨지기 때문이다. 기업 내에도 조합활동가(경영 내 위원)가 없는 것은 아니지만 그것은 어디까지나 조합의 내부활동에 관한 것이며, 그들이 사용자와의 교섭에 등장하는 일은 없다. 산업별조합의 하부조직으로는 주·지역·지구조직이 있을 뿐이다. 조합비의 체크오프는 이루어지지 않고 완전히 자기징수 방식인데 노동조합의 기업 내 활동가에 의해서 경영 내에서 이루어지는 것이 주류이다. 단체협약은 산업 내에서 지역별·업종별로 체결되는 것이 보통이며, 교섭도 산업별조합의 지역·지구 또는 업종의 임원과 업종별·지역별 사용자단체와의 사이에 이루어지는 것이 통례이다.

독일 산업별조합체제와의 차이는 여기에 그치지 않지만, 무엇보다도 중요한 것은 독일의 경우 이와 같은 노동조합체제나 노사관계의 행동이 법률에 의해 전혀 강제되고 있지 않다는 사실이다. 독일의 경우 본 헌법 제9조 제3항에서 노사의 단결권을 보장한 이외에는 단체교섭권이나 쟁의권을 보장하는 법규정이 존재하지 않는다. 어떠한 형태의 노동조합과 그 행동도 자유이며, 쟁의권은 헌법상 보장되어 있지 않음에도 불구하고 그것을 금지 또는 제한하는 법률은 현실적으로 존재하지 않는다(예컨대 굳이 말하자면 형법상의 '국가위험공익사업 방해죄'가 있으나 이것도 파업 자체를 제약하는 것은 아님). 파업은 형사적으로 완전히 자유이며, 1955년 이후에는 고용관계를 유지한 채 파업을 하는 것도 완전히 민사적으로 면책되고 있다. 당시 노사관계가 안정된 것은 정치의 안정과 경제의 순조로운 발전을 배경으로 노동조합이 경험을 통해 파업을 '최후의 수단'(ultima ratio)으로 여기는 자율적인 관행이 확립되어 있었기 때문이다.37)

5. 60년대의 노사관계

1) 노동조합

<표 4>에서 보듯이 한국노총체제하의 1960년대 노동조합조직은 전반적으로 상당한 증가세를 보였다. 조합원수를 보면 63년에는 22만여 명으로 1955년의 그것을 약간 상회하는 것이었으나, 1966년에는 그 이전의 피크였던 60년도의 수준을 회복하고, 72년에는 51만명을 넘어서게 되었다. 63년에서 10여년 동안에 조합원수는 2.3배 정도 증가했다. 동기간에 전산업의 총피용자수에 대한 조직률('조직률 1')은 9.3%에서 72년에는 12.7%로 약 3.4%포인트 상승했다. 피용자수가 1.4배 증가한

---

37) 이상의 서술은 다음을 참조. 大野雄二郎, "ドイツの勞働組合," 大野雄二郎・外尾健一, 『獨・佛の勞働組合』(東京: 日本勞働協會, 1960); 德永重良, "ドイツ資本主義と勞資關係," 戶塚秀夫・德永重良 編, 『現代勞働問題』(東京: 有斐閣, 1977). 특히 전자는 1950년대 후반의 독일 노동조합과 노사관계제도에 관해 매우 신빙성 있고 상세한 설명을 하고 있다.

데 비해 조합원수는 2배 이상 증가하는 상승세이다. 다만 66년 이후에는 계속하여 12%대의 조직률로 상승세가 크게 둔화되었음을 알 수 있다. 60년대 조합원수의 증가는 73~78년간의 그것과 비교하면 상당히 완만한 것이라고 할 수 있다.[38]

한편 피용자 가운데 임시고와 일고를 제외한 상용고에 대한 조직률('조직률 2')을 보면 당연한 것이지만 앞의 조직률에 비해서 상당히 높다. 이것은 60년대의 산업별노조가 기업 내의 조직을 단위(지부 또는 분회)로 한 단일조직으로서, 그 조합원의 범위에 정규종업원 자격을 갖는 자만을 조직대상으로 하는 기업별노조의 성격을 갖고 있었다는 것을 단적으로 증명한다. 임시고, 일고, 상용고 등 비정규종업원은 일단 기업 내 조직에서 배제되고, 그 결과 산업별노조에서도 배제되는 구조이다.

산하 노동조합의 운영방식을 보기 위해 금성사의 '단체협약'(1972년)을 보면, 조합비는 임금지급시 체크오프되어 지부에 자동으로 납부하게 되어 있다. 그리고 지부는 조합원(종업원) 중에서 지부의 일상업무를 담당하는 조합전임자를 2명 이내로 두게 되어 있으며, 전임기간의 근무는 '통상근무'로 취급된다. 임금 승급 및 제반 처우는 일반조합원에 준해서 받게 되어 있으며, 전임 해제와 동시에 원직에 복귀된다.

---

[38] <표 4>에서 보면 59년과 60년에는 30% 정도의 매우 높은 조직률을 보이고 있는데, 그것은 당시 경제활동인구 통계가 부정확한 것에 기인한다고 생각된다. 우선 표의 주 4)에서 지적한 대로 60년까지는 임시고(62년의 수치는 411천명)에 관한 통계가 조사되고 있지 않다. 그리고 60년에서 62년 사이에는 상용고와 日雇의 수치에 있어서도 통계상의 연속성이 매우 낮다. 따라서 50년대에는 피용자수가 크게 과소평가되어 결과적으로 조직률이 매우 높은 수치를 기록하고 있다. 한편 79년에는 조직률이 16.7%로까지 높아지는데, 73년 이후 조직률의 급상승과 80년 이후 조직률의 하락경향에 대해서는 김준, 앞의 글, pp.333-334 참조.

지부사무소는 회사시설 내에 설치된다.[39]

〈표 4〉 노동조합의 조직

| 연도 | 노동조합 수 | | | 조합원수 | 피용자수 | 조직률 | 조직률 |
	산별노조	지부	분회	(명)	(천명)	(1)(%)	(2)(%)
1955	8		562	205,511	-	-	-
59	8		558	280,438	972	28.8	45.6
1960	8(?)		914	321,097	989	32.5	48.8
61	14	?	?	96,381	-	-	-
62	14	?	?	176,165	2,317	7.6	15.9
63	16	313	1,820	224,420	2,413	9.3	23.8
64	16	341	2,105	271,579	2,389	11.4	29.4
65	16	362	2,255	294,105	2,635	11.2	26.7
66	16	359	2,359	336,974	2,809	12.0	26.6
67	16	386	2,619	366,973	3,035	12.1	24.4
68	16	382	2,732	399,909	3,431	11.7	22.3
69	16	417	2,939	444,372	3,586	12.4	21.8
1970	17	419	3,063	469,003	3,786	12.4	20.9
71	17	?	3,061	493,711	3,957	12.5	21.3
72	17	?	2,961	515,292	4,059	12.7	23.0
75	17	?	3,585	750,235	4,803	15.6	28.9
80	17	?	2,618	948,134	6,485	14.6	22.7
85	17		2,534	1,004,398	8,089	12.4	19.8

자료: 내무부 통계국, 『노동력조사』, 1961; 경제기획원, 『경제활동인구연보』, 각년도. 보건사회부, 『보건사회통계연보』, 1962; 한국노총, 『사업보고서』, 각년도; 김준, 앞의 글, p.330; 한국노동조합총연맹, 앞의 책, pp.495, 605; 신두범, 『노동정책론』(서울: 실학사, 1976), p.35; 최성실, 앞의 책, p.212; 이대근·박덕제·조우현·김기석, 『한국의 공업화와 노동력(1)――노동통계의 정리 해설편――』(서울: 한국경제연구원1990), p. 296을 참고하여 작성.

주: 1) 산별노조는 1961~80년까지는 단일의 산업별노조, 그 외의 기간은 산

---

39) 금성사노동조합, 『노동운동 30년사』(서울: 금성사노동조합, 1994), pp.94-95.

업별연맹체를 말함. 50년대의 대한노총체제하에서는 산업별연맹체 이외에 지역별연맹체도 중요한 조직이었음.
2) 지부 및 분회는 1961~80년은 산업별조합의 단위조직임. 그 외의 기간은 기업별 또는 사업소 또는 공장별 단위조직임.
3) 피용자수는 전산업의 상용고, 임시고, 일고를 합한 임금노동자의 숫자임. 다만 60년까지는 임시고에 대한 조사가 없음.
4) 조합 및 조합원수는 60년까지는 각년도 12월 말 기준. 61년 이후는 각년도의 8월 31일 기준. 단 61년도는 10월 31일 기준.
5) 조직률 (1)은 피용자수에 대한 조합원수의 백분비. 조직률 (2)는 상용고수에 대한 조합원수의 백분비.

2) 단체교섭 및 노사협의

앞에서도 지적한 바와 같이 1960년대의 단체교섭은 소수의 예외를 제외하고는 기업별로 이루어지는 것이 실상이었다. 그 예외적인 사례로는 철도, 체신, 전매, 전력 등과 같이 1개 기업만이 있는 정부관련 기업의 경우를 들 수 있으나, 이 사례는 그 본질을 보는 데는 그다지 커다란 의미가 없다. 민간기업의 경우는 면방업의 업종별교섭(전국섬유노조 면방분과위원회 대 대한방직협회. 1967년 이후)과 해원노조의 산업별교섭(전국해원노조 대 선주협회의 지역조직. 1966년 이후), 자동차(운수)의 지역별교섭을 들 수 있다.[40]

당시 기업별교섭이 압도적으로 지배적이었다는 사실은 71년 11월 한국노총 중앙위원회가 그간의 조직의 분산화 상태에 대한 반성에서

---

40) 隅谷三喜男, 앞의 책, p.257; 최성실, 『한국노사관계론』(서울: 진명출판사, 1974), p.211; 안종태, "한국면방업의 단체교섭," 한국노동경제학회, 『노동경제논집』 제11권, 1988, p.119.

72년 봄부터 노총 주관하에 산업별로 임금교섭의 집중화를 꾀해 '공동임금투쟁'을 제안했던 사실에서도 알 수 있다. 이를 위해 종래 정부발표의 물가·생계비 통계와는 별도로 각 산별노조 독자적인 통계를 작성하기로 했다. 한국판 '춘투'라고나 해야 할 노총의 이러한 시도는 동년 12월의 '국가보위에 관한 특별조치법'(이하 보위법)의 시행에 의해 단체교섭권마저도 유보됨으로써 실행되지 못했다.[41]

기업단위로 이루어진 60년대 당시의 단체교섭은 후술하는 바와 같이 경우에 따라서는 쟁의를 수반하면서 전개되었다. 당시 '단체협약'은 포괄적인 것으로 임금인상교섭 협정과는 구분되어 체결되는 것이 일반적이었다. 정기적인 임금인상교섭은 1년에 1회 이루어졌으며, 단체협약은 1년 이상(대체로 2년)의 단위로 체결되었던 것으로 생각된다.

먼저 임금교섭의 실태를 본다. <표 5>는 1970년 전후의 어느 한 년도의 임금결정방식을 나타내고 있다. 전체적으로 단체교섭에 의한 임금결정의 비중은 18.5%에 불과하다. '경영진 독자'의 임금결정이 과반이 되는 55.8%를 차지하고 있다. 규모별로 보면, 1,000인 이상의 기업에서는 단체교섭에 의한 임금결정의 비중이 1/3 정도로 '경영진 독자'의 결정과 거의 차이가 없다. 단체교섭에 의한 임금결정이 아직 제도화되어 있지 않은 상태임을 확인할 수 있지만, 그렇다고 단체교섭의 영향력을 무시할 수 있는 수치도 아니다.

그리고 임금인상요구율과 타결률의 관계로 보면, 1966~70년 기간의 평균요구율 44.8%에 비해 평균 타결률은 24.7%로 그 충족률이 55.1%이다. 충족률의 분포는 동 기간중 48.1%에서 60.5% 사이에 분포하고 있다. 동 기간중 평균 임금인상타결률은 평균 소비자물가상승률 12.2%를 크게 상회하고 있다.[42] 노조의 규제력이 어느 정도 인정된다.

---

41) <동아일보>, 1971. 11. 23. 清水敏行, 앞의 글(二), pp.496-497에서 재인용.

42) 한국경영자협의회 기획조사부, 『한국의 노동쟁의 동향분석』(서울: 한국경영

다음으로 단체협약 체결실태를 보면, 그 체결대상 기업수에 대한 체결률은 61년 51%, 63년 64%였던 것이 점차 상승하여 66년 73%, 71년 85%에 이르고 있다.43) 협약의 규제력에 대해서는 개별기업 차원의 연구를 진행하지 않으면 안 되지만, 우선 노조가 결성된 경우 대다수 기업의 기업체에서는 협약에 의한 노사간의 공동규제 형식을 취하고 있음을 확인할 수 있다. 당시 한국노총은 '모범단체협약 기준안'을 만들어서 각 산업별노조에 시달하고 이를 통해 각 산업별로 근로조건의 통일을 기하려고 했다고 한다.44) 그러나 앞에서 언급한 몇 가지 예외를 제외하고는 기업별교섭이 압도적으로 지배적인 것이 실태였음은 물론이다.

한편 당시의 노사협의회 설치상황을 보면 매년 그 설치 기업수가 증가하여 67년에 797개였던 것이 1970년에는 1,121개로 증가했다. 설치대상 업체수에 대한 비율로 보면 63.4%에서 73.0%로 상승했다. 100명 이상의 사업체를 기준으로 보면 8할 정도의 기업에 설치되어 있었다. 그리고 70년에는 보건사회부장관의 자문기관으로 3자 구성의 중앙노사정위원회가 설치되었다.45) 당시 그다지 활발한 활동을 하지 않았던 것으로 여겨지는 중앙노사정위원회는 그 뒤 75년에 설치되는 중앙노사간담회로 계승된 것으로 판단된다. 단지 1개 조항만으로 기업 레벨의 설치가 규정되었던 60년대의 법제하에서 노사협의회가 이와 같이 다수 설치되었던 데는 이미 그 이전에 기업 레벨에서 법률과 관계없이 설치되어 왔던 기업 내의 의사소통기구로서의 노사협의회가 설치

자협의회, 1972), p.27.
43) 한국노총, 『사업보고』, 각년도. 한국노동조합총연맹, 앞의 책, p..607에서 재인용.
44) 최성실, 앞의 책, p.211.
45) 최성실, 앞의 책, pp.215-216.

되었던 경위가 있다.46)

당시 노사협의와 단체교섭의 관계가 어떠했는지 이를 확인할 수 있는 자료는 없지만, 단체교섭의 전단계로 이용되거나 또는 금성사의 사례에서처럼 단체교섭을 대체하는 관계에 있었던 것으로 판단된다.47)

〈표 5〉 임금결정방식(1970년 전후)   (단위: %)

구 분	전체	1,000인 이상	999~500인	499~200인	199~100인	99인 이하
합 계	100.0	100.0	100.0	100.0	100.0	100.0
단체교섭	18.5	31.4	11.3	22.3	7.2	-
경영진 독자	55.8	34.6	60.1	66.6	71.4	87.5
기 타	25.7	34.0	28.6	11.1	21.4	12.5

자료: 한국경영자협의회, 『노동경제 리뷰』 제2호(한국경영자협의회 기획조사부, 앞의 책, p.29에서 재인용).

주 : 1) 정확하게 몇 년도의 조사인가는 불명확하나 서술의 전후관계로 보아 1970년 아니면 그 전후 년도의 것으로 여겨진다.

2) 조사대상은 알 수 없으나 노조가 결성된 기업을 대상으로 한 것으로 생각된다.

---

46) 예컨대 필자가 확인한 것만으로도 충주비료의 '노사협의회'(60. 7. 11. 설치), 제일모직의 '노사간담회'(61. 4. 10), 한국전력의 '노사위원회'(61. 10. 1) 등의 사례가 있다. 더욱 많은 기업에서 그 설치를 확인할 수 있으리라 생각된다. 김삼수, 앞의 책, p.329.

47) 금성사에서 단체협약이 최초로 체결된 것은 1970년 4월 22일이었다. 노조가 결성된 후 7년간은 무협약상태였음을 알 수 있다. 노동조합의 '노동일지'에 의하면, 그간 임금인상을 둘러싼 교섭이나 쟁의 등의 흔적도 없다. 대체로 노사협의를 통해 노사간의 문제가 처리되어 온 것으로 판단된다. 자료의 제약상 72년의 갱신협약(유효기간 2년)을 보면, 단체교섭 조항이 '노사협의'의 장에 포함되어 있다. 금성사노동조합, 앞의 책, pp.90, 94-103, 371-375.

3) 노동쟁의

1963년 이후 재개된 노동쟁의의 추이를 보면 <표 6>과 같다. 건수나 참가인원으로 보면 1964년과 1968년의 경우 100건을 넘고, 쟁의 참가인원도 20만명을 넘어서고 있다. 1970년에도 88건에 18만여명이 참가하고 있다. 발생원인별로 보면, 임금인상요구가 54.3%에서 80.0%까지 분포하고 있어 압도적인 비중을 차지하고 있다. 임시급여까지 포함하면 그 비중은 더욱 커진다. 다음으로 권리분쟁이 뒤따르고 있는데 이것은 단지 협약의 해석이나 이행만이 아니라 단체협약의 체결이나 갱신 요구, 그리고 노조의 결성을 둘러싼 분쟁까지도 포함한 것이다. 그리고 65년과 68년에는 해고반대쟁의도 꽤 많이 발생한 것을 알 수 있다.[48]

이러한 쟁의 가운데 파업 등의 쟁의행위가 수반된 것은 소수에 불과하다. 건수로는 67년이 18건, 68년이 16건으로 많지만 참가인원수로는 66년이 30,690명(12건), 69년이 30,499명(6건)으로 많다. 69년에는 쟁의행위로 인한 노동손실일수가 163,352일로 다른 해에 비해 월등하게 많다.[49] 69년의 경우 파업이 대규모화하고 있는데 이것은 면방쟁의와 조선공사쟁의 같은 대규모 쟁의가 집중했기 때문인 것으로 생각된다.

60년대 기간중 쟁의의 해결방식을 보면, 노동쟁의조정법상의 노동위원회를 통한 조정절차보다는 행정기관의 '비공식적인 조정'에 의해 해결되는 경우가 압도적으로 많은 것이 특징이다. 대체로 7할 정도가 비공식적인 조정에 의거하여 해결되었다.[50] 이것이 쟁의행위를 억제했

---

48) 자세하게는 박기호, 앞의 글, pp.277-279 참조.
49) 노동청, 『한국노동통계연감』, 1972.

음은 물론인데 그만큼 노동쟁의가 치안적 차원에서 다루어지고 있음을 단적으로 보여준다. 행정기관이나 경찰만이 아니라 예컨대 69년의 면방쟁의와 장항풍농비료공장 파업의 사례에서와 같이 중앙정보부가 쟁의해결에 직접 개입한 경우도 있다.

〈표 6〉 노동쟁의 발생과 요구내용별 추이 (단위: 개, 명, %)

연도	발생건수	참가인원	주요 요구내용별 구성비(%)					
			임금인상	임시급여	해고반대	노동시간	권리분쟁	기타
1963	89	168,843	58.4	7.9	3.4	1.1	22.5	-
64	126	207,406	73.3	6.7	4.8	0.9	12.4	-
65	113	103,707	61.9	7.2	8.2	2.1	14.4	-
66	117	145,168	69.2	9.6	0.9	3.8	13.5	3.0
67	105	150,535	80.0	3.9	-	0.9	14.3	0.9
68	112	265,941	54.3	5.3	6.2	-	22.3	1.9
69	70	108,248	70.0	2.9	2.9	-	22.8	1.4
70	88	182,808	70.0	-	2.5	-	25.0	2.5
71	101	115,934	68.3	5.0	2.0	-	18.8	5.9

자료: 1963~65년은 경제기획원, 『경제백서』, 1966. 1966~71년은 『한국노동통계연감』, 1972년(한국노총, 앞의 책, p.567에서 재인용).

특히 60년대 말에는 70년대 이후의 노동정책과 노사관계의 전개에 있어서 특별히 중요한 의미를 갖는 쟁의가 발생했다. 외국인투자기업체인 오크전자쟁의(68. 9. 16~10. 25)와 시그네틱전자쟁의(68. 9. 17~11. 15), 그리고 대규모 쟁의로 발전했던 조선공사공사쟁의(69. 7. 2~10월 말)와 면방쟁의(69. 7. 5~9. 17)가 그것이다.[51]

---

50) 노동청, 『한국노동통계연감』, 1972년.
51) 쟁의의 구체적인 경과는 한국노동조합총연맹, 앞의 책, pp.776-785를 참조할 것. 이와 같은 개별기업의 쟁의 외에도 한국노총 차원의 노동쟁의와 노동운동이 전개되었다. 그 중 대표적인 것을 보면, '정부관리기업체 보수통제

오크전자쟁의와 시그네틱쟁의는 모두 노조설립시부터 계속되어 왔던 사용자의 노조부인 정책과 단체교섭 거부행위 때문에 쟁의가 발생한 케이스이다. 시그네틱공업에서 사용자가 '노정위원회'를 결성한 것은 회사조합의 설립에 의해 노조를 배제하기 위한 것이었다. 그리고 '노조관할권'을 이유로 한 단체교섭 거부도 바로 미국식 노사관계를 반영하는 행동이었다. 그리고 '생산코스트'를 이유로 생산기지를 이전한 오크전자의 행동은 전형적으로 저임금을 노리는 다국적기업의 생산기지전략이었다. 당시 공업화를 위해 외자, 특히 직접투자의 유치를 통한 경제개발을 중시한 경제정책하에서 경제기획원과 서울시, 더 나아가 노동청이 취한 행동은 60년대의 노동법을 근본적으로 무시한 처사였다. 특히 12월 6일 외국인투자 기업체에서 태업, 쟁의를 일으키는 노조에 대해서 노조해산 조치를 취하고, 우선 12월 7일까지 정상조업에 들어가지 않을 경우 그 주모자를 업무방해와 배임 등의 혐의로 입건하겠다는 노동청의 경고는 70년 1월의 '외국인투자기업의 임시특례법' 제정의 직접적인 계기가 되었던 것으로 생각된다.

그리고 조선공사쟁의와 면방쟁의는 장기간에 걸쳐 거의 동시에 전개된 대규모 분쟁으로 각각 파업과 직장폐쇄를 수반했다. 두 경우 모

법 폐기투쟁'(62년 10월~63년 7월), '노동법개악 반대투쟁'(64년 1월~7월), '외국인투자기업체 노조활동규제입법 저지투쟁'(69년), '정치활동 강화투쟁'(1971년) 등이 있다. 여기에서 '보수통제법 폐기투쟁'이란 1961년 9월 1일에 제정된 '정부관리기업체 보수통제에 관한 특별조치법'을 폐지하기 위한 투쟁을 말한다. 정부관리기업체의 임금체계를 정비하기 위한 목적으로 제정된 동법에 의해 공기업체 종업원의 임금수준이 동결 또는 삭감당하게 되었기 때문에 발생한 쟁의이다. 63년 8월 7일 '정부관리기업체 직원보수에 관한 법률'이 제정·공포됨으로써 일단락되었다. 퇴직금의 기득권 보장, 생산장려수당의 신설, 상여금 특례추가는 획득했으나 물가수당의 신설, 현물지급은 반영되지 않았다. 한국노동조합총연맹, 앞의 책, pp.616-625, 750-753.

두 임금인상 등의 요구가 쟁의발생의 원인이었다. 조선공사의 경우는 경영적자에 따른 민영화조치(1968년) 이후에 발생한 부실기업의 대표적인 사례로서 그 해결과정에서 보건사회부장관의 긴급조정권이 발동되었다. 그러나 긴급조정도 부조에 빠지는 가운데 회사측의 사주와 회유에 의해 노조지도부 내에 갈등이 발생하여 노조 부지부장이 지부장의 뜻에 반해 일방적으로 쟁의를 취하함으로써 회사측의 승리로 끝났다. 한편 면방쟁의는 전국섬유노조 면방분과위원회와 대한방직협회(16개 면방사업체)간의 업종별교섭의 시금석이 되는 쟁의였다. 노사 양측이 파업과 직장폐쇄로 맞서는 가운데 진행된 임금교섭에서 정상적인 조정절차가 부조에 빠진 가운데 정부기관의 비공식적인 개입과 조정을 거치면서 마침내 9월 17일에는 중앙정보부가 입회한 협의에서 노사간 합의에 이름으로써 일단락되었다. 이 쟁의는 동년 8월에 발생한 장항 풍농비료공장의 파업과 더불어 중앙정보부가 개입하여 파업을 수습한 대표적인 사례이다. 그러한 점에서 '치안유지'라는 명목으로 노동법상의 제반 쟁의조정 절차가 유린되었다고 할 수 있다. 다만 최종적인 합의의 결과는 결코 노동자측에 불리한 것만은 아니었다. 타결률 19.4%는 당시의 소비자물가상승률(68년 10.9%, 69년 12.3%)을 크게 웃도는 수준이었다.[52]

71년도 이후 정부의 노동정책이 '보위법'체제로 전환하게 된 것과 이와 같은 두 가지 쟁의로 대표되는 69년도의 대규모 쟁의가 무관계

---

[52] 노조측의 인상반영률은 68.1%의 수준이며, 66년과 68년에 사용자측이 제시한 인상률 10%에 비해서도 2배에 가까운 수준이었다. 더욱이 본 쟁의는 면방직업에서의 업종별교섭을 공고히 하여 기업간의 임금수준을 평준화하는데 일정한 기여를 한 것으로 평가된다. 1975년에 사용자측이 일방적으로 중앙노사협정을 파기했는데, 그럼에도 불구하고 80년대까지 업종별교섭은 그 내용을 달리하면서도 존속되었다. 안종태, 앞의 글, pp.119-121, 126.

하지는 않은 것으로 생각된다.

4) 노동시장과 임금

1960년대 한국의 임금수준은 농촌의 광범한 과잉노동력을 배경으로 노동력의 한계공급가격이 낮고, 또 빈약한 자본설비투자 수준을 반영한 낮은 노동생산성이 결부되어 낮은 수준에 머무는 것이었다. 1968~71년 당시의 공정환율을 적용하여 한국과 일본의 임금수준을 비교하면, 30인 이상 규모의 경우 한국은 일본의 1/4 수준에 못 미치는데 이것은 당시 한국과 일본의 부가가치생산성에 대한 격차를 거의 그대로 반영하는 것이었다. 미국에 비교하면 약 1/15 정도의 수준이었다. 대만은 한국보다 약 1.3배 정도 높은 임금수준이었다. 이러한 사실은 국제적으로 비교했을 때 한국의 임금수준은 선진국에 비해 극히 낮은 수준에 머물렀으며, 그 중요 원인이 노동생산성의 제약 때문이었던 것을 말해 준다.[53]

그런데 당시 이와 같이 임금수준이 낮음에도 불구하고 <표 7>에서 보는 것처럼 1960년대 후반의 임금상승 동향은 특별히 주의할 필요가 있다. 1962~64년간에는 연평균 임금상승률이 -5.6%로 매우 낮았으나 1965~70년간에 실질임금은 연평균 11.5%를 기록하여 동기간중의 연평균 실질GNP 증가율을 약 2%포인트 정도 상회했다.[54] 당시 전반적으

---

53) 隅谷三喜男, 앞의 책, pp.66-68.
54) 참고로 1963~75년 기간 중 실질임금의 연평균증가율은 7.2%로 노동생산성 증가율 6.9%를 약간 상회했다. 한편 고용증가율은 11.5%로 매우 높아 전반적으로 고용창출이 우선되는 시기였다고 할 수 있다. 김수곤·이주호, "노사관계와 인력개발정책," 차동세·김광석 편, 『한국경제 반세기 —— 역사적 평가와 21세기 비전 ——』(서울: 한국개발연구원, 1995).

로 한국의 노동시장은 루이스(A. Lewis)모형의 '무제한적인 노동공급' 상황에 있어 낮은 임금수준에 머무는 것이었지만, 공업화의 진전에 따라 60년대 후반에는 상당한 정도의 임금증가가 초래되었음을 알 수 있다.55)

〈표 7〉 실질임금의 변동(1960, 70년대)   (단위: %)

기간	1962~64	65~70	71~72	73~79	80~82	83~86
연평균 임금증가율	-5.6	11.5	2.2	12.7	-1.3	7.5
연평균 GNP증가율	7.0	9.6	7.2	10.3	2.4	9.6

자료: 유종일, "박정희시대 노동정책의 평가와 노사개혁의 방향," 한국경제발전학회, 『경제발전연구』 제3권, 1997년 12월, p.92.

이와 같은 60년대 후반의 급속한 임금상승은 당시 부실상태에 있었던 기업경영에 상당한 곤란을 초래했을 가능성이 충분히 있다. 1970년 7월에 사용자측의 전국적인 정상조직으로 결성된 한국경영자협의회(경총)가 바로 그 발족 당시부터 '생산성임금제'를 임금정책으로 책정한 것은 이러한 임금상승경향을 억제하기 위한 것이었다.56)

---

55) 배무기에 의하면 70년대 후반의 불숙련노동자의 실질임금의 급속한 상승과 숙련노동자와의 임금격차의 축소 등을 주된 지표로 하여 한국경제가 1975년 경을 경계로 노동력부족 경제로 전환했다고 한다. 배무기, "한국경제의 전환점," 『한국의 노사관계와 고용』(서울: 경문사, 1991). 그러나 이에 대해서는 服部民夫나 송호근과 같이 75년의 전환점 설정이 지나치게 빠르다고 하는 반론도 있다. 服部民夫, 『韓國の經營發展』(東京: 文眞堂, 1988), pp.185-188; 송호근, 『한국의 노동정치와 시장』(서울: 나남, 1991), p.85.

56) 70년에는 "임금상승폭은 GNP성장률 또는 생산성(증가율)의 범위 내에서 조정하"자는 것이었다. 그리고 71년도에는 기업의 '지불능력'을 감안한 '생

6. 맺음말

한국의 1960년대 노동정책은 질서정연하게 구분하여 미리 16개의 산업별조합으로 구성한 한국노총계의 노동조합에 권력적 독점을 부여함으로써 산하 노동조합과 노동자를 통제하여 노동쟁의를 억제하는 것을 목적으로 하는 것이었다. 그리고 이를 위해 도입한 정책수단이 경쟁적 노조의 금지와 노조의 설립신고제 강화였다. 정책당국의 목표는 오로지 '파업 없는 안정적인 노사관계'를 달성하여 경제성장에 지장이 없도록 하는 것이었다. 다만 노조 자체를 전면 부인하는 정책수단을 채택할 수 없는 제약이 있었다. 이러한 노동정책에 의해 노동조합에 각인된 것은 노동통제적 성격이며, 그것에 의해 구조화되는 한국자본주의국가는 여전히 '권위주의적=의사국민국가' 체제였다. 그러한 점에서 1960년대의 노동정책은 1950년대의 그것과 동질의 것이며, 그 권위주의적 성격은 제2노조의 법적 금지, 다시 말하면 유일 노동조합으로서의 한국노총체제의 강제에 의해 더욱 강화되었다고 할 수 있다. 60년대의 노동정책은 70년대에 비교하면 노동조합운동을 위한 조직적 공간을 열어 놓은 측면이 있는 것은 사실이나, 50년대에 비교하면 거의 동질이거나 오히려 더 악화된 면이 있다. 60년대의 소위 '제한적 다원주의'라는 것도 70년대에 비교한 특징일 뿐 결국 권위주의체제를

산성의 3자배분 원칙'에 의한 임금수준의 결정원칙을 구체화하기 위해 중앙 및 업종별로 '임금안정위원회'를 설치했다. 김재원, "임금정책 40년의 회고," 한국경영자총협회, 『노동경제 40년사』(서울: 한국경총, 1989), p.250.

구성하는 한 요소에 불과했다. 민간부문에 한해서만 단결권(파업권)이 부여된 점, 또 그 파업권에 대해서도 여러 가지 제한 또는 사실상의 금지조치가 취해진 점, 그리고 노조활동에 대한 규제가 강한 점 등은 50년대의 노동정책과 본질적으로 동일하다. 한국의 노동정책사에서 보면 쟁의권과 단체교섭권을 유보한 유신체제하 70년대의 노동정책이 오히려 이질적이다.

그리고 이러한 위로부터의 노동조합체제는 그 어느 면에서 보더라도 기업 횡단적인 산업별조합과는 다른 '의사성'(擬似性)을 갖는 것으로, 그 본질은 기업별조합주의였다. 다만 산하 노동조합에 대한 징계를 통해 법적으로 노동조합으로부터의 보호를 배제할 수 있는 징계권을 갖고 있었기 때문에 순수한 의미의 기업별조합체제와는 다른 측면을 갖고 있었다.

그러나 이와 같이 정비된 노동정책과 노동조합체제에 의해서도 노사관계의 안정을 꾀할 수 있는 확고한 보장은 없었다. 1960년대의 노사관계는 그다지 안정된 것은 아니었으며, 그 후기로 올수록 단체교섭과 노동쟁의도 비교적 활발하게 전개되었다. 그 배경으로는 경제성장과 노동자계급의 성장, 노동시장 상황의 점진적인 변화가 중요하다. 그러나 면방업체의 단체교섭과 쟁의가 보여준 것처럼 형식상의 산업별조합체제가 그 운영에 따라서는 본래의 정책의도와는 다른 결과를 초래할 수도 있다는 점에 유의할 필요가 있다. 대한상공회의소를 비롯한 사용자단체는 처음부터 이 점을 우려하여 기업별조합체제를 선호했던 것이다. 그리고 1960년대 말 외채상환부담이 증가하고 부실기업 문제가 대두하는 상황에서 외국인 투자유치가 급선무였으며, 외국인기업체에서의 노동쟁의는 정책당국으로 하여금 별도의 노동정책을 강구하도록 하는 계기가 되었다.

결국 정책당국이 선택한 70년대의 노동정책은 노동자의 쟁의권만이 아니라 단체교섭권마저 유보하여 행정관청이 조정하는 것이었다. 그리고 60년대 노동정책의 시행과정에서 굳어져 온 것처럼 '산하노동단체'라는 용어를 아예 노동관계법에서 삭제했다. 이렇게 되면 소위 산업별조합의 기능은 완전히 형해화되어 버릴 수밖에 없게 된다. 오로지 산하노동조합에 대한 통제권만이 남을 뿐이다. 73년의 개정노동법이 경쟁노조의 설립을 금지한 조항을 존치시킨 것은 이러한 상부단체의 통제권을 보장해 주기 위해서였다. '보위법'에 찬성한 한국노총의 노동조합체제에 노동자들이 더 이상 기대할 수 있는 것은 남아 있지 않았다. 그러한 의미에서 70년대의 노동조합운동은 2원화가 전망된다. 도시산업선교회나 가톨릭노동청년회 등을 중심으로 하는 재야노동운동이 등장할 수 있는 배경은 바로 여기에 있었다.

참고문헌

금성사노동조합,『노동운동 30년사』, 서울: 금성사노동조합, 1994.
김낙중,『한국노동운동사 — 해방 후편』, 서울: 청사, 1982.
김수곤·이주호, "노사관계와 인력개발정책," 차동세·김광석 편,『한국경제 반·세기 — 역사적 평가와 21세기 비전』, 서울: 한국개발연구원, 1995.
김재원, "임금정책 40년의 회고," 한국경영자총협회,『노동경제 40년사』, 서울: 한국경총, 1989.
김재훈, "1950년대 미국의 한국원조와 한국의 재정금융," 한국사회연구회,『경제와 사회』창간호, 서울: 까치, 1988.
김준, "아시아 권위주의국가의 노동정치와 노동운동: 한국과 대만의 비교," 서울대 사회학과 박사학위 논문, 1993.
김치선, "개정 노동조합법(1963년 4월 17일자 개정) 비판—성장이냐 후퇴냐—,"
　　　서울대학교, 『법학』 제5권 제1·2호, 1963.
＿＿＿, "현노동관계법의 病因—자유설립주의와 Tripartism의 확립—," 『사상계』
　　　제12권 6호, 1964년 6월.
＿＿＿, "불가침의 勞動三權—노동조합법 개정안에 이의가 있다—," 『사상계』
　　　제12권 10호, 1964년 10월.
노동청, 『한국 노동통계연감』, 1972년.
대한상공회의소, 『상의뉴스』, 서울: 대한상공회의소, 각호, 1961~64.
대한조선공사, 『대한조선공사 삼십년사』, 부산: 대한조선공사, 1967.
박기호, "한국의 노동쟁의 I," 편집부 엮음, 『한국자본주의와 임금노동』, 서울:
　　　화다, 1984.
배무기, "한국경제의 전환점," 배무기, 『한국의 노사관계와 고용』, 서울: 경문사,
　　　1991.
송호근, 『한국의 노동정치와 시장』, 서울: 나남, 1991.
신두범, 『노동정책론』, 서울: 실학사, 1976.
신인령, 『노동기본권 연구』, 서울: 미래사, 1985.
안종태, "한국면방업의 단체교섭," 한국노동경제학회, 『노동경제논집』 제11권,
　　　1988.
오정근, "공무원과 교원의 단결권을 위요한 제문제—부정론에 대한 시비—,"
　　　『사상계』 제7권 9호, 1959년 9월.
＿＿＿, "개정되어야 할 노동관계의 중요 문제점과 그 방향," 『고시계』 제7권 11
　　　호, 1962년 11월.
＿＿＿, "노동관계법의 개정안과 그 문제점—삼민회안과 노총안을 보고—,"
　　　『고시계』 제9권 4호, 1964년 4월.
＿＿＿, 『개정증보 노동법—이론과 실제—』, 서울: 三耕出版社, 1969.
隅谷三喜男, 『한국의 경제』(편집부 옮김), 서울: 한울, 1983.
유종일, "박정희시대 노동정책의 평가와 노사개혁의 방향," 한국경제발전학회,
　　　『경제발전연구』 제3권, 1997년 12월.
이대근, "한국전쟁과 1950년대 자본축적," 서울대 경제학과 박사학위논문, 1987.

이대근・박덕제・조우현・김기석, 『한국의 공업화와 노동력(1)―노동통계의 정리 해설편―』, 서울: 한국경제연구원, 1990.
이은진, "한국의 노동쟁의 Ⅱ," 편집부 엮음, 『한국자본주의와 임금노동』, 서울: 화다, 1984.
이형호, "공무원과 교원의 단결권," 『사상계』 제7권 6호, 1959년 6월.
임홍빈, "노동입법과 정책의 表裡," 『신동아』 55호, 1969년 3월.
전국전력노동조합, 『電勞十年史』, 서울: 전국전력노조, 1972.
정동우・변영욱 공편, 『노동법령 예규총람』, 서울: 홍문관, 1980.
최성실, 『한국노사관계론』, 서울: 진명출판사, 1974.
최장집, 『한국의 노동운동과 국가』, 서울: 열음사, 1988.
한국경제인협회, 『경협』 제7호, 제8호, 1964년 4월, 5월.
한국경영자협의회 기획조사부, 『한국의 노동쟁의 동향분석』, 서울: 한국경영자협의회, 1972.
한국군사혁명사편찬위원회, 『한국군사혁명사 제1집(下)』, 서울: 국가재건최고회의, 1963.
한국노동조합총연맹, 『한국노동조합운동사』, 서울: 한국노총, 1979.
한국법제연구원, 『대한민국 법령연혁집』(제28권), 서울 : 한국법제연구원.
한국산업사회연구회 편, 『산별노조론』, 서울: 미래사, 1994.
한국전력주식회사, 『韓國電力二十年史(上・下)』, 서울: 한국전력주식회사, 1981.
홍성유, 『한국경제의 자본축적과정』, 서울: 고려대학교 아세아문제연구소, 1965.
大野雄二郞, "ドイツの勞働組合," 大野雄二郞・外尾健一, 『獨・佛の勞働組合』, 東京: 日本勞働協會, 1960.
金一滿, "'韓國勞働組合總連盟'の實體(上・下)," 『月刊朝鮮資料』, 東京, 1979.
金三洙, 『韓國資本主義國家の成立過程』, 東京: 東京大學出版會, 1993
D. W. コンデ, 『現代朝鮮史 3』, 東京: 太平出版社, 1972.
淸水敏行, "朴正熙維新體制と勞動統制の展開(一~三)," 北海道大學, 『北大法學』 第36卷 第5・6號, 第37卷 第4號, 第38卷 第2號, 1987~88.
德永重良, "ドイツ資本主義と勞資關係," 戶塚秀夫・德永重良 編, 『現代勞働問題』, 東京: 有斐閣.
中尾美知子, "1950・60年代勞使關係と勞働爭議の展開," 小林謙一・川上忠雄 編, 『韓

國の經濟開發と勞使關係―計畫と政策―』, 東京: 法政大學出版局, 1991.
服部民夫,『韓國の經營發展』, 東京: 文眞堂, 1988.
李鍾元,『東アジア冷戰と韓米日關係』, 東京: 東京大學出版會, 1995.

한국현대사의 재인식 8

1960년대 한국의 공업화와 경제구조

초판 제1쇄 찍은날 : 1999. 10. 25
초판 제1쇄 펴낸날 : 1999. 10. 30

엮은이 : 한국정신문화연구원 연구처
펴낸이 : 김 철 미
펴낸곳 : 백산서당

등록 : 제10-42(1979.12.29)
주소 : 서울 서초구 서초동 1550-14
전화 : 02)2268-0012(代)
팩스 : 02)2268-0048
이메일 : bshj@chollian.net

※ 저작권자와의 협의 아래 인지는 생략합니다.

값 8,000원

ISBN 89-7327-214-4 03300
ISBN 89-7327-212-8(세트)